Iris Lieser

Lebe vorwärts

Über die Autorin:

Iris Lieser, Jahrgang 1965, besuchte nach dem Abitur die Schule für medizinisch-technische Assistenten. Nach bestandenem Examen begann sie, als MTRA in der Abteilung für Radiologie eines großen Krefelder Krankenhauses zu arbeiten. Der Tod ihres Mannes Peter ließ sie mit drei heranwachsenden Kindern allein zurück. In der Folgezeit entdeckte sie ihre Freude am Schreiben. Sie hat Kurzgeschichten in Anthologien veröffentlicht und ist Mitglied der Kempener Schreibwerkstatt. Von Iris Lieser erschien 2015 der Band: »Bis auf den letzten Schritt. Wie wir lebten, als wir wussten, uns bleibt nur noch ein Jahr«.
Weitere Informationen: www.iris-lieser.de

IRIS LIESER

Lebe vorwärts

Die Trauer um meinen Mann

Drei Kinder und ich

BASTEI LÜBBE TASCHENBUCH

BASTEI LÜBBE TASCHENBUCH
Band 61682

MIX
Papier aus verantwortungsvollen Quellen
FSC® C083411
www.fsc.org

Dieser Titel ist auch als E-Book erschienen

Originalausgabe

Die Veröffentlichung dieses Werkes erfolgt auf Vermittlung von BookaBook, der Literarischen Agentur Elmar Klupsch, Stuttgart.

Textredaktion: Angela Kuepper, München
Titelillustration: © FinePic/shutterstock
Umschlaggestaltung: ZERO Werbeagentur, München
Satz: Dörlemann Satz, Lemförde
Gesetzt aus der ITC Berkeley Old Style
Druck und Verarbeitung: CPI books GmbH, Leck – Germany
Printed in Germany
ISBN 978-3-404-61682-4
5 4 3 2 1

Sie finden uns im Internet unter www.luebbe.de
Bitte beachten Sie auch: www.lesejury.de

Für Julian

Teil 1

Ein Tag: Zäsur

Es gibt kein Jetzt.
Nur ein Davor.
Und ein Danach.
Das Davor ist vorbei.
Das Danach hat begonnen.
Im Bruchteil einer Sekunde.
Ein Augenblick nur,
der doch alles verändert
in der Welt der
Lebenden
und …
Liebenden.

Abschiedszeit

Vor genau zehn Monaten und acht Tagen hatte ich erfahren, dass dieser Augenblick kommen würde. Ich hatte ihn mir tausendmal vorgestellt, hatte versucht, mich auf so ziemlich jede Eventualität vorzubereiten. Doch Sterben lässt sich nicht planen. Und so traf mich die Erkenntnis an diesem Januarmorgen allen Gedankenbildern zum Trotz vollkommen unvorbereitet: Peter, den ich vor drei Sekunden zugedeckt und geküsst hatte, der mir gerade noch sein warmes Lächeln geschenkt hatte, war … tot.

Dabei hatte ich doch nur schnell duschen gehen wollen.

»Hast du alles, was du brauchst?«, hatte ich ihn gefragt.

»Habe ich. Geh du mal!«, hatte er lächelnd erwidert, und ich war in Richtung Badezimmer geeilt, um im Zeitraffer unter die Dusche zu springen und die Zähne zu putzen. So, wie ich seit Wochen alles, was mich auch nur für wenige Minuten von ihm trennte, im Zeitraffer erledigte. Wie ich immer zügig, manchmal geradezu hektisch agierte, um so schnell wie möglich wieder bei ihm zu sein. Doch eben, an der Türschwelle zum Flur, hatte mich etwas Unsichtbares abrupt inmitten der Bewegung gebremst. Es war kein Geräusch, kein Geruch, kein Bild – nichts, das sich durch einen meiner Sinne hätte erfassen lassen. Nur das Gefühl, dass etwas anders war. Dass sich innerhalb dieser lächerlichen drei Sekunden, die ich vom Bett bis zur Tür des Schlafzimmers benötigte, etwas geändert hatte.

Ich musste mich nicht umdrehen, um mich zu vergewissern. Ich wusste es einfach – und ich zweifelte keinen Moment an der Richtigkeit meiner Intuition. In dem knappen Jahr, das seit Peters Diagnose vergangen war, hatte mein Bauchgefühl mich nicht ein einziges Mal getäuscht. Warum sollte ich ihm ausgerechnet jetzt misstrauen?

In Zeitlupe setzte ich den rechten Fuß, der nach dem jähen Abstoppen noch in der Luft schwebte, auf dem Boden ab. Zwei, drei, vier Sekunden vergingen. Alles um mich herum war still. Wie zu der sprichwörtlichen Salzsäule erstarrt, stand ich auf der Türschwelle, unfähig, mich zu rühren, und mit einem Gefühl totaler Leere im Kopf. Dann, plötzlich, rasten meine Gedanken los, sich kreuz und quer überschlagend, ein wildes Durcheinander, aus dem sich irgendwann zwei Fragen herausschälten:

Was soll ich jetzt tun?

Und vor allem: *Was werde ich jetzt fühlen?*

Was um alles in der Welt würde ich fühlen, wenn der Mann, den ich liebte, der Vater unserer drei Kinder, der Partner, an dessen Seite ich so gern den Rest meines Lebens verbracht hätte, tot in seinem Bett lag?

Panik? Entsetzen? Trauer? Wut? Welches der vielen Gefühle, die ich in den vergangenen Monaten so intensiv durchlebt hatte, würde auf mich einstürmen? Was fühlte »man« in solch einem Moment? Was war denn wohl »normal«?

Doch dann war alles ganz einfach. Meine Intuition übernahm die Regie. Die Starre löste sich, ich wandte den Kopf – und sah mir selbst dabei zu, wie ich auf Peter zustürmte, mich auf das Bett fallen ließ und ihn in meine Arme riss. Während ich ununterbrochen »Ja!« und »Du hast es geschafft!« stammelte, überflutete mich das wohl intensivste Glücksgefühl, das ich je erlebt hatte. Da waren kein Kummer, keine Zukunftsangst, kein Verlust. Nur das unbeschreibliche Glück, dass Peter diesen Schritt, den er ohne mich gehen musste, gegangen war.

Lächelnd.

***

Wir kannten uns aus der Schulzeit, hatten jedoch in jenen neun Jahren nie privaten Kontakt. Knapp sieben Jahre nach dem Abitur begegneten wir uns zufällig wieder. Inzwischen war Peter Medizinstudent im letzten, praktischen Jahr, wohingegen ich längst mein Examen als medizinisch-technische Radiologieassistentin bestanden hatte und in diesem Beruf tätig war. Er brachte mir einen Patienten zum Röntgen – und lud mich auf ein Bier ein. Wir verliebten uns in Überschallgeschwindigkeit. Sehr schnell wurde ich schwanger. Wir heirateten, drei Tage vor meinem achtundzwanzigsten Geburtstag wurde David geboren, knapp zwei Jahre später dann Kristin. Nach weiteren vier Jahren wurden wir abermals Eltern – Nesthäkchen Sophie war ein ebenso überraschendes wie willkommenes Geschenk. Auch wenn es in unserem gerade erst gebauten Haus am Niederrhein ein wenig eng und das Geld knapper wurde – unser »kleiner Mengenrabatt«, wie wir Sophie scherzhaft nannten, komplettierte das ungeheure Glück, das wir als Familie empfanden.

Dreieinhalb sorgenfreie Jahre waren uns nach ihrer Geburt noch vergönnt. Mittlerweile war Peter als Facharzt für Anästhesie im selben Krankenhaus beschäftigt, in dem auch ich in Teilzeit arbeitete. Die Liebe zwischen Peter und mir wuchs mit jedem Jahr, unser Band wurde beständig stärker und umschloss unsere drei Kinder, die sich auf dieser Basis wunderbar entwickelten. Jedes auf seine individuelle Weise – es gab nicht den geringsten Grund zur Besorgnis.

Scheinbar unbegründete Panikattacken, die mich über Monate hinweg zunehmend ergriffen, waren die ersten Hinweise auf eine unterschwellige Veränderung. Sie verschwanden augenblicklich, nachdem mir Peter kurz nach seinem achtunddreißigsten Geburtstag gestand, seit Längerem starke Schmerzen im Oberbauch zu haben.

Die Untersuchungen ergaben ein verheerendes Bild. Darmkrebs – und bereits etliche tennisballgroße Metastasen in der Leber, nicht minder zahlreiche in den Lymphknoten. Wir wussten sofort, dass es keine Chance gab. Abgesehen von einem Wunder, an das wir nicht glaubten, auf das wir aber dennoch insgeheim und wider jede Vernunft hofften. Oder hoffen wollten.

Die Chemotherapie schenkte uns Zeit. Zeit, die wir intensiv nutzten. Zum Leben, zum Lieben, zum Lachen, zum Weinen – aber auch, um die Kinder ganz vorsichtig darauf vorzubereiten, dass sie ihren Vater verlieren würden. Und um uns selbst in unzähligen ehrlichen Gesprächen der unabwendbaren Tatsache zu stellen, dass wir den Wunsch nicht verwirklichen konnten, miteinander alt zu werden.

»Ich will, dass du wieder heiratest. Ich möchte, dass du wieder glücklich wirst!«, sagte Peter etliche Male.

»Mein zukünftiges Leben ist eben *mein* zukünftiges Leben«, erwiderte ich, unfähig und nicht willens, über den Zeitpunkt seines Todes hinaus zu denken. Doch irgendwo in mir wuchs die Dankbarkeit: Was auch immer auf mich zukäme, ich hatte sein Einverständnis.

Etwa ein halbes Jahr lang hielt die chemische Keule das Wachstum der bösartigen Zellen in Schach. Vom Beginn des Frühlings bis zur Herbstmitte hatte Peter keine Schmerzen, konnte wieder arbeiten gehen und, von den Behandlungen abgesehen, so leben, wie er es sich wünschte: so normal wie eben möglich. Bis die ersten drei kleinen Lungenmetastasen das endgültige Aus signalisierten.

Von da an drehte sich die Abwärtsspirale immer schneller. Gute Phasen wechselten mit schlechten, Optimismus mit schwärzestem Pessimismus. Gleichzeitig wurde das Band zwischen uns beiden immer straffer. Jeder fühlte sich unvollständig, wenn er vom anderen getrennt war. Peter, der seiner Umgebung meist ein strahlendes Lächeln zeigte, erlaubte mir, an seinen Ängsten und Hoffnungen teilzuhaben, was ich als Auszeichnung und als Zeichen für die Absolutheit unserer Liebe empfand.

Die Welt wurde immer kleiner. Wir lebten eine Art familiäres Atommodell, bei dem der Kern aus fünf Menschen bestand. Eltern, Geschwister und Freunde kreisten wie auf einer Elektronenbahn um uns herum.

Seit Anfang Dezember war es dann nur noch dem Morphium zu verdanken – zuerst in Form eines Pflasters, später dann einer intravenösen Pumpe –, dass Peter weitgehend schmerzfrei war. Michael Greifenstein, ein Freund und ehemaliger Kollege, nunmehr Schmerztherapeut mit eigener Praxis, kam nahezu täglich, um die Dosierung zu kontrollieren und gegebenenfalls anzupassen. Doch gegen die Konsequenzen der nicht mehr einzudämmenden Metastasierung der Lunge hatte auch er nur wenige Chancen. Anfangs half ein Spray, die Anfälle von Atemnot zu lindern. Seit dem Vortag stand ein Sauerstoffgerät neben Peters Bett. Und ebenfalls seit gestern wusste ich, dass Michael die Morphiumdosis so weit erhöhen würde, dass Peter den unabwendbaren Erstickungstod nicht in vollem Bewusstsein erleben müsste …

Dazu würde es nun nicht mehr kommen. Hinter uns lag eine letzte anstrengende und gleichzeitig über alle Maßen liebevolle gemeinsame Nacht. Trotz aller Vorzeichen hatte ich nicht damit gerechnet, dass es so schnell gehen würde. Hatte mich darauf eingestellt, ihn tagelang in einem morphiumbedingten Gnadenkoma dem Tod entgegendämmern sehen zu müssen.

Was hatte Michael am gestrigen Abend prophezeit? »Eine Woche. Vielleicht zwei. Es wird eine harte Zeit für dich und die Kinder werden.«

»Das macht nichts. Hauptsache, er muss nicht leiden«, hatte ich voller Überzeugung entgegnet. Und dennoch hatte ich Angst verspürt, sie aber mit Erfolg verdrängt. Wichtig war nur noch, dass Peter sich nicht quälte. Die Kinder und ich würden auch diese Zeit aushalten, und wenn sie noch so schwer würde.

Jetzt war Peter tot. Wir mussten nichts mehr »aushalten«, nicht zusehen, wie er sich in den Tod schlief.

»Wenn der Lebensfaden so überdehnt wird, beginnt man, auf ein Zerreißen zu hoffen«, hatte er Weihnachten auf seine letzte, liebevoll ausgewählte Karte an mich geschrieben. Hatte mir seit ein paar Tagen immer wieder in Gesprächen offenbart, dass er lieber heute als morgen sterben wollte, den Tod geradezu herbeisehnte. Schon vor Wochen hatte auch ich mir eingestanden, dass ich diesen Moment nicht mehr als Bedrohung, sondern als Erlösung anzusehen begann. Immer wieder mitzuerleben, wie er panisch nach Luft rang, immer wieder hilflos danebenzustehen und außer meiner Liebe nichts zu haben, was die Quälerei lindern konnte, hatte den Wunsch in mir aufkeimen und wachsen lassen, er möge schnellstmöglich sterben dürfen.

Denn aus dem »Sterben müssen« war ein »Sterben dürfen« geworden. Der Tod hatte den Schrecken verloren, wurde zum Ziel. Ein Ziel, das er nun erreicht hatte.

***

Ich hörte mich immer wieder dieselben Worte stammeln: »Geh! Du hast es geschafft! Du darfst gehen!« Bis ich irgendwann still wurde, ihn weiterhin im Arm hielt und nachzudenken begann. Dies hier war unser ganz persönlicher Abschied. *Mein* ganz persönlicher Abschied. Ein Blick auf die Uhr machte mir klar, dass mir dafür nicht allzu viel Zeit blieb. Selbst wenn ich sie nicht weckte, würde zumindest die pflichtbewusste achtjährige Kristin sehr bald aufwachen, ins Bad gehen und sich wundern, warum ich noch nicht in der Küche hantierte und das Frühstück machte. Ich durfte es nicht riskieren, dass sie unvorbereitet im elterlichen Schlafzimmer auftauchte.

Ein paar Minuten lang lag ich mit geschlossenen Augen da, spürte ein allerletztes Mal Peters Nähe. Alles war wie immer. Abgesehen davon, dass sein Herz nicht mehr schlug, als ich meinen Kopf auf seine Brust legte. Behutsam richtete ich mich auf.

»Peter«, sagte ich leise, »du wirst verstehen, dass ich dich jetzt loslassen und gehen muss. Aber ich komme gleich wieder und bringe die Kinder mit.«

Langsam stand ich auf. Zog meinen Bademantel an, dimmte die Nachttischlampe, griff zum Feuerzeug, das ich schon vor Tagen in einem Regal deponiert hatte, und zündete die Teelichter in ihren bunten Gläsern an, die Peter vor einigen Wochen von einer Kollegin geschenkt bekommen hatte. Die Flammen tauchten den Raum in weiches Licht. Alles war bereit.

Auf dem Weg zur Tür hielt ich inne. Drehte mich noch einmal um, nahm das Bild in mich auf. Ging zum Bett zurück und küsste ihn ein weiteres Mal.

Dann straffte ich die Schultern, ging mit energischen Schritten durch die Tür und schloss sie sicherheitshalber hinter mir. Die Kinder warteten. Sie brauchten mich. Dringender als jemals zuvor. Doch auch ich würde Hilfe brauchen, um die Lawine zu bewältigen, die in den nächsten Tagen auf mich zurollen würde. Noch zehn Minuten, bis der erste Wecker klingelte – ich schlich die Treppe hinunter und griff zum Telefon …

Kinderliebe

»Völzel?«

Er hob beim ersten Läuten ab, als hätte er auf den Anruf gewartet. Seine Stimme klang trotz der frühen Stunde sehr wach. Geradezu wachsam.

»Bernd?«

»Ja?«

»Peter hat es geschafft.«

Ich sprach es so aus, wie ich es empfand. Natürlich war Peter gestorben, tot, lebte nicht mehr oder mit welchen Worten auch immer man diesen Zustand beschreiben konnte. Aber für mich hatte er es tatsächlich »geschafft«. Bernd würde es nicht nur verstehen, sondern genauso empfinden.

Einige Sekunden lang herrschte Schweigen am anderen Ende der Leitung. Bernd atmete hörbar ein und aus, dann fragte er leise und zögernd:

»Wie …?«

»Nach einer intensiven, anstrengenden Nacht am Ende dann doch zum Glück ganz ruhig und ohne Schmerzen.«

Er schwieg eine Zeit lang.

»Ich bin sehr froh für ihn. Wie geht es dir jetzt damit?«

»Gut, Bernd!« Meine Stimme war fest. »Ich weiß, dass ich alles richtiggemacht habe. Und es war dann doch so schnell, so voller Frieden – dass ich momentan sehr glücklich bin.«

»Ich verstehe dich. Sehr gut sogar. Wir werden hier gleich alles regeln, dann wird Kathrin sich auf den Weg machen. Ich denke an dich!«

Der letzte Satz war keine Floskel. Ich wusste, dass er tatsächlich an mich denken würde. Nicht nur heute, sondern vermutlich noch viele Tage, Wochen, Monate lang. Und nicht nur an mich, sondern auch an Peter, der sein Freund gewesen war. Und ebenso an unsere Kinder, die Bernd hatte heranwachsen sehen.

Die vierjährige Sophie war sein Patenkind. Vor der Taufe hatte er Peter und mir gesagt, dass er diese Patenschaft nicht leichtfertig eingehen, sondern sich fortan als Begleiter auf dem Lebensweg unserer Tochter verstehen wollte. Ich hatte nicht den geringsten Zweifel daran, dass er diese Einstellung leben und mir zukünftig eng zur Seite stehen würde.

Irgendwann im Lauf des Vormittags würde Kathrin kommen. Bernds Frau, meine Freundin. Einer der wenigen Menschen, die ich jetzt in meiner Nähe haben wollte.

Ich hatte sie vor fünf Tagen darum gebeten. Als mir klar geworden war, dass es nicht mehr lange dauern würde – und ich mir zugestanden hatte, die erste Zeit nach Peters Tod zu planen.

Nun war es so weit. Kathrin würde ihre Mutter anrufen, damit diese die Aufsicht über den Völzel'schen Nachwuchs, die zehnjährigen Zwillinge Dana und Johannes sowie den siebenjährigen Manuel, übernähme. Dann würde meine Freundin sich ins Auto setzen und zwei oder drei Tage einfach nur da sein. Dabei all das machen, was mich unterstützte. Pragmatisch und kritiklos. Ich sah ihrem Besuch voller Dankbarkeit entgegen.

***

Ich legte den Hörer zurück auf die Ladestation. Keinen Moment zu früh, denn über mir klapperte die Badezimmertür. Eilig lief ich auf die erste Etage und setzte mich abwartend auf die unterste Treppenstufe, die zum Dachgeschoss hinaufführte. Dort befand sich das Zimmer von David, unserem Ältesten, der in zwei Monaten seinen elften Geburtstag feiern würde. Die Toilettenspülung ging, der Wasserhahn wurde auf- und wieder zugedreht. Anschließend tapste Kristin auf nackten Füßen in den Flur.

»Mama! Was machst du da?«, fragte sie verwundert.

»Das erkläre ich dir gleich. Bitte zieh deine Hausschuhe an, geh zu David hoch und mach ihn wach. Ich wecke Sophie und komme mit ihr nach.«

»Aber ich muss zur Schule! Was …«

»Bitte«, unterbrach ich sie, »frag nicht, mach einfach!«

Anscheinend spürte sie, wie ernst es mir war. Ohne jeden weiteren Kommentar wandte sie sich ab und folgte meiner Aufforderung, während ich leise ins Nebenzimmer trat. Beim Anblick unserer Jüngsten musste ich schlucken. Sophie lag quer in ihrem noch viel zu großen Bett, ihr großes Stoffpony fest im Arm. Ihre Haare standen wirr vom Kopf ab, und auf ihrem kleinen Gesicht lag ein seliges Lächeln.

Ich seufzte. Es half nichts. Ich musste sie aus dem Schlaf und aus ihrer behüteten Kindheit reißen. Mit ihren vier Jahren hatte sie das Ausmaß von Peters Erkrankung noch nicht vollständig erfassen können, waren »Sterben« und »Tod« irrationale Begriffe.

Doch nun musste ich ihre kleine, noch immer weitgehend heile Welt zerstören. Ihr kindliches Urvertrauen in die Einheit »Mama und Papa« vernichten. Von jetzt an gab es nur noch »Mama«. Von jetzt an waren meine Kinder Halbwaisen. Und ich war … Witwe. Was für scheußliche Worte es doch gab!

Ich küsste sie auf die Wange.

»Sophie? Süße, wach auf!«

Sie knurrte unwillig und drehte mir den Rücken zu.

»Sophie! Du musst wach werden.«

»Nein. Ich will nicht«, meckerte sie im Halbschlaf.

»Doch. Du musst!«, drängelte ich und rüttelte an ihrer Schulter. »Es ist wichtig. Ich muss mit euch reden.«

Sie schlug die Augen auf und war sofort hellwach. Normalerweise hätte sie jetzt losgeplappert. Doch sie schien zu spüren, dass es kein normaler Moment war. Schweigend schlüpfte sie mit meiner Hilfe in Bademantel und Hausschuhe, schweigend ließ sie sich von mir auf den Arm nehmen, was sie von dem Moment an, seit sie selbst laufen konnte, nur noch zugelassen hatte, wenn sie krank war. Ich trug sie nach oben. Schweigend setzte sie sich zwischen David und Kristin auf den Teppich. Alle drei Kinder sahen mich mit dem gleichen Blick an: einer Mischung aus Ahnung und Angst.

Ich setzte mich ihnen gegenüber und holte tief Luft.

»Papa ist tot. Er ist vor wenigen Minuten gestorben. Er hat es geschafft.«

Wie oft hatte ich darüber nachgegrübelt, wie ich es den Kindern wohl am besten sagen würde. Hatte mir all die Formulierungen durch den Kopf gehen lassen, die das Sterben beschönigen, dem Wort »tot« die Schärfe nehmen sollen.

Papa ist für immer eingeschlafen.

Was für ein Quatsch! Was sollen Kinder, speziell Sophie, sich darunter vorstellen? Wer einschläft, der wird nach kindlichem Verständnis auch irgendwann wieder wach. Und »für immer« ist viel zu abstrakt. Eine solche Wortwahl kam also auf keinen Fall infrage.

Papa ist jetzt im Himmel.

Ich ahnte Sophies berechtigte Fragen im Voraus: *Was macht er da? Wie ist er da hingekommen? Und wann kommt er wieder runter?*

Auch keine Lösung. Eher noch schlimmer.

Wie so oft war ich zu der Einsicht gekommen, dass es nur einen Weg gab: den ehrlichen. Klare Worte, die die Dinge beim Namen nannten. So, wie wir immer ehrlich mit den Kindern gesprochen hatten. Auch wenn es der schmerzhafteste Weg war. Unsere Aufrichtigkeit war die Basis für das tiefe Vertrauen, das die Kinder uns entgegenbrachten.

Sekundenlang blieben die Gesichter meiner Kinder völlig ausdruckslos. Genau wie ich eine halbe Stunde zuvor brauchten auch sie ihre Zeit, die Wucht des Geschehens zu begreifen. Dann versteinerten Davids Züge, während sich in den Augen der Mädchen Tränen sammelten. Alle drei beobachteten mich. Und alle sagten kein Wort.

Meine Jüngste bewegte sich als Erste. Sie stand auf, kam zu mir und kuschelte sich an mich. Kurz darauf folgte Kristin ihrem Beispiel. David schien mit sich zu kämpfen, doch am Ende hielt ich auch ihn im Arm. Noch immer war kein Wort gefallen. Erst mussten wir zusammenrücken, uns gegenseitig Nähe, Wärme, Halt und das Gefühl der Zusammengehörigkeit schenken.

»Es ist gut so!«, sagte ich in die Stille hinein. »Jetzt hat Papa keine Schmerzen und keine Atemnot mehr. Er ist ganz sanft gestorben. Darüber können wir sehr glücklich sein.«

»Dürfen wir zu ihm?«, fragte David leise.

»Natürlich. Wann immer ihr wollt. Und nur, wenn ihr wollt.«

Ich wusste, es würde nicht lange dauern.

»Ich will zu Papa!«, forderte Sophie dann auch prompt und machte Anstalten, sich aus dem Knäuel zu lösen, das wir vier auf dem Fußboden gebildet hatten.

»Dann komm«, antwortete ich, drückte alle noch einmal fest an mich und stand auf. Meine beiden Großen blieben reglos sitzen. Ihre Angst vor dem, was sie erwartete, dieselbe Furcht, die auch ich gehabt hatte, stand greifbar im Raum. Die Unbefangenheit, die meine vierjährige Tochter schützte, bot ihnen keine Zuflucht mehr. Mit acht und zehn Jahren waren sie alt genug, um die Geschehnisse zu verstehen.

»Kommt nach, wenn ihr möchtet. Papa liegt friedlich im Bett. Es gibt nichts, wovor ihr Angst haben müsst.«

Sie reagierten nicht auf meine Worte. Doch noch bevor Sophie und ich das Ende der Treppe erreicht hatten, rief Kristin: »Wartet auf mich!«

Sie eilte hinter uns her. Zu dritt standen wir an der geschlossenen Tür. Ich zögerte, sie zu öffnen, hoffte darauf, dass David sich entschied, uns zu folgen. Denn auch wenn ich keines der Kinder überreden oder gar zwingen wollte – aus meiner Sicht war es unbedingt erforderlich, dass sie Abschied nahmen. Dass sie ihren toten Vater sehen, anfassen, den Tod im wahrsten Sinne des Wortes »be-greifen« konnten. Erst recht, da ich wusste, dass Peter lächelte.

Natürlich hatte ich im Vorfeld abgewogen: War es richtig, unsere Kinder auf diese drastische Weise mit dem Tod zu konfrontieren? Oder war es besser, sie davor zu bewahren? Schützte ich sie, wenn ich dem Beispiel meiner Eltern folgte, die mich als Siebenjährige mit dem Satz »Behalte ihn so in Erinnerung, wie du ihn gekannt hast!« trösteten, als mein erster Großvater starb? Der jedoch war in meiner kindlichen Erinnerung lebendig – sodass ich, unterstützt vom Prozess des Heranwachsens, etliche Jahre brauchte, um die Dimension »sterben« tatsächlich zu verstehen.

Wieder war ich meinem Bauchgefühl gefolgt, das sich eindeutig positioniert hatte: Auch wenn das letzte Bild der Erinnerung ein toter Peter wäre – darüber würden sie den lebendigen, den fröhlichen, den liebevollen Vater nicht vergessen! Die unzähligen Bilder, die im Zusammensein mit ihm entstanden waren, würden durch dieses letzte weder überlagert noch verdrängt werden. Doch es würde ihnen helfen, die Endgültigkeit zu erfassen. Und irgendwann zu akzeptieren.

Ich hielt die Klinke in der Hand, als ein Rascheln im Dachgeschoss davon zeugte, dass auch David aufstand. Mit gesenktem Kopf schlich er die Treppe herunter. So unbefangen wie möglich öffnete ich die Tür. Drei Paar Kinderaugen spähten vorsichtig in den Raum.

Wie so oft war es Sophie, die die Anspannung unterbrach.

»Papa!«, rief sie aus, lief auf ihn zu, warf sich einfach neben Peter und küsste ihn so ungezwungen wie immer. Ihr Verhalten nahm ihren Geschwistern die Scheu – deutlich langsamer, aber sichtlich entschlossen näherten sich auch David und Kristin dem

Bett, verharrten einen Augenblick und kletterten dann hinein. Als Letzte folgte ich.

Erleichtert und glücklich legte ich mich auf meine Betthälfte und beobachtete die Kinder, die sich jetzt fast darum zankten, wer wo liegen konnte, um Peter so nah wie möglich zu sein. Als endlich jeder seinen Platz gefunden hatte, streichelten sie ihn, übersäten ihn mit Küssen und redeten mit ihm. Mit einem Unterschied: Ganz offensichtlich erwartete keines der Kinder eine Antwort mehr.

Vielleicht war die Situation grotesk – doch mir erschien sie als selbstverständlich, warm und voller Liebe. Ein letztes Mal, dass wir zu fünft in diesem Bett lagen. Möglicherweise war es aber auch das wichtigste der ungezählten Male zuvor.

Es dauerte etliche Minuten, bis die Zärtlichkeiten nachließen. Nahezu nahtlos stellte sich ein Gefühl der Beklommenheit bei den Kindern ein. Es wurde Zeit aufzustehen.

»Kommt«, sagte ich behutsam. »Sagt Papa …« Ich zögerte. Vielleicht war es Wortklauberei, aber ein »Auf Wiedersehen« erschien mir so schrecklich unangemessen. Andererseits: Was wissen wir Lebenden schon? Nichts! Wir können glauben, wir können hoffen, wir können darauf vertrauen, dass es ein Leben nach dem Tod und damit vielleicht tatsächlich ein Wiedersehen gibt. Doch gesichert weiß das niemand.

Dennoch: Ich selbst glaubte, hoffte, vertraute darauf. Ein Funken Zukunft in fernster Zeit. Diesen Funken durfte und wollte ich auch meinen Kindern nicht nehmen.

»Sagt Papa auf Wiedersehen. Irgendwann, irgendwo. Ein Stück von ihm wird bei uns bleiben, auch wenn wir ihn jetzt loslassen müssen.«

Dann verließ ich das Bett und ging zur Tür. Jedes Kind küsste Peter noch ein Mal und folgte mir.

»Geht schon mal nach unten«, forderte ich sie auf. Mein Kopf war leer. Bis zu diesem Moment hatte ich im Voraus gedacht –

doch jetzt hatte ich keine Ahnung, wie es weitergehen sollte. Etwas verzagt zog ich die Tür ein Stück zu, schloss sie aber nicht ganz. Wenn eines unserer Kinder noch einmal das Bedürfnis haben sollte, zu Peter zu gehen, sollte es nicht durch die geschlossene Tür entmutigt oder gar daran gehindert werden.

Ohne jeden Plan folgte ich meinem Nachwuchs ins Wohnzimmer. Es war kurz nach halb sieben. Wir mussten darüber sprechen, wie der Tag weiterging.

Doch als ich die letzte Stufe erreicht hatte, passierte etwas Unerwartetes, etwas, das um diese Uhrzeit noch nie geschehen war: Es klingelte an der Haustür …

Absolution

Ich starrte sie an wie einen Geist. Auf dem kurzen Weg vom Auto bis zu unserem Haus hatte der Nieselregen ihre Haare und die Jacke bereits benetzt. Klein und durchgefroren stand sie im Licht der Außenlampe und blickte mich sorgenvoll und fragend an.

»Kind«, sagte meine Mutter, »ich bin wach geworden und hatte ganz plötzlich das Gefühl, dass du mich brauchst.«

Noch vor einem Jahr hätte ich mich vermutlich gewundert, an Zufall geglaubt oder nach rationalen Erklärungen gesucht. Doch in den Monaten, in denen Peter krank war, hatte ich zu oft erlebt, dass die Bindung zwischen Menschen, die sich lieben, auch bei räumlicher Distanz bestehen bleibt. Immer wieder hatten er und ich zum selben Zeitpunkt die gleichen Gedanken oder Gefühle gehabt. Immer wieder hatte einer von uns intuitiv gewusst, wann der andere ihn brauchte. Somit erschien es mir jetzt fast selbstverständlich, dass meine Mutter die Veränderung gespürt hatte, die geschehen war.

»Es ist vorbei«, bestätigte ich – und sie nickte, als habe sie nichts anderes erwartet. Ich zog sie ins Haus. Sie hängte die Jacke an die Garderobe, umarmte wortlos erst mich und danach jedes Kind, bis sie schließlich mit hängenden Armen im Wohnzimmer stand.

»Kann ich …?«, fragte sie leise und wies mit dem Kinn nach oben.

»Natürlich«, antwortete ich. Als sie zögernd die Treppe hinaufging, auf jeder zweiten Stufe kurz verharrte, als müsse sie neuen Mut fassen, setzte ich mich aufs Sofa und bat:

»Kommt bitte mal her, ihr drei! Wir müssen darüber sprechen, wie es weitergeht. Ich weiß nicht, ob ihr lieber zu Hause bleibt oder in die Schule und den Kindergarten geht. Das darf jeder von euch selbst entscheiden.«

Sie überlegten kurz. Kristin reagierte zuerst.

»Ich MUSS in die Schule! Ich mache heute das Schwimmabzeichen in Bronze. Das will ich machen! Jetzt erst recht! Für Papa!«, sagte sie entschlossen.

»Dann mach das.«

Ich lächelte, denn genau mit dieser Reaktion hatte ich gerechnet. Sie würde schwimmen, so schnell und so gut sie konnte, und darüber für einen kurzen Augenblick Vergessen oder zumindest Ablenkung finden. Ihre Klassenlehrerin hatte bereits in den vergangenen Monaten bewiesen, mit wie viel Fingerspitzengefühl sie der Situation begegnete.

In Kristins Abwesenheit hatte sie mit der Klasse gesprochen. Gleich mehrere Kinder hatten sich spontan angeboten, fortan auf meine Tochter »aufzupassen« und jeden Streit von ihr fernzuhalten. Kristin selbst wusste nichts von ihren »Schutzengeln«. Die erst neun- und zehnjährigen Mitschüler hatten Wort gehalten und ihr den Rückhalt gegeben, den sie so dringend brauchte. Somit konnte ich sie heute unbesorgt gehen lassen. Ihre Lehrerin und die Freunde würden sie zumindest ein wenig auffangen.

»Ich bleibe zu Hause! Als ob ich heute in die Schule gehen würde!« Davids Antwort war ebenso entschlossen. Seit einem halben Jahr besuchte er dasselbe Gymnasium, an dem Peter und ich unseren Schulabschluss gemacht hatten. Auch mit seinem Klassenlehrer hatte ich sofort nach der Einschulung ein Gespräch gesucht. Und auch ihn hatten die Fachlehrer und etliche Mitschüler und Freunde im Auge behalten, ohne dass er das bemerkt hatte. Unser soziales Netz hatte sich zehn Monate lang schützend um uns gelegt. Es würde jetzt nicht reißen.

»Ich auch. Ich bleibe zu Hause. Als ob ich heute in den Kindergarten gehe!«, echote Sophie mit einem Seitenblick auf ihren

Bruder. Unwillkürlich lachte ich auf. Wie gut ich meine drei Kinder doch kannte! Jedes von ihnen verhielt sich genau so, wie ich es vermutet hatte.

»Dann ziehe ich mich jetzt an«, beschloss Kristin und wandte sich Richtung Treppe. Diese kam meine Mutter gerade herunter – mit blassem Gesicht, aber gefasst.

»Kannst du den Kindern Frühstück machen?«, bat ich sie. »Ich muss telefonieren, dann habe ich dafür den Rücken frei.«

Sie nickte bestätigend, offensichtlich froh über diese Aufgabe, und begann sofort, mit Geschirr zu klappern und den Kühlschrank zu inspizieren.

»Geht Omi bitte helfen!«, forderte ich David und Sophie auf und griff zum Telefon. Peter war gerade mal eine Stunde tot. Und obwohl ich mit mir haderte, tat ich genau das, was ich seiner vor wenigen Tagen geäußerten Meinung nach nicht hätte tun sollen: Ich rief seine Eltern an.

»Erspar es ihnen, mich so zu sehen«, hatte er mich gebeten. »Sie kommen damit nicht zurecht.«

Ich hatte ihm nicht widersprochen. Doch ich war der Ansicht, dass meine Schwiegereltern selbst entscheiden sollten, ob sie kommen wollten oder nicht. In Kürze müsste ich sie so oder so über den Tod ihres Sohnes informieren – es erst zu tun, wenn Peter nicht mehr zu Hause wäre, und ihnen damit die Möglichkeit zu nehmen, sich in Ruhe zu verabschieden, erschien mir als unfair.

»Peter hat es geschafft. Er ist vor einer Stunde gestorben«, überfiel ich seinen Vater, der sich ebenso schnell, aber auch genauso argwöhnisch gemeldet hatte, wie Bernd es getan hatte. Er schwieg. Ich wartete.

»Wir kommen gleich«, hörte ich ihn sagen. Dann wurde die Verbindung unterbrochen.

Gleich? Wann war gleich? Wenn sie sofort losführen, wären sie in spätestens einer halben Stunde hier. Und ich war immer noch im Schlafanzug! Plötzlich wurde ich hektisch. *Gleich* würden nicht nur meine Schwiegereltern kommen. *Gleich* würde wahrscheinlich ein noch nicht absehbares Chaos auf mich einstürmen! Dem konnte ich wohl kaum im Pyjama begegnen. Ich musste mich anziehen. Schleunigst! Welch ein Glück, dass meine Mutter sich um die Kinder kümmerte.

»Ich bin im Bad!«, rief ich in Richtung Küche und eilte die Treppe hinauf. Während ich mich auszog und frische Wäsche aus dem Schrank holte, erklärte ich meinem toten Mann:

»Entschuldige, dass ich momentan keine Zeit für dich habe. Deine Eltern kommen gleich. Ich weiß, dass du das eigentlich nicht wolltest. Aber mir erscheint es richtig zu sein. Du bist schließlich ihr Kind. Also sei nicht sauer, okay? Und nun muss ich mich beeilen.«

Mit ihm zu reden erschien mir als das Selbstverständlichste der Welt. Es würden Stunden vergehen, bis die Mitarbeiter des Beerdigungsinstitutes kämen. Noch war er da. Nichts daran befremdete mich. Er lag im Bett wie so oft. Liebevoll lächelnd, bis zum Hals zugedeckt mit der blau geblümten Bettwäsche, in der wir gemeinsam unzählige Nächte geschlafen hatten.

Meine Kleidung auf dem Arm haltend, drückte ich ihm einen schnellen Kuss auf die Wange und ging endlich duschen. Eine Viertelstunde später stand ich wieder im Wohnzimmer. In der Zwischenzeit hatte meine Mutter Kaffee gekocht. Die Kinder frühstückten noch – schweigend, offensichtlich betrübt, aber ohne jede Spur von Nervosität. Im Stehen trank ich schnell ein paar Schlucke und überlegte, welche Schritte jetzt wohl die wichtigsten waren. Das meiste konnte warten. Erst einmal musste Michael informiert werden. Anstelle der geplanten Erhöhung des Morphiums würde er nun den Totenschein ausstellen. Ich war mir sicher, dass er in Peters Sinne darüber erleichtert wäre.

***

Michael kam eine anstrengende Stunde später. Zog mich an der Haustür kurz in den Arm, sah mich prüfend an.

»Wie geht es dir?«

»Gut. Nein, eigentlich sehr gut! Vielleicht hört es sich verrückt an, aber ich bin so unendlich glücklich«, entfuhr es mir.

Michael lächelte leise.

»Das kann ich gut nachvollziehen. Ich bin auch sehr froh, dass ihm all das erspart geblieben ist, was ansonsten nötig gewesen wäre. Können wir nach oben gehen?«

»Klar!«

Ich wandte mich ab und ging wieder mal die Treppe hinauf. Michael folgte mir mit zügigen Schritten. Im Schlafzimmer lehnte ich mich an eine Kommode, während er wortlos neben Peter stand und ihn traurig, aber aufmerksam betrachtete.

»Erzähl mir, wie die vergangene Nacht verlaufen ist«, bat er sanft.

Alles in mir spannte sich an, obwohl mir natürlich bewusst war, dass ich ihm Peters letzte Stunden schildern musste.

»Wann soll ich welche Medikamente einsetzen?«, hatte ich Michael am Vorabend gefragt.

»Vertrau deinem Gefühl! Du kannst keine Fehler machen«, hatte er ruhig geantwortet. Zwei Sätze, die mir den Mut und die Sicherheit gaben, in diesen letzten Stunden, die Peter bewusst erleben sollte, den Sauerstoff, die Beruhigungstropfen und das Morphium so einzusetzen, wie ich meinte, dass es richtig war. Es war wenig genug, was ich tun konnte, aber dieses wenige hatte immerhin seine Atemnot eingedämmt und für Linderung, ja, sogar für längere, friedvolle Phasen gesorgt.

Doch was, wenn ich – entgegen meinem Gefühl – alles falsch gemacht und Peter das Sterben erschwert hatte? Wenn Michael nach meinem Bericht die Stirn runzeln, den Kopf schütteln, mir gar Vorwürfe machen würde? Ich wagte kaum, daran zu denken.

Stockend, dann immer flüssiger erzählte ich von der Luftnot

und der Panik, die Peter erlitten hatte und die sofort gewichen war, wenn ich ihm die Maske des Sauerstoffgerätes vor Mund und Nase gehalten hatte. Berichtete von seinem häufigen Drang, zur Toilette zu gehen, und von seiner Verbissenheit, aufzustehen und den Weg ins Bad zurückzulegen, auch wenn es ihn an den Rand seiner Kräfte gebracht hatte.

»Dazwischen ist er immer wieder für ein paar Minuten eingeschlafen. Wenn er wach war, haben wir geredet. Viel geredet! Irgendwann habe ich …«

Ich stockte. Es fiel mir schwer, das in Worte zu fassen, was ich empfand. Die Szene war ergreifend gewesen. Und notwendig. Gleichzeitig belastete sie mich. Meine Stimme klang schrill, als ich weitersprach.

»Irgendwann habe ich ihn … weggeschickt. Ich habe ihm gesagt, dass du heute das Morphium erhöhen musst, damit er seinen Erstickungstod nicht bewusst miterleben muss. Damit habe ich ihn geradezu von mir weggetrieben.«

Es hatte mich unglaublich viel Kraft gekostet, Peter diese Wahrheit so ungeschönt zu sagen. Es kostete mich auch jetzt enorme Kraft, darüber zu sprechen.

»Und?« Wie immer blieb Michael gelassen.

»Er hat gesagt: ›Danke, dass du mich jetzt gehen lässt.‹ Zwei Stunden später ist er gestorben.«

Michael lächelte. Dann sah er mir fest in die Augen.

»Du hast alles richtiggemacht.«

Ein Stein, ein Felsbrocken, nein, gleich ein ganzes Gebirge fiel mir von der Seele! Während Michael Peter vorsichtig und würdevoll, aber dennoch routiniert untersuchte, stiegen mir Tränen der Erleichterung in die Augen. Ich hatte in der gesamten Nacht ausschließlich nach meiner Intuition gehandelt, musste oft so schnell reagieren, dass mir keine Zeit zum Nachdenken geblieben wäre. Doch was sich richtig anfühlt, muss nicht zwangsläufig richtig sein.

Michaels vier Worte waren meine ganz persönliche Absolution und rundeten das Glück und die Dankbarkeit ab, die mich seit Peters Tod innerlich jubilieren ließen.

Ich hatte noch keinen Gedanken daran verschwendet, was ich selbst eigentlich fühlte. Peter und ich waren so eng zusammengewachsen, dass ich momentan nur aus seiner Perspektive empfand. Was sein Tod für die Kinder und für mich bedeutete, war mir zu diesem Zeitpunkt schlichtweg egal. Wichtig war, dass es mir gelungen war, die Versprechen zu halten, die ich ihm voller Überzeugung gegeben hatte, und die mich dann doch so oft an und manchmal sogar über meine Grenzen gebracht hatten: Am Ende war er so gestorben, wie er es sich erhofft hatte – zu Hause bei mir und in all der Würde, die ihm so viel bedeutet hatte. Nichts anderes zählte.

Nachdem er seine Untersuchung beendet hatte, zog Michael die Decke behutsam bis zu Peters Kinn hoch, so, wie sie auch zuvor gelegen hatte. Dann richtete er sich auf, holte einige Papiere aus seiner Tasche und füllte sie aus.

»Ich werde später veranlassen, dass das Sauerstoffgerät abgeholt wird. Den Schein hier brauchst du für das Beerdigungsinstitut. Heute Nachmittag komme ich wieder, um den Sessel abzuholen.«

Der Ohrensessel, den Michael spontan von einem Nachbarn geliehen hatte und in dem mein Mann aufrecht sitzen und besser atmen konnte, war eine fantastische Idee gewesen. Nun war das Möbel überflüssig und wirkte wie ein Fremdkörper in unserem Schlafzimmer. Ebenso wie der unförmige Kasten, aus dem auf Knopfdruck Sauerstoff strömte. Zwei Zeugen der letzten Stunden, die ihren Zweck erfüllt hatten, jetzt aber nutzlos herumstanden. Es war gut, wenn sie schnellstmöglich entfernt wurden.

***

An der Haustür zog Michael mich noch einmal kurz in die Arme. Sechs Wochen lang war er ein fast täglicher Gast gewesen. Ein Geschenk des Himmels. Ohne seine Hilfe hätte Peter vermutlich seine letzten Tage im Krankenhaus oder im Hospiz verbringen müssen. Dort wären Menschen gewesen, die uns zur Seite gestanden und mir die Verantwortung abgenommen hätten. Mein Mann und ich hatten ein einziges Mal darüber gesprochen, ob es für mich und die Kinder leichter wäre. Alles in mir hatte sich dagegen gesträubt, und auch Peter, der mir trotz seines Wunsches, zu Hause zu sterben, selbst diesen Vorschlag gemacht hatte, war erleichtert gewesen, als ich mich dagegen entschied. Ich vermochte es in dem Wissen, Michael an meiner Seite zu haben. Dabei war mir bewusst, welch ein ungeheures Glück es war, dass dieser wunderbare Freund mit seiner ihm eigenen, ruhigen Selbstverständlichkeit seine Freizeit opferte.

Während ich ihm hinterhersah, als er zum Auto ging, schossen mir die Bilder der Erinnerung durch den Kopf. Peter, tief schlafend, nachdem er in der Onkologie das erste Morphiumpflaster bekommen hatte. All meine Versuche, ihn zu wecken, waren gescheitert. Einer inneren Eingebung folgend, hatte ich spätabends zum ersten Mal Michael angerufen, statt die Nummer des Notarztes zu wählen.

»Mach das Pflaster ab. Morphium zu dosieren ist nicht ganz einfach. Jeder reagiert anders darauf. Wenn ihr wollt, komme ich morgen und übernehme die Schmerztherapie.«

Wenn ihr wollt? Und ob wir wollten! Nichts lieber als das! Neben den Medikamenten brachte Michael das Lachen in unser Haus. Besonnen, aber auch immer mit einem kleinen Scherz hatte er für viel Fröhlichkeit gesorgt.

Wie komisch war der Anblick gewesen, als er vor ein paar Wochen eine Infusion anhängen wollte. Mangels passendem Ständer baute er sich selbst neben dem Bett auf und hielt die Flasche hoch. Peter und ich brachen in schallendes Gelächter aus.

»Du siehst aus wie die Freiheitsstatue!«, prustete Peter los.

Unter Lachtränen ergänzte ich: »Nur der Strahlenkranz fehlt!«

Mit stoischer Gelassenheit ertrug Michael die Lästerei, wechselte aber mehrfach verstohlen den erhobenen Arm, bis die Flüssigkeit endlich in Peters Venen getröpfelt war.

»Lacht ihr ruhig über mich! Wartet ab, ich komme nachher wieder. Ich habe nämlich eine Idee«, meinte er und grinste geheimnisvoll.

Stunden später klingelte er erneut an der Haustür, einen Akkuschrauber in der einen, einen Werkzeugkasten in der anderen Hand. Auf sein Geheiß hin schleppte ich kopfschüttelnd den Staubsauger nach oben, drei Kinder im Schlepptau, die ebenso neugierig waren wie ich. Während David, Kristin und Sophie ihn misstrauisch beäugten, bohrte Michael in aller Seelenruhe ein Loch in die Dachschräge über dem Bett, saugte den herabgefallenen Putz weg, klopfte einen Dübel in die Öffnung und drehte einen Haken ein.

»Der macht unser Haus kaputt!«, protestierte Sophie mit reichlicher Verspätung.

»Nein, macht er nicht.« Ich hätte Michael ob dieser Idee küssen können. Anstelle eines Infusionsständers, der unser liebevoll eingerichtetes Schlafzimmer automatisch in ein Krankenzimmer verwandelt hätte, nun dieser einfache Haken, der nicht weiter ins Auge fiel und dabei so effektiv war.

Eine kleine, aber eine von vielen Szenen, für die ich diesem Mann aus tiefstem Herzen dankbar war. Noch wichtiger als seine gute Laune aber war der Mut, den er mir immer wieder geschenkt hatte. Jede Frage hatte er beantwortet, mir damit den Rücken gestärkt.

»Du kannst das.« – »Du schaffst das.« – »Glaub an dich.« Sätze, die mein Selbstvertrauen stärkten, wenn ich Angst hatte, weil es Peter kurzfristig schlechter ging. Wenn ich dachte, ich könne Fehler machen, ihm womöglich Schmerzen zufügen.

»Du kannst das.« Er hatte recht gehabt. Es gab wohl nichts, das ich mehr wollte – allein deswegen konnte ich! Was ich allerdings nicht konnte, war Michael seine selbstlose Hilfsbereitschaft jemals zu vergelten.

***

Langsam schloss ich die Tür hinter ihm, drehte mich um, ging ins Wohnzimmer zurück und betrachtete die Szene, die sich mir bot. Der Fernseher lief. Normalerweise wäre es undenkbar gewesen, ihn zu dieser frühen Uhrzeit anzustellen. Heute jedoch war ich Davids Bitte, den Kinderkanal einzuschalten, mit Erleichterung gefolgt. Der Film, der gerade lief, würde ihn und Sophie eine Zeit lang beschäftigen, sie ablenken – und ihnen vielleicht sogar das eine oder andere Lachen entlocken.

Kristin war längst aus dem Haus. Ihre Geschwister saßen eng nebeneinander auf dem Sofa und starrten gebannt auf den flimmernden Kasten. Auf der zweiten Couch hockten Peters Eltern, die etwa eine halbe Stunde vor Michael geklingelt hatten. Nachdem ich ihnen geöffnet hatte, waren sie sofort nach oben gegangen und Minuten später mit verweinten Gesichtern ins Wohnzimmer zurückgekehrt. Meine Mutter hatte ihnen hilflos einen Kaffee angeboten, den sie jedoch abgelehnt hatten. Stattdessen hatten sie sich dort platziert, wo sie auch jetzt noch saßen. Schweigend, reglos und offensichtlich so unter Schock, dass sie der Situation ebenso wenig gewachsen waren wie ich, was meinen derzeitigen Umgang mit ihnen anging.

Was sagt man Eltern, die ihr Kind verloren haben, wenn man selbst über den Tod des »Kindes« in diesem Augenblick so dankbar ist? Die oft nur aus Unsicherheit dahingesagte Floskel »Herzliches Beileid«? Angesichts meines Glücksgefühls erschien sie mir mehr als unpassend – sie litten sehr, ich hingegen zu diesem Zeitpunkt nicht. Ich hätte mir auch nicht vorstellen können, jemals etwas anderes als Freude zu empfinden. Und es war gut, dass ich nicht ahnte, was mich erwartete …

Ratlos setzte ich mich zu meinen Kindern und suchte krampfhaft nach Worten. Peters Eltern befreiten mich aus der Verlegenheit. Sie standen auf und machten Anstalten, zu gehen.

»Findest du es nicht unpassend, die Kinder fernsehen zu lassen?«, fragte meine Schwiegermutter an der Tür.

»Nein, überhaupt nicht«, wehrte ich ihren Vorwurf ab. »Im Gegenteil, sie sollen alles machen, was sie möchten und was ihnen guttut. Peter hätte in umgekehrter Situation genau das Gleiche getan.«

Einen Augenblick lang wirkte sie nachdenklich. Sie entgegnete nichts, umarmte mich flüchtig und folgte ihrem Mann, der bereits am Wagen stand. Die Haltung der beiden drückte tiefsten Kummer aus. Sie taten mir aufrichtig leid. Peter war auch ihnen gegenüber von Anfang an offen gewesen und hatte keinen Hehl aus der schlechten Prognose gemacht.

Dennoch hatten sie sich bis zum Ende an Strohhalme geklammert, die nun unwiderruflich geknickt waren. Ihnen fehlte die Kraft, die Peter mir durch die unzähligen Gespräche für das »Danach« mit auf den Weg gegeben hatte. Ein älteres Ehepaar, das den jüngsten der fünf Söhne verloren hatte und zukünftig lernen musste, irgendwie mit diesem Verlust zu leben. Ich wünschte ihnen, dass sie einen Weg fänden.

Nachdem ich die Tür geschlossen hatte, holte ich einen Zettel und einen Stift und setzte mich zu meiner Mutter in die Küche. Die beiden aus meiner Sicht allerwichtigsten Schritte waren erledigt. Bisher war ich noch keine Minute zur Ruhe gekommen. Ich brauchte einen Kaffee, eine Zigarette und ein wenig Zeit, um mich zu sortieren und die nächsten Punkte aufzuschreiben. Ansonsten drohte die Vielzahl der zu organisierenden Dinge mir über den Kopf zu wachsen. Meine Listen, die ich immer schrieb, wenn ich nichts vergessen durfte, würden mir auch jetzt helfen, dem Chaos um mich herum Struktur zu geben.

»Kann ich dir helfen?«, fragte meine Mutter.

»Bestimmt.«

Sie war in den vergangenen Monaten schon oft eine riesige Unterstützung gewesen. Doch selten war ich so froh über ihre Anwesenheit gewesen wie jetzt.

Telefonate

»Schule, Kindergarten, Anästhesie«, murmelte ich beim Schreiben vor mich hin. »Nicole, Frau Reinke und …« Ich kaute gedankenverloren auf dem Stift herum.

»Hast du dir schon überlegt, welches Bestattungsunternehmen du beauftragen willst?«, fragte meine Mutter sanft.

Ach ja, das auch noch! Nein, hatte ich nicht. Ich kannte keins. Bisher hatte ich um solche Institute einen großen Bogen gemacht.

»Nein. Welches hattest du damals bei deinem Vater?«

Dieses »Damals« war gerade mal anderthalb Jahre her. Mein zweiter Großvater war mit siebenundachtzig Jahren verstorben. Peter war fast ein halbes Jahrhundert jünger. Wie ungerecht das Leben doch sein konnte!

»Lüderscheidt. Die machen das sehr gut.«

»In Ordnung. Könntest du sie anrufen?«

Sie nickte. »Natürlich.«

Während sie die Telefonnummer heraussuchte, grübelte ich weiter über die Idee nach, die ich spontan geboren hatte. Sollte ich oder sollte ich nicht? Hätte Peter das gewollt? Dann gab ich mir einen Ruck und schrieb »Paulsen« auf meine Liste. Peter hätte mit Gewissheit nichts dagegen – und *mir* war es ganz plötzlich ein großes Bedürfnis, den Pfarrer, der uns getraut und unsere Kinder getauft hatte, diesen warmherzigen Geistlichen, darum zu bitten, zu uns nach Hause zu kommen, solange Peter noch da war. Auch wenn er ihn in Kürze beerdigen würde – *hier* war Peters Zuhause. *Hier* würde die Erinnerung an ihn weiterleben. *Hier* sollte der Abschied abgerundet werden.

Sosehr ich auch mit Gott haderte und ihn, hätte ich nur die Möglichkeit gehabt, am liebsten verprügeln würde – irgendwo in mir gab es einen tief verwurzelten Glauben und trotz allem einen Rest von Urvertrauen in ihn. Ein Fünkchen Hoffnung, dass an all dem, was man mir als Kind vom »lieben Gott« erzählt hatte, doch wenigstens ein kleines bisschen Wahrheit wäre. Peter hatte ähnlich empfunden. Wie mir war auch ihm unsere kirchliche Trauung um ein Vielfaches wichtiger gewesen als die standesamtliche. Somit hatte er das Datum der kirchlichen in unsere Ringe gravieren lassen, und wir hatten in den elf Jahren unserer Ehe diesen Tag als Hochzeitstag gefeiert, obwohl wir zwei Tage zuvor standesamtlich geheiratet hatten. Noch vor wenigen Tagen, während Peters kurzzeitigem Krankenhausaufenthalt, war Herr Paulsen bei mir gewesen. Sein Besuch hatte mir gutgetan. Nach dem Gespräch mit ihm hatte ich einen klitzekleinen Anflug von Frieden verspürt.

Ja, es fühlte sich richtig an. Ich setzte hinter seinen Namen ein dickes Ausrufezeichen. Hoffentlich hatte er Zeit!

Den Telefonhörer in der Hand, kam meine Mutter zurück.

»Erledigt. Frau Lüderscheidt kommt gegen elf.«

»Gut. Könntest du Sophie beim Anziehen helfen? In der Zeit kann ich meine Liste abtelefonieren.«

»Natürlich«, sagte sie erneut. Ich stand auf, ging zu meinen Kindern und nahm sie in den Arm.

»Wir machen jetzt mal den Fernseher aus. Ihr müsst euch anziehen.«

»Och, jetzt schon?«, maulte Sophie. »Das ist gerade so lustig.«

»Gar nichts ist lustig!« David war schneller in der Realität angekommen als seine kleine Schwester. Er betätigte die Fernbedienung und zog Sophie vom Sofa.

»Komm! Vielleicht dürfen wir nachher weitergucken?«

»Ihr dürft«, bestätigte ich. In den nächsten Tagen würden sie alles tun dürfen, was ihnen einen Hauch von Freude bereitete. Mit Peters Tod hatten die bisher gültigen familiären Regeln sowieso ein vorläufiges Ende gefunden. Zukünftig waren wir keine fünf-, sondern nur noch eine vierköpfige Familie, in der die Rollen, aber auch die Aufgaben modifiziert und teilweise neu verteilt werden mussten. Es lag an mir, uns vorsichtig zu diesem neuen Familienmodell zu formieren. Ich würde Geduld brauchen, aber die Zeit würde mir helfen.

Doch erst mal gab es Wichtigeres! Zunächst mussten wir den heutigen Tag, die erste Woche und dann auch den ersten Monat irgendwie hinter uns bringen. Da war jeder Seelentröster willkommen. Selbst wenn es der Fernseher war, den die Kinder so liebten, dessen Nutzung Peter und ich aber streng limitiert hatten.

In der nächsten halben Stunde telefonierte ich mir die Finger wund. Ich begann mit den kurzen, formellen Anrufen:

»Ich möchte David für heute und eventuell auch für die nächsten Tage vom Unterricht abmelden. Sein Vater ist vorhin verstorben.«

Wie erwartet schwieg die Sekretärin des Gymnasiums betroffen, stammelte dann:

»Herzliches Beileid ... Ich ... ja, ich ... gebe dem Klassenlehrer Bescheid. Wann ...«

»Das kann ich noch nicht sagen. David soll selbst entscheiden, wann er wieder in die Schule gehen möchte. In so einem Fall wird das sicher kein Problem darstellen«, antwortete ich freundlich, aber bestimmt auf ihre nicht ausgesprochene Frage.

»Natürlich ist das kein Problem. Ich wünsche Ihnen und Ihrer Familie alles Gute«, murmelte sie zum Abschied.

Auch Frau Schmidt, die Leiterin des Kindergartens, informierte ich in knappen Worten über den Grund von Sophies Abwesenheit. Mehr war nicht nötig – wir hatten im Vorfeld verschiedene Gespräche über das Verhalten meiner kleinen Tochter geführt, das glücklicherweise nie Anlass zur Sorge gegeben hatte.

»Danke, dass Sie Bescheid sagen. Ich wünsche Ihnen alle Kraft der Welt! Wenn Sie Hilfe brauchen …«

»Ich weiß«, antwortete ich und beendete das Telefonat. Wenn es im Hinblick auf Sophie etwas gäbe, bei dem mich die Erzieherinnen unterstützen konnten, stünden sie hinter mir. Dieses Wissen gab mir ein beruhigendes Gefühl.

Jetzt warteten die wirklich schwierigen Telefonate. Weniger für mich – ich befand mich nach wie vor in einem Zustand irgendwo zwischen Glück und Aktionismus. Eher für diejenigen, deren Nummer ich nun wählen musste.

»Markus? Peter hat es heute Morgen geschafft.«

Gestern war er noch bei uns gewesen, Markus Heidkamp, der leitende Oberarzt der Abteilung für Anästhesie. War still gekommen und still wieder gegangen. Dazwischen hatte er gemeinsam mit Michael und Heiner, der das Sauerstoffgerät geliefert hatte, eine Stunde bei Peter verbracht.

Er schluckte hörbar.

»Danke, dass du angerufen hast. Ich werde es Professor Hennigs und den Kollegen mitteilen. Wie geht es dir?«

»Gut. Wirklich gut, Markus! Ich bin erleichtert und glücklich. Eine Bitte habe ich: Könntest du in der Röntgenabteilung Bescheid sagen? Dann kann ich mir dieses Gespräch sparen.«

»Natürlich! Und … halt den Kopf hoch!«

»Das mache ich. Keine Sorge!«, versprach ich ihm und legte auf, um gleich darauf die nächste Nummer zu wählen und ein weiteres Mal mein Sprüchlein aufzusagen. Zunächst blieb es am anderen Ende der Leitung still. Nicole, meine langjährige Freundin, hatte ganz offensichtlich größte Schwierigkeiten, diese Information zu verdauen.

»Soll ich nach der Arbeit zu dir kommen?«, fragte sie leise.

»Aus Berlin?«, fragte ich verdutzt zurück.

»Nein. Ich bin zurzeit zur Recherche in Düsseldorf. Sobald ich hier durch bin, kann ich mich auf den Weg machen und am späten Nachmittag oder frühen Abend bei dir sein. Vielleicht gibt es ja irgendetwas, wobei ich dir helfen kann.«

Ich überlegte kurz. Der heutige Abend schien mir ähnlich weit entfernt wie der nächste Sommerurlaub. So viele Dinge sollten und wollten bis dahin noch erledigt werden. Bisher hatte ich mich nur an kleinen Schritten entlanggehangelt. Bis zum weit entfernten Abend zu planen überstieg mein derzeitiges Vorstellungsvermögen.

Dennoch: Auch wenn meine Welt sich verändert hatte – es würde, nein, es musste weitergehen! Was also konnte es Besseres geben, als den Abend mit Kathrin und Nicole zu verbringen, die mich daran hindern würden, ins Grübeln zu verfallen? Ein Anflug von Vorfreude streifte mich.

»Gern. Kathrin wird auch da sein. Sie übernachtet hier.«

»Das ist gut! Dann bist du nicht allein. Ich muss morgen leider mit der ersten Maschine zurück, ansonsten hätte ich es dir auch angeboten.«

»Komm einfach, wenn du es einrichten kannst. Im Moment muss ich mich erst mal sortieren. Mir fehlt jeder Überblick, was noch zu erledigen ist«, bekannte ich ehrlich.

»Das kann ich mir vorstellen. Bitte, mach alles in Ruhe, kümmere dich in erster Linie um die Kinder und um dich, und lass dir helfen, wo immer es geht. Versprichst du mir das?«

Ich schmunzelte gerührt.

»Versprochen! Aber jetzt muss ich auflegen. Die nächsten Telefonate warten.«

»Bis nachher. Ich beeile mich. Und ich denke an euch.«

Ich strich ihren Namen auf der Liste durch und wählte erneut.

»Paulsen?«

»Guten Morgen, Herr Paulsen. Entschuldigen Sie bitte die frühe Störung, aber mein Mann ist vorhin gestorben. Und da wollte ich Sie bitten …«

Ein wenig verlegen brach ich ab. Er verstand mich dennoch.

»Ich komme gern. In einer Stunde könnte ich bei Ihnen sein. Passt das?«

»Das passt«, antwortete ich erleichtert. Er hatte nur drei kurze Sätze gesagt, aber schon seine Stimme hatte ausgereicht, um zu wissen, dass es eine gute Entscheidung war, ihn angerufen zu haben. Ich legte den Hörer zur Seite, denn ich hatte plötzlich das dringende Bedürfnis, zu Peter zu gehen. Ihn noch einmal für ein oder zwei Minuten für mich allein zu haben.

Auf der Bettkante sitzend, streichelte ich sein Gesicht.

»Herr Paulsen kommt gleich. Du hast gesagt, ich solle danach alles so machen, wie es für mich richtig ist. Ich kann dich nicht mehr fragen, ob es auch dein Wunsch ist. Aber für mich fühlt es sich gut an.«

Peter lächelte unverändert. Ich nahm es als Bestätigung.

»Was soll er denn sonst machen?«, meldete sich meine innere Stimme ketzerisch zu Wort. *»Du würdest ja wohl aus allen Wolken fallen, wenn er plötzlich die Stirn runzeln würde.«*

Unwillkürlich musste ich auflachen.

»Das stimmt«, antwortete ich belustigt. »Es ist auch mehr mein Bauchgefühl, das mir signalisiert, dass Peter einverstanden ist. Aber dieses Bauchgefühl ist wichtig für mich.«

»Das verstehe ich. Du musst mit dir im Reinen sein. DAS hätte Peter gewollt!«

Und wie ich mit mir im Reinen war! Geradezu leichtfüßig sprang ich auf, verließ das Schlafzimmer und griff erneut zum Hörer. Schließlich gab es neben mir noch drei weitere Personen, um die es sich zu kümmern galt. Auch da brauchte ich Rückendeckung, jemanden, der mir im Zweifel zur Seite stünde, sollte mein Mutterinstinkt mich schlecht beraten oder gar gänzlich versagen.

Ich wählte die Handynummer der Kinderpsychologin. Mit Frau Reinke hatte ich bisher lediglich ein einziges, Mut machendes Gespräch geführt. Vor wenigen Tagen hatte sie sich in ihrem Büro allein mit David unterhalten – und mein kritischer Sohn hatte dieses Gespräch kurz und knapp mit »Die ist in Ordnung! Mit der kann man vernünftig quatschen« quittiert, was aus seinem Mund höchstes Lob bedeutete.

»Ich kann Ihnen anbieten, zu Ihnen zu kommen. Sie werden mich nicht bemerken, aber ich werde da sein und nur dann eingreifen, sofern ich den Eindruck habe, dass Sie oder die Kinder der Situation nicht gewachsen sind.«

Genau darauf hatte ich gehofft. Keine theatralischen Beileidsbekundungen, keine vermeintlich klugen Tipps im Vorfeld. Stattdessen schlichter, schnörkelloser Pragmatismus. Eine Frau, die von ihrem Wesen her zu mir zu passen schien.

»Gerne. Bis nachher«, sagte ich dankbar und strich zufrieden den letzten Namen auf meiner Liste durch.

Kommen und Gehen

»Und jetzt?«, fragte ich Peter, zu dem ich mich mal wieder zurückgezogen hatte, nachdem alles erledigt und angeleiert war, was ich erledigen und anleiern konnte. Die kurzfristige Zufriedenheit am Ende des letzten notwendigen Telefonats war abrupt in Unruhe umgeschlagen, als mir bewusst wurde, dass ein Berg unabsehbarer Dinge auf mich zukam. Dass Gespräche zu führen und Entscheidungen zu fällen wären, die ich weder führen noch fällen wollte. Dass mein Leben in den kommenden Stunden eine Wende nehmen würde, die ich selbst meinem ärgsten Feind nicht wünschte:

Am Ende des Tages würde Peter das Haus, das wir erst fünf Jahre zuvor gebaut hatten und in das wir voller optimistischer Zukunftspläne eingezogen waren, das Haus, das unser gemeinsames Zuhause war, verlassen haben. Dieser Moment machte mir mehr Angst, als sein Tod mir in den vergangenen Wochen bereitet hatte. Denn von diesem Augenblick an würde ich tatsächlich allein sein. Solange Peter noch in seinem Bett lag, musste ich so viel Zeit wie möglich mit ihm verbringen.

Mit ihm, nicht bei ihm! Auf dem Rand des Betts zu sitzen und seine kälter werdende Hand zu halten erschien mir nach wie vor als ein Miteinander. Hier Zuflucht zu suchen und mit ihm zu reden war für mich ebenso selbstverständlich wie hilfreich. Mein Puls, der sich mit dem Auflegen des Telefonhörers beschleunigt hatte, verlangsamte sich augenblicklich. Peter gab mir Frieden, so, wie er immer derjenige gewesen war, der auf ruhige Weise meine gelegentlichen impulsiven Ausbrüche von Zorn, Unzufriedenheit oder Kummer besänftigt hatte.

Natürlich erhielt ich keine Antwort. Zumindest keine ausgesprochene. Dennoch fand ich sie – und ich hätte nicht sagen können, ob sie aus mir selbst heraus oder von ihm kam:

»*Kleine Schritte! Denk nicht an morgen, nicht an die nächste Woche oder gar den nächsten Monat. Denk nur an das, was dich in den nächsten Minuten erwartet.*«

Es war still im Haus. David spielte leise mit Sophie in ihrem Zimmer, und meine Mutter räumte hinter geschlossener Tür die Küche auf. Noch einmal blieben mir wenige Minuten, den Anblick meines lächelnden Mannes in mich aufzusaugen und das Glück seiner Nähe zu genießen.

»Bleib bei mir. Hilf mir. Ohne dich bin ich unvollständig«, flüsterte ich fast gegen meinen Willen.

»*Keine Sorge. Er wird dich nicht allein lassen*«, meldete sich die Stimme in mir in beruhigendem Tonfall zu Wort.

Die Türklingel enthob mich einer Antwort. Seufzend, aber dennoch gestärkt durch die vergangenen Minuten, stand ich auf. Bisher war nur das geschehen, was ich hatte planen oder mir zumindest vorstellen können. Ab jetzt musste ich mich dem stellen, was sich meiner Vorstellungskraft entzog.

»Und los! Du wirst es schaffen!«, ermutigte ich mich selbst, als ich die Treppe hinunterlief, die Tür öffnete und Herrn Paulsen mit einem Lächeln begrüßte.

***

Sein Blick war prüfend und voller Wärme, sein Händedruck fest.

»Wie geht es Ihnen?«

»Gut. Ich bin glücklich, dass Peter jetzt Frieden hat«, durfte ich nun wieder voller Überzeugung antworten. Meine Kraft war zurückgekehrt, die Freude über das Kommen des sympathischen Pfarrers groß. Regelrecht beschwingt reichte ich ihm einen Kleiderbügel für seine Jacke und geleitete ihn nach oben.

»Was ist mit den Kindern?«, fragte er.

»Die wollen nicht«, antwortete ich ehrlich. David hatte meine Frage, ob er gemeinsam mit mir und dem Pfarrer für Peter beten wolle, fast wütend abgewiesen. Und Sophie erschien mir mit ihren vier Jahren als zu klein. Außerdem wollte ich diese Minuten für Peter und mich allein haben – eine Mischung aus Egoismus und Scheu hielt mich davon ab, meinen Sohn gegen seinen Willen zu überreden, meine kleine Plaudertasche zu bändigen oder gar meine Mutter hinzuzuziehen. Peter und ich waren von Herrn Paulsen getraut worden – Peter und ich sollten bei diesem Abschied allein mit ihm sein.

Er schloss ruhig die Tür, wandte sich anschließend zum Bett und betrachtete meinen Mann liebevoll.

»Sie waren ein schönes Paar. Ich habe Sie gern getraut, denn bei Ihnen beiden hatte ich von Anfang an das Gefühl, dass Sie die richtige Wahl getroffen hatten«, sagte er nach einigen stillen Minuten und bereitete mir mit diesen Sätzen eine riesige Freude.

»So traurig und unerklärlich es auch ist, dass Ihre Ehe auf diese Weise auseinandergerissen wird – Sie werden irgendwann voller Dankbarkeit zurückblicken. Noch lange nicht jeder hat das Glück, den Partner zu finden, der wirklich zu ihm passt«, fuhr er fort. »Sie beide aber hatten es. So etwas ist ein Geschenk.«

»Ich weiß«, antwortete ich schlicht und verkniff mir jeden anklagenden Satz über die Ungerechtigkeit des Schicksals, die Tatsache, dass drei Kinder viel zu früh ihren Vater verloren hatten und dass Peter doch nichts anderes gewollt hatte, als leben zu dürfen. Ein solches Gespräch hatten der Pfarrer und ich vor genau einer Woche geführt. Es war müßig, all das noch einmal zu wiederholen.

Mit ruhiger Stimme begann er zu beten. Für Peter, für mich, für unsere Kinder, für Peters Eltern und Brüder, für alle, die von seinem Tod betroffen waren. Es gab kein einziges christliches Symbol in unserem Schlafzimmer, doch das war auch nicht nötig. Er sprach mit einer solchen Eindringlichkeit, dass mir feierlicher zumute war, als ich es oft in der Kirche empfunden hatte.

»Möchten Sie mit mir das Vaterunser beten?«, fragte er schließlich. Ich nickte. Auch wenn ich mich bei der Zeile »Dein Wille geschehe« überwinden musste, weil mich der bekannte Anflug von Zorn streifte. Wie oft hatte ich mit diesen drei Worten gehadert! Wie konnte es Gottes Wille sein, einen Menschen so jung sterben zu lassen, drei Kindern den Vater und mir den Mann zu nehmen, der Partner, Freund, Ruhepol und Antrieb gleichzeitig gewesen war? Allein sein erhofftes friedliches Sterben, um das ich Gott so oft heimlich gebeten hatte, sowie sein Lächeln versöhnten mich in dieser Minute immerhin so weit, dass ich die Worte aussprechen konnte – wenn auch mit zusammengebissenen Zähnen.

Es war eine kleine, intime Abschiedsfeier. Und sie war richtig. Als Herr Paulsen mein Haus verließ, fühlte ich mich noch ein wenig glücklicher als vorher.

***

In der Zwischenzeit hatte ich mit einem halben Ohr wahrgenommen, dass es geläutet hatte. Somit war ich nicht überrascht, als ich Kathrin in der Küche vorfand, wo sie sich mit meiner Mutter und den Kindern unterhielt. Genau wie der Pfarrer sah auch sie mich mit dieser Mischung aus Wärme und Skepsis an, bevor sie mich fest umarmte.

»Darf ich zu Peter?«

»Natürlich!«

Als sie wieder herunterkam, klingelte es erneut.

»Lüderscheidt«, stellte sich die Dame vor, der ich die Tür öffnete.

»Vom Bestattungsinstitut«, fügte sie überflüssigerweise hinzu. Ich biss mir auf die Lippen. Bisher hatte ich nur bekannte Gesichter um mich herum gehabt. Nun rollte die Maschinerie der Fremden an. Ab jetzt lag es an mir, die Weichen für Peters Beerdigung zu stellen. Es sollte ein Abschied werden, der seiner würdig war. Voller Liebe, voller Respekt – und so individuell und auf sein fröhliches Wesen zugeschnitten wie eben möglich.

»Kommen Sie herein«, forderte ich sie höflich auf, »und legen Sie ab! Darf ich Ihnen einen Kaffee anbieten?«

»Gern.« Sie zögerte. »Wenn Sie mich vorher erst zu dem Verstorbenen bringen könnten?«

Natürlich. Sie musste sich schließlich ein Bild machen. Von den räumlichen Gegebenheiten, die in unserem Fall aufgrund der Wendeltreppe nicht unbedingt die einfachsten waren. Bei jedem größeren Möbelstück hatte diese Treppe uns wegen ihrer Enge in den vergangenen Jahren Schwierigkeiten bereitet. Frau Lüderscheidt würde ihre Mitarbeiter darüber in Kenntnis setzen müssen. Damit diese wussten, was auf sie zukam.

»Vielleicht ist es ja auch ein Zeichen der Anteilnahme, und sie möchte vor allem zu Peter?«, fragte meine innere Stimme. Ich ignorierte sie und lief zum gefühlt hundertsten Mal an diesem Tag die Treppe hinauf, diesmal jedoch mit deutlich schwereren Schritten.

Alle, die an diesem Morgen bei Peter gewesen waren, hatten ihn gekannt und geliebt oder zumindest gerngehabt.

Frau Lüderscheidt aber kam aus beruflichem Interesse. Sie war diejenige, der ich Peter anvertraute. Wenn ich ihn schon aus meinen in ihre Hände übergeben musste, war es immens wichtig, dass sie mir als Mensch sympathisch war.

Als sie sich aufmerksam im Raum umsah, musterte ich sie unauffällig. Gepflegt, dezent geschminkt und frisiert, zurückhaltend, aber geschmackvoll gekleidet. Typ Geschäftsfrau, jedoch nicht kühl und geschäftsmäßig, sondern warmherzig.

»Was hast du denn erwartet?«, meldete sich mal wieder meine innere Stimme ein wenig belustigt.

»Keine Ahnung. Mir fehlt doch jede Erfahrung! Wie stellt man sich die Chefin eines Bestattungsunternehmens vor? Eine Frau, die quasi ihr Geld mit dem Tod eines Menschen verdient?«

»Ein befremdlicher Beruf, da gebe ich dir recht. Umso wichtiger, dass sie dir menschlich gefällt. Was denkst du?«

»Ich glaube, das tut sie. Der erste Eindruck ist auf jeden Fall positiv. Mal sehen, ob er bestehen bleibt.«

Er blieb. Um es vorwegzunehmen: Ich habe mit Frau Lüderscheidt und ihrem Team nur die besten Erfahrungen machen dürfen. Auch wenn sie einen »befremdlichen Beruf« ausüben – diese Menschen haben tatsächlich alles in meinem Sinne geregelt und wirklich jeden meiner Wünsche erfüllt. Zwar fehlen mir glücklicherweise die Vergleiche mit anderen Unternehmen, doch ich bin meiner Mutter bis heute dankbar für diesen Rat.

Jeder auch noch so kleine Fehler, jedes Versäumnis hätte mich vermutlich tief getroffen und wäre rückblickend als Schatten hängen geblieben. Aber dank der Umsicht und Erfahrung insbesondere von Frau Lüderscheidt gab es nichts, was fehlte oder zum Problem wurde. Ein Umstand, der mich selbst nach vielen Jahren noch mit Freude erfüllt.

»Soll ich Ihnen erst einmal erklären, wie es jetzt normalerweise weitergeht?«, fragte Frau Lüderscheidt, nachdem wir uns am Küchentisch bei einem Kaffee gegenübersaßen. Kathrin und meine Mutter hatten sich ebenfalls einen Platz gesucht, überließen mir jedoch das Gespräch.

»Im Prinzip weiß ich es. Es ist noch nicht allzu lange her, dass mein Vater und mein Großvater gestorben sind«, seufzte ich.

»Haben Sie denn konkrete Vorstellungen? Möchten Sie Karten verschicken, eine Anzeige in die Zeitung setzen oder vielleicht beides? Wissen Sie schon, auf welchem Friedhof Ihr Mann beigesetzt wird? Ob es ein Sarg- oder ein Urnenbegräbnis werden soll? Möchten Sie eine Trauerfeier in der Kirche oder in der Friedhofskapelle? Soll es ein Geistlicher sein oder ein Trauerredner?«

So viele Fragen auf einmal! Mir schwirrte der Kopf. Ich sortierte mich. Sie ließ mir geduldig die Zeit, die ich benötigte.

»Karten ja, aber auf jeden Fall auch eine Anzeige in der Zeitung. Peter kannte viele Leute – ich kann nicht allen Post schicken, schon allein, weil ich von manchen die Adresse gar nicht kenne. Und bevor ich die Hälfte vergesse …«

Sie nickte. Ich zögerte, überlegte ein letztes Mal. Peter hatte ursprünglich auf eine Feuerbestattung gedrängt. Weil es seiner Aussage nach »preiswerter und umweltbewusster« wäre. Ich hatte ihm zugesichert, ihm diesen Wunsch zu erfüllen.

Doch alles in mir hatte sich bei der Vorstellung gesträubt, seinen Körper verbrennen zu lassen und ihn als Häufchen Asche beizusetzen. Irgendwann hatte er mein Hadern bemerkt und richtig interpretiert.

»Mach danach alles so, wie es für dich richtig ist!«, hatte er vor drei Wochen auch in Bezug auf seine Bestattung gesagt. Das aber konnte nur eines sein:

»Es soll ein Sargbegräbnis werden!«

Nun war es ausgesprochen. Ich horchte in mich hinein. Kein Grummeln, keine Zweifel. Es fühlte sich gut an. Dann war meine Entscheidung wohl richtig.

»Ich habe bereits mit dem Pfarrer gesprochen, der den Gottesdienst ausrichten wird. Herr Paulsen kennt uns sowohl von unserer Hochzeit als auch von den drei Kindstaufen. Die Messe wird auf jeden Fall in der großen Kirche in Mürsen stattfinden, denn ich gehe davon aus, dass die Kapelle auf dem Friedhof deutlich zu klein wäre. Peter war beliebt, es werden vermutlich viele Menschen kommen wollen«, erklärte ich ihr. »Natürlich wird Herr Paulsen auch die Beisetzung begleiten.«

»Dann haben Sie ja bereits viele Punkte im Vorfeld für sich geklärt. Das ist gut, auf diese Weise kommen Sie nicht ins Zweifeln, ob Sie nicht doch lieber anders hätten handeln sollen, wenn es so weit ist«, lobte sie mich. Ich lächelte. Wenn sie um die endlos vielen Gedanken wüsste, die ich mir gemacht hatte. Momentan war ich froh darüber. Gemeinsam mit den Gesprächen, die ich mit Peter geführt hatte, gaben sie mir Sicherheit.

Frau Lüderscheidt kramte in ihrer großen Tasche, zog einen dicken Stapel Karten hervor und legte ihn vor mich auf den Tisch.

»Fangen wir hiermit an. Das sind Musterexemplare, aus denen Sie sich bitte nach Möglichkeit eines aussuchen sollten.«

Mit einer Mischung aus Neugier und Widerwillen griff ich nach der obersten. Ein schwarz umrandetes Kreuz verzierte sie.

Nein!, sagte mein Gefühl – und »Nein« wiederholte ich laut. Die zweite, die dritte, die vierte Karte wanderten ebenfalls mit einem deutlichen »Nein« zur Seite. Der Stapel der abgelehnten wuchs. Keine betenden Hände, keine Kreuze, kein Foto, keine hängenden Zweige. Ich wusste nicht, worauf ich wartete, während ich teils zögerlich, teils schnell entschlossen eine Karte nach der anderen als nicht zu Peter passend weglegte.

Am Ende waren noch zwei Druckmuster übrig – und endlich sagte mein Bauchgefühl spontan, aber deutlich Ja. Ein blassblauer Himmel, durch dessen leichte Bewölkung ein Sonnenstrahl auf eine Baumgruppe fiel, die weit entfernt auf einer leichten Anhöhe stand. Hätte ich malen können, hätte ich ein solches Motiv gewählt.

»Die ist es«, bekräftigte ich meinen Entschluss. Frau Lüderscheidt lächelte, als hätte sie nichts anderes erwartet.

»Gut. Dann zum Text. Ich habe hier eine Sammlung von Zitaten für den Kopf der Karte …«

»Nicht nötig«, unterbrach ich sie und stand auf, um den

Zettel mit den erst vor wenigen Stunden niedergeschriebenen Zeilen aus meiner Jacke zu holen, in der ich ihn versteckt hatte. Zu einem Zeitpunkt, als ich noch nicht wusste, dass ich ihn so schnell brauchen würde. Eine Stunde vor Peters Tod waren mir die Worte regelrecht aus dem Stift geflossen, Worte, die sich in unserer letzten gemeinsamen Nacht wie von selbst gebildet hatten:

Du hast alles gegeben,
um mit uns zu leben,
doch du darfst nicht
und lässt uns allein!

Wunden vernarben,
Narben verblassen,
wann wird das sein?

Frau Lüderscheidt überflog den Text.

»Ist das von Ihnen?«

»Ja.«

»Sehr schön und sehr persönlich.«

Ich merkte, dass ich errötete. In meinem ganzen Leben hatte ich noch keine Zeile geschrieben, die es wert gewesen wäre, gedruckt zu werden. Erst recht kein Gedicht. Auch diese Worte hatte ich nicht bewusst verfasst. Es war, als hätten sie geschrieben werden wollen. Über den literarischen Wert konnte man streiten – über die Liebe, die in ihnen steckte, nicht.

»Darunter werden dann Name, Geburts- und Sterbedatum stehen. Darauf folgt gewöhnlich ein kurzer Text. In etwa so: ›Nach langer, schwerer Krankheit ging heute mein geliebter Mann, unser guter Vater …‹«

»Bloß nicht!« Erneut fiel ich ihr ins Wort und hob abwehrend die Hände. »Passt gar nicht! Peter liebte Schlichtheit. Ganz nach dem Motto ›Weniger ist mehr‹.«

»Also?« Sie sah mich auffordernd an.

»Also nur: ›In Liebe‹. Das drückt alles aus. Mehr ist nicht nötig. Mehr ginge aber auch nicht.«

»Alles klar«, antwortete sie und machte sich eine Notiz. Ihre Zurückhaltung imponierte mir und machte es mir leicht. Es wäre mir ein Gräuel gewesen, mich auf Diskussionen einlassen und meine Vorstellungen verteidigen zu müssen.

»Jetzt nur noch die Namen«, fuhr sie fort, »erst Ihren, dann … wie heißen Ihre Kinder?«

»David, Kristin und Sophie. Bitte nur die Vornamen.«

»Nebeneinander als Aufzählung?«

»Auf keinen Fall. Für jedes Kind eine eigene Zeile, weil jedes Kind gleich wichtig ist.«

Es war nur ein marginaler Unterschied, ein winziges Detail. Doch selbst die kleinsten Nebensächlichkeiten erhielten plötzlich eine große Bedeutung. Unser Nachwuchs bestand nicht aus einer dreiköpfigen Menge, sondern aus drei Individuen, von denen Peter jedes einzelne individuell geliebt hatte. Insofern sollte auch jedes Kind seinen eigenen Platz auf der Karte erhalten, selbst wenn diese danach nahezu voll war und nur noch wenig Text fassen konnte. Dann konnten eben nur noch die Eltern, nicht aber die vier Brüder mitsamt ihren Familien aufgeführt werden. Unsere Kinder waren wichtiger. Oder andersherum: Nichts war wichtiger als die Kinder.

»Ich werde mit Herrn Paulsen einen Termin abstimmen und diesen dann unter der Anschrift notieren, nachdem ich ihn mit Ihnen abgesprochen habe. Damit hätten wir alles, was den Text betrifft. Möchten Sie ihn genau so in der Zeitung haben?«

»Ja.«

Auf jeden Fall. Warum sollte ich mir weitere Gedanken machen? Ganz zufrieden war ich dennoch nicht. Etwas fehlte. Ich hatte allerdings gerade keine Idee, was das sein mochte.

Sie zog erneut einige Papiere aus ihrer Tasche. Ich starrte auf die verschiedensten Traueranzeigen in den unterschiedlichsten Größen. Auch hier ein breites Spektrum der Möglichkeiten. Sagt es etwas über den Menschen aus, ob sein Tod in rechteckiger oder quadratischer Form, in einem kleinen oder großen Kasten, in gerader oder kursiver Schrift der Öffentlichkeit präsentiert wird?

»In welchem Format soll die Anzeige sein?«

»So!«, sagte ich und tippte auf ein Quadrat. Vier gleich lange Seiten. Stilvoll und schlicht. Thema abgehakt.

»Damit kämen wir dann zum Sarg. Haben Sie da schon Vorstellungen?«

Ich starrte sie an. Gab es tatsächlich Menschen, die sich Särge vorstellten? Ich kannte nur abschreckend hässliche Kästen aus dunklem Holz mit protzigen Beschlägen. Düstere Behältnisse, die ihren Weg in die ebenso dunkle Erde finden sollten. Innerlich schüttelte ich mich.

Erneut suchte sie in ihrer Aktentasche und holte zwei Prospekte hervor. Doch bevor ich mich damit beschäftigen konnte, schenkte die Türklingel mir einen kurzen Aufschub. Kathrin sprang auf, um zu öffnen. Ich bremste sie.

»Bleib sitzen. Ich mach das selbst.«

Ich war froh über die Unterbrechung. Kurz aufstehen, für wenige Minuten weg von all diesen Zeugen des Todes, die in eine einzige Tasche passten. Auch wenn ich keine Ahnung hatte, wer der Besucher sein könnte.

»Simone!« Ich hatte Peters ehemalige Kollegin zwar nicht erwartet, war aber trotzdem nicht wirklich überrascht. Jedenfalls nicht über ihr Kommen. Höchstens über die Tatsache, wie schnell doch der Informationsfluss funktionierte. Simone arbeitete schon seit Längerem nicht mehr im selben Krankenhaus wie

Peter und ich. Irgendjemand musste sie dennoch über seinen Tod informiert haben.

Sie und Peter hatten sich immer gut verstanden und nach ihrem Weggang aus der Klinik privat lockeren Kontakt gehalten. In den vergangenen Monaten war sie hin und wieder bei uns gewesen und hatte etliche Gespräche mit Peter geführt. Ich wusste, was käme, nachdem sie mich wortlos an sich gezogen, liebevoll festgehalten und nach einigen stummen Sekunden wieder losgelassen hatte. Mit leiser Stimme bat sie: »Darf ich Abschied nehmen?«

»Selbstverständlich. Du kennst ja den Weg.«

»Danke!«, antwortete sie nur und wandte sich zur Treppe.

Ihre Freundschaft hatte Peter viel bedeutet. Somit war es tatsächlich selbstverständlich, ihr den Weg freizumachen. Trotzdem regte sich in mir zum ersten Mal ein Fünkchen Widerspruch. Ein winziger, bösartiger Gedanke: *Hoffentlich geht das jetzt nicht noch Stunden so, dass einer nach dem anderen zu Peter will! Ab jetzt bitte nur noch die Kinder und ich.*

Ich schämte mich ein wenig für meinen Egoismus und flüchtete zurück in die Küche, um mich in den ersten Prospekt zu vertiefen.

Als ich die Titelseite umblätterte, sprang mich das befürchtete Bild an. Ein klobiger, dunkler, mit protzigen Bronzebeschlägen verzierter Kasten. Ich war Lichtjahre davon entfernt, mir Peter in einem solchen Ding vorstellen zu können.

»Wie scheußlich«, entfuhr es mir, und ich blätterte schnell weiter. Auf der nächsten Seite erwartete mich ein ähnliches Foto. Messing statt Bronze. Ansonsten ebenso monströs. Und ebenso unpassend.

Resigniert schlug ich die Seite um.

»Der«, hörte ich meine eigene Stimme, noch bevor ich mir darüber bewusst wurde.

Ich blickte auf ein unspektakuläres Modell aus hellem Holz,

das dezent in einem warmen Blau abgesetzt war. Unwillkürlich lachte ich leise auf. Wir hatten unser Haus zum größten Teil mit hellen Möbeln eingerichtet, ansonsten dominierte die Farbe Blau. Es konnte wohl keinen Sarg geben, der Peter, der mir, der uns mehr entsprach. Und der quasi ein Stück aus unserem Leben mitnähme.

»Der!«, wiederholte ich laut.

»Sind Sie sicher? Wollen Sie nicht noch weitere ...?«

»Nein«, fiel ich Frau Lüderscheidt mal wieder ins Wort. »Ich will nicht, und ich muss nicht. Der und kein anderer.«

»Gut.« Erneut akzeptierte sie meine Entscheidung ohne jede weitere Diskussion. Nachdem sie die Modellnummer notiert hatte, fragte sie:

»Ich schätze Sie so ein, dass Sie auch bei der Innenausstattung auf Schlichtheit Wert legen?«

INNENAUSSTATTUNG.

»Welche Innenausstattung?«

»Nun, eine Matte. Ein Kissen. Eine Decke. Das gibt es alles von recht aufwendig bestickt bis eben in eher schlichter Ausführung.«

Du lieber Himmel, Peter in zarter Stickerei! Beinahe hätte ich laut gelacht. Über eine »Sarginnenausstattung« hatte ich im Leben wirklich noch nie nachgedacht. Aber sie war natürlich sinnvoll. Man konnte einen Toten ja wohl kaum einfach in einer hölzernen Kiste begraben.

Seufzend fragte ich:

»Da haben Sie doch sicher auch Prospekte?«

Sie schmunzelte leicht.

»Ich zeige Ihnen am besten als Erstes die aus meiner Sicht geeigneten Modelle. Dieses hier beispielsweise ...«

»Nehmen Sie es«, bat ich sie nach einem kurzen Blick auf einen schmucklosen, aber edel wirkenden Stoff. Sie machte eine weitere Notiz, dann steckte sie auch diesen Prospekt zurück.

»Damit wären wir vorläufig fertig. Es ist …« Sie warf einen Blick auf ihre Armbanduhr. Im gleichen Augenblick klapperte die Haustür. Simone war gegangen.

»… gleich Viertel vor zwölf. Ich schätze, dass meine Mitarbeiter gegen ein Uhr hier sein werden. Bis dahin sollten Sie sich entschieden haben, in welcher Kleidung Ihr Mann bestattet wird.«

Sie machte Anstalten, aufzustehen.

»Halt!«, platzte es aus mir heraus, ohne dass ich wirklich wusste, was ich noch von ihr wollte. Doch Simones Auftauchen hatte einen Gedanken angestoßen, den ich noch nicht richtig greifen konnte. Mit fragendem Gesichtsausdruck ließ sie sich wieder auf den Stuhl sinken.

»Ist Ihnen noch etwas eingefallen?«

»Ja. Einen Moment bitte …«

Ich durchforstete meinen Kopf. Simone. Was war mit Simone? Sie hatte Peter unlängst eine Postkarte geschrieben. Eine sehr liebevolle Karte mit einem wunderschönen Zitat, das ihm und mir gleichermaßen gefallen hatte. Wie elektrisiert sprang ich auf, sauste die Treppe hinauf und suchte die Karte zwischen all den anderen, die Peter bekommen hatte und die nun gestapelt auf seinem Nachtschränkchen lagen. Schnell wurde ich fündig. Ich überflog die Zeilen:

Heiterkeit ist weder Tändelei
noch Selbstgefälligkeit,
sie ist die höchste Erkenntnis und Liebe,
ist Bejahen aller Wirklichkeit,
Wachsein am Rande aller Tiefen und Abgründe.
Sie ist das Geheimnis des Schönen und die
eigentliche Substanz jeder Kunst.

Diese Zeilen von Hermann Hesse hatte Simone Peter geschrieben. Und drei persönliche Worte ergänzt: »Das bist du.«

»Was meinst du?«, fragte ich meinen Mann. »Das rundet doch deine Karte ab, findest du nicht auch?«

Er lächelte.

Beflügelt flitzte ich wieder ins Erdgeschoss.

»Hier! Das muss auf die Vorderseite von Peters Todesanzeige. Irgendetwas hat mir die ganze Zeit gefehlt. Jetzt bin ich wirklich rundum zufrieden.«

Frau Lüderscheidt las, lächelte leicht und nickte.

»Kein Problem. Sonst noch etwas?«

Ich schüttelte den Kopf.

»Dann händigen Sie mir bitte noch die Papiere aus. Die Geburtsurkunde Ihres Mannes sowie den Totenschein des Arztes, damit ich die Formalien beim Standesamt erledigen kann. Ich melde mich dann bei Ihnen, sobald ich mit dem Pfarrer einen Termin abgesprochen habe.«

Ein zweites Mal stand sie auf. Diesmal hinderte ich sie nicht. Alles, was wir bisher besprochen hatten, war gut, richtig und rund. Doch die Vielzahl der Entscheidungen hatte mich erschöpft. Ich sehnte mich nach ein paar Minuten Ruhe. Nach Alleinsein. Nach meinen Kindern. Und nach Peter.

Doch darauf musste ich noch warten. Nur zwei Minuten nachdem Frau Lüderscheidt mit den gewünschten Dokumenten das Haus verlassen hatte, klingelte es wiederum an der Tür. Gleichzeitig meldete sich das Telefon. Zu allem Überfluss rief mich mein Sohn. Allmählich wurde es viel. Zu viel.

Ein buntes Bild

»Gleich, Süßer! Ich bin in zwei Minuten bei dir«, rief ich nach oben. »Kathrin, kannst du die Tür aufmachen?«

Sie nickte bestätigend. Ich hastete zum Telefon und meldete mich.

»Hier ist Markus. Es tut mir wirklich leid, dich zu stören. Aber weißt du eventuell schon etwas über den Beerdigungstermin?«

»Du störst nicht, aber ich muss mich kurz fassen«, antwortete ich. »Leider weiß ich noch nichts. Ich denke, in zwei, drei Stunden bin ich klüger. Soll ich dir dann gleich Bescheid sagen?«

»Bitte mach das. Ich ... wir ...« Er brach ab.

»Versprochen! Aber sei nicht böse, wenn ich jetzt aufhören muss zu telefonieren. Hier ist ziemliches Chaos.«

»Alles klar. Halt durch! Du bist eine starke Frau! Bis nachher.«

Er beendete das Gespräch. Ich seufzte, während ich den Hörer auflegte.

Was sollte ich sein? Eine starke Frau? Quatsch! Alles, was ich jetzt tat, machte ich indirekt für Peter. Nach wie vor gaben das Glücksgefühl über sein friedliches Sterben und der Gedanke an sein Lächeln mir Kraft. Mit Erfolg verdrängte ich den aufkeimenden Gedanken daran, dass dieser Zustand endlich und Peter sehr bald keine Kraftquelle mehr sein würde. Doch auch das würde sich finden. Aktuell musste ich in Minuten denken, nachsehen, wer geläutet hatte, und mich um die Kinder kümmern. Was zuerst?

Ich spähte in den Flur. Dort unterhielt sich Kathrin mit Frau Reinke, der Kinderpsychologin, die gerade ihre Jacke aufhängte.

»Hallo, Frau Reinke, geben Sie mir zwei Minuten? Ich muss eben nach den Kindern sehen.«

»Natürlich. Gehen Sie! Ich bin gar nicht da«, lächelte sie. Dankbar lief ich nach oben. Sophie saß an ihrem Kindertisch und spielte mit meiner Mutter ein Brettspiel. Das Zimmer unterm Dach jedoch war leer. Sollte David …

Behutsam öffnete ich die Tür zum Schlafzimmer. Mein Sohn saß auf dem Rand von Peters Bett. Ich setzte mich neben ihn und nahm ihn in den Arm. Er ließ es teilnahmslos geschehen. Einige schweigende Minuten vergingen. Gedämpft nahm ich die Stimmen der vielen Menschen, die sich im Haus aufhielten, wahr – und schob sie weg. Wir drei hier waren eine Insel. Ein allerletztes Mal.

»Ich geh wieder hoch.« Davids harter Tonfall riss mich jäh aus der kurzfristigen Ruhe, die ich empfunden hatte. Als ich ihn an mich drücken wollte, wehrte er mich mit bockigem Gesichtsausdruck ab, wand sich aus meinen Armen und stürmte aus dem Raum. Mein Herz zog sich zusammen. Wenn ich dieses offensichtliche Leid meines kleinen, großen Jungen doch nur lindern könnte. Ich hatte nichts in der Hand. Nur meine Liebe. Aber ob das reichte?

Ich schüttelte die Ängste ab und begab mich nach unten. Bevor ich Frau Reinke jedoch endlich begrüßen konnte, schwang die Haustür auf. Kristin kam aus der Schule. Nun waren wir wieder komplett. Ich ging ihr entgegen und drückte sie. Ihr Körper war verspannt, ihr Gesicht voller Misstrauen.

»Und, mein Mädchen? Wie hat das Schwimmen geklappt?«

»Geschafft. War doch klar.«

»Herzlichen Glückwunsch! Das ist eine tolle Leistung.«

Sie wischte mein Lob mit einer Handbewegung weg. Anschließend schob sie mich zur Seite und stand unschlüssig und mit hängenden Schultern im Hausflur.

»Schatz! Warte mal!« Ich musste ihr die Unsicherheit nehmen. In den vergangenen Stunden war sie abgelenkt gewesen, hatte deswegen allerdings auch keine Ahnung, was sich derweil zu Hause ereignet hatte. Es war mir wichtig, sie darüber zu informieren, damit sie sich nicht übergangen fühlte.

»Papa ist noch da.« Kristins Augen leuchteten kurz auf, doch das Leuchten erlosch sofort wieder. Ich konnte förmlich zusehen, wie die Erinnerung und der Kummer sie binnen eines Sekundenbruchteils geballt überfielen. Möglichst fest erwiderte ich ihren zaghaften Blick, dann fuhr ich fort: »Kathrin ist da. Sie sitzt mit Frau Reinke im Wohnzimmer. Omi spielt mit Sophie, und David ist zurzeit in seinem Zimmer.«

»Dann gehe ich zu ihm.« Sie verschwand so schnell, dass ich nichts mehr entgegnen konnte. Doch ich wusste, dass die Geschwister, sonst oft genug wie Hund und Katze, sich gegenseitig stützen würden. Endlich konnte ich mich für ein paar Minuten Frau Reinke zuwenden. Einen Kaffee trinken. Eine Zigarette rauchen. Und fünf Minuten sitzen! Ich fühlte mich erschöpft. Doch der Tag war noch so lang …

***

Eine halbe Stunde später hatte ich nicht nur Kaffee getrunken, sondern endlich auch eine Kleinigkeit gegessen. Schlagartig kehrten meine Lebensgeister zurück. Zur rechten Zeit, denn erneut standen die nächsten Entscheidungen an. Frau Lüderscheidt meldete sich und teilte mir telefonisch den Termin für die Beerdigung mit:

»Mittwoch, um 10.00 Uhr, findet der Gottesdienst in der Mürsener Kirche statt. Daran schließt sich die Beerdigung an. Ist Ihnen das so recht?«

»Sicher.« Als ob die Uhrzeit eine Rolle spielte.

»Noch etwas«, fuhr sie fort. »Meine Mitarbeiter werden in einer knappen Stunde bei Ihnen sein. Hatten Sie schon die Gelegenheit, die Kleidung für Ihren Mann herauszusuchen, in der er beerdigt werden soll? Einen schönen Anzug beispielsweise, den er gern getragen hat?«

Ein dicker Kloß bildete sich in meinem Hals. Einen Anzug? Vielleicht auch noch eine Krawatte? Was sollte Peter, der sportliche Jeans-und-Pulli-Mann, im Anzug? Ob das tatsächlich angemessen war?

»Mache ich sofort.« Meine Stimme klang krächzend. Ich drückte das Gespräch weg und wählte anschließend, wie versprochen, Markus' Nummer.

»Mittwoch, zehn Uhr, in der Mürsener Kirche. Danach ist die Beerdigung.«

»Ich danke dir.«

Ich schlich nach oben, schloss die Tür hinter mir, setzte mich aufs Bett und betrachtete Peters Gesicht. Es hatte sich verändert, wirkte wächsern. Wie von selbst hob sich meine Hand und berührte seine Wange. Sie war kalt. Auch wenn mir natürlich bewusst war, dass das ganz normal war, erschrak ich und rückte unwillkürlich ein Stück zur Seite.

Welch bittere Erkenntnis! Peters Körper begann mir fremd zu werden. Erstmals verspürte ich einen Anflug von Dankbarkeit, dass ich diesen Prozess der Veränderung, der nun unaufhaltsam fortschreiten würde, nicht mehr lange miterleben musste. Es war an der Zeit, mit den Vorbereitungen für den Moment des Abschieds zu beginnen. Peter sollte in seiner liebsten Kleidung beerdigt werden. Nicht in einem »schönen Anzug«, sondern in den Sachen, in denen er sich wohlgefühlt hatte.

Darüber hinaus wollte ich ihm etwas mitgeben. Ein besonderes Zeichen unserer Liebe. Aber was? Uns beide verband so unendlich viel. Gab es etwas, das besonders herausragte? Vielleicht die Ringe, die wir vor gut elf Jahren getauscht hatten und die ewige Liebe symbolisierten? Sollte ich ihm vielleicht meinen …?

Bei dem Gedanken wurde mir schlagartig eiskalt, und ich fing am ganzen Körper an zu zittern. Ich betrachtete meine rechte Hand. Vorsichtig drehte ich mit der Linken an meinem Ehering. Nein. Auf keinen Fall! Das konnte ich nie und nimmer.

Ich hob die Bettdecke an und blickte auf seine Hand, die ebenfalls weiß und befremdlich aussah. Sollte ich?

»Lass ihm den Ring! Es ist seiner!«, forderte meine innere Stimme mit Nachdruck, bevor ich meinem Impuls, Peter den Ring abzuziehen, nachgeben konnte.

»Aber die Ringe gehören zusammen. Und wenn Peter und ich schon getrennt werden, sollen wenigstens die Ringe zusammenbleiben!«

»Richtig. Also zieh nachher deinen eigenen ab und leg ihn in den Sarg. Oder mach es jetzt gleich! Dann kannst du ihn an seine Hand stecken.«

»Nein. Das schaffe ich nicht.« Mein Zittern verstärkte sich.

»Warum nicht?«

Gute Frage. Warum eigentlich nicht? Es wäre einer der persönlichsten Gegenstände, die ich Peter mit ins Grab geben könnte. Aber es war auch der wohl persönlichste Gegenstand, der mich in meinem weiteren Leben mit ihm verband. Etwas, das mir von ihm blieb. Eine der wertvollsten Erinnerungen. Lediglich ideell, materiell eher weniger, denn zu der Zeit, als wir heirateten, verdiente Peter nicht genügend, um mehr als die schlichten Goldringe, von denen meiner mit einem winzigen Brillanten verziert war, kaufen zu können.

»Später lassen wir den Brilli gegen einen größeren tauschen«, hatte er fast schuldbewusst gesagt. Ich hatte gelacht, den Kopf geschüttelt und ihn geküsst. Meinen Ring nachträglich zu verändern wäre für mich nie infrage gekommen. So, wie er war, war er richtig. Und gehörte zu mir. Unzertrennlich.

»Blödsinn! Sieh dich um – du hast endlose Dinge um dich herum, die dich mit ihm auch weiterhin verbinden werden! Da kannst du auf den Ring gut verzichten.«

»Das kann ich jetzt einfach nicht entscheiden. Lieber später, wenn es so weit ist!«

»Aber …«

»Halt dich doch bitte mal raus! Ich habe Wichtigeres zu erledigen, als mit dir zu diskutieren!«, würgte ich meine innere Stimme zornig ab und sprang vom Bett auf. Auf einmal schien ich unter Zeitdruck zu geraten, denn ich hatte spontan eine Idee geboren, die keinen Aufschub duldete. Wenn es bloß nicht schon zu spät war! Auf jeden Fall musste ich auf der Stelle mit den Kindern reden.

»David, Kristin, kommt bitte mal in Sophies Zimmer!«, rief ich in Richtung Dachgeschoss. Sie folgten meiner Aufforderung sofort, als hätten sie nur darauf gewartet.

»Kannst du uns einen Augenblick allein lassen?«, bat ich meine Mutter, die glücklicherweise nicht nachfragte, sondern sogleich den Raum verließ. Das, was ich vorhatte, betraf nur die Kinder und mich. Und es eilte! Dennoch zwang ich mich zur Ruhe.

»Möchtet ihr Papa etwas mit in den Sarg geben? Irgendetwas, das jeden von euch mit ihm verbindet? Und das dann für immer bei ihm ist?«

Sie verstanden sofort. Und wieder einmal reagierten sie komplett unterschiedlich.

»Ich male ihm ein Bild! Ein ganz buntes«, strahlte Sophie, fegte das Brettspiel vom Tisch, sprang auf, suchte einen Block und ihre Buntstifte zusammen und begann auf der Stelle mit ihrem Werk.

David schüttelte den Kopf. »Was denn? Mir fällt nichts ein«, sagte er kläglich.

»Geh mal in deinem Zimmer nachschauen. Ich bin sicher, dass du etwas findest«, ermutigte ich ihn. Kristin wirkte ebenso verzagt.

»Ich habe so viel. Was davon soll ich denn bloß nehmen?«

»Komm mal her.« Sanft zog ich sie auf meinen Schoß.

»Du, meine Süße, musst dir gar nichts überlegen. Kannst du dich an den Brief erinnern, den du an Papa geschrieben hast, als er zum ersten Mal im Krankenhaus lag?«

Sie nickte.

»Der hat Papa wahnsinnig viel bedeutet. Er hat ihn nie mehr aus den Händen gegeben und überall mit hingeschleppt. Findest du nicht, dass er ihn auch jetzt behalten sollte?«

Meine Tochter dachte einen Moment nach, dann erhellten sich ihre Gesichtszüge.

»Gute Idee. Das machen wir so«, erwiderte sie glücklich.

Das war geklärt. Ich war erleichtert. Auch David würde etwas finden, davon war ich überzeugt. Nun fehlte nur noch meine eigene Idee.

Ein weiteres Mal starrte ich auf meine Hand. Und wieder schrie mein Gefühl ein »Nein!« heraus. Aber mir blieb ja noch etwas Zeit. Zunächst war die Kleidung vorrangig.

Zwei Minuten später war auch dieses Problem gelöst. Nachdem ich den Schrank geöffnet hatte, nahm ich ohne jedes Zögern Peters Lieblingsjeans, sein liebstes T-Shirt und den blauen Pulli heraus, den ich ihm im vergangenen Jahr zu Ostern geschenkt hatte. Er hatte sich unheimlich darüber gefreut und ihn getragen, so oft es ging.

»So, nix mit Anzug! Das hier bist du«, teilte ich ihm mit, legte die Sachen ordentlich über einen Stuhl, ging neben dem Bett in die Knie und forschte in seinem Gesicht nach seinem Einverständnis. Doch ich fand es nicht. Der Körper im Bett war seelenlos geworden. Zukünftig musste ich meine Fragen selbst beantworten. Ich schluckte mehrfach, bevor der Frosch in meinem Hals verschwand.

Und wieder klingelte das Telefon.

»Hier ist noch einmal Markus.« Seine Stimme klang gepresst. »Ich habe mit den Kollegen gesprochen. Es ist mir wirklich sehr unangenehm, aber hast du eventuell eine Möglichkeit, den Termin nach hinten zu schieben? Wir … ich … sehr viele Mitarbeiter möchten an der Beerdigung teilnehmen. Eigentlich alle … Mittags könnten wir das OP-Programm kürzen und nur die Notbesetzung hierlassen. Dann hätten mehr Kollegen die Chance …« Hilflos brach er ab.

»Ich kläre das sofort.« Offenbar spielte die Uhrzeit doch eine Rolle. Aber ob das machbar wäre?

Es war! Nur zehn Minuten später hatte Frau Lüderscheidt alles in die Wege geleitet und den Gottesdienst in Absprache mit Pfarrer Paulsen um dreieinhalb Stunden verschoben.

»Sie haben gerade noch rechtzeitig angerufen! Die Karten gehen nämlich in ein paar Minuten in Druck. Wenn sie fertig sind, bringe ich sie vorbei. Dann könnten Sie noch heute die Umschläge adressieren.«

Noch heute! Himmel, ging das alles rasend schnell! Ich wusste kaum noch, wo mir der Kopf stand, zumal jetzt auch noch Frau Reinke ein Anliegen hatte.

»Kann ich Sie kurz sprechen?«

»Klar.«

»Gibt es eine Möglichkeit, die Kinder für ein, zwei Stunden aus dem Haus zu bringen? Es ist …« Sie stockte. »… kein schöner Anblick für sie, ihren Vater im Sarg zu sehen. Deswegen gebe ich Ihnen den Rat, den Kleinen das zu ersparen.«

»Das halte ich für eine sehr gute Idee. Ich kann mit ihnen in den Reitstall fahren«, schlug meine Mutter spontan vor und sah Kathrin bittend an. Die begriff sofort.

»Ich fahre mit.«

»Dann müsst ihr aber sofort los. Es ist schon Viertel vor. Um eins wollten die Leute kommen«, stellte ich erschrocken fest.

In dem Tumult, der in den nächsten Minuten entstand, kam ich nicht dazu, darüber nachzudenken, was das Auftauchen der Mitarbeiter für mich selbst bedeutete. Wir riefen die Kinder nach unten und verkündeten ihnen, dass sie einen Ausflug machen würden. Sophie übergab mir voller Stolz ihr fertiges Bild, das sie, wie versprochen, in buntesten Farben gemalt hatte, und setzte zu Erklärungen an:

»Guck mal, wie blau der Himmel ist. Und das da ist unser Haus. Hier ist mein Zimmer. Da am Fenster bin ich. Und das hier, das ist ...«

Es tat mir in der Seele weh, meine euphorische Vierjährige auszubremsen. Das so schnell entstandene Bild rührte mich zutiefst. Dennoch lief uns die Zeit davon. So presste ich mein Kind nur kurz an mich.

»Das hast du wunderschön gemacht! Es ist das schönste Bild, das du je gemalt hast«, flüsterte ich ihr ins Ohr.

»Kommt, Kinder!«, drängelte meine Mutter. Sie und Kathrin halfen Sophie beim Anziehen. Auch Kristin schlüpfte in Jacke und Schuhe. Bei dem ganzen Chaos bemerkte zunächst niemand, dass David keine Anstalten machte, seine Winterjacke vom Haken zu nehmen. Er stand ein Stück abseits und beobachtete uns. Erst als Kathrin die Haustür öffnete, fiel es mir auf.

»David, ziehst du dich bitte an?«

Mein Sohn presste die Lippen zusammen und schüttelte bockig den Kopf. Ich ging zu ihm.

»Was ist los? Warum möchtest du nicht mit?«

»Ich gehe hier nicht weg. Ich gehe nicht von Papa weg!«

Er sagte es leise, aber derart nachdrücklich, dass mir sofort klar war, dass jeder Versuch, ihn zu überreden, scheitern würde. Hilfesuchend sah ich Frau Reinke an, die offenbar dasselbe dachte. Sie musterte mein Kind mit einer Mischung aus Bewunderung und Mitleid.

»Dann lassen Sie ihn hier«, bestärkte sie mich.

Ich hakte noch einmal nach.

»Schatz, bist du dir sicher?«

Mein Sohn nickte heftig, drehte sich um und verschwand im Wohnzimmer. Wenig später fuhr der Wagen meiner Mutter von der Einfahrt. Keine Minute zu früh. Sie waren kaum um die Ecke gebogen, als ein unbekanntes Auto vorfuhr, dessen schneeweißer Lack mit einem dezenten Aufdruck am Heck versehen war. »Bestattungen Lüderscheidt«, las ich. Mir wurde plötzlich speiübel.

Endgültigkeit

Der Sarg hätte sich problemlos in unsere Küche eingefügt. Dasselbe Holz, derselbe Blauton. Meine spontane Wahl war absolut richtig gewesen.

Die beiden Männer vom Bestattungsinstitut rollten ihn auf einem Gestell ins Wohnzimmer, wo David mit kerzengeradem Rücken auf dem Sofa saß. Mit starrem Blick fixierte er einen Punkt auf dem gegenüberliegenden Regal.

Frau Reinke hatte sich auf die andere Couch gesetzt. Ihr Versuch, den Jungen in ein Gespräch zu verwickeln, war gescheitert. Gelassen hatte sie seine Weigerung akzeptiert, behielt ihn unauffällig im Auge und war einfach da. Ihre Anwesenheit beruhigte mich. Ich hätte keine Energie mehr gehabt, mich um mein Kind zu kümmern. Es half mir nicht, dass ich mir oft vorgestellt hatte, wie es wäre, wenn Peter abgeholt würde. Nun, wo es geschah, überforderte mich die Situation. Ich fühlte mich vollkommen durcheinander, wusste einerseits, dass es nötig war, und hätte mich andererseits am liebsten vor die geschlossene Schlafzimmertür gelegt, um den Männern, die mir meinen Peter nehmen wollten, den Zutritt zu verwehren. Nach außen blieb ich gelassen, auch wenn es mich innerlich beinahe zerriss.

»Könnten wir kurz?« Einer der Mitarbeiter, ein Mann um die fünfzig mit warmherzigen Augen, wies mit dem Kinn in Richtung Küche. Ich nickte, folgte ihm und schloss die Tür.

»Frau Lüderscheidt hat berichtet, dass wir in die erste Etage müssen?«

»Ja. Ich habe die Kleidung für meinen Mann über den Stuhl gelegt.«

»Danke. Gibt es sonst noch etwas, das wir berücksichtigen müssen?«

Der Zeitpunkt der Entscheidung war gekommen.

»Ja«, antwortete ich leise und betrachtete meine Zehen. »Bitte lassen Sie seinen Ehering hier.«

»Das machen wir. Dann gehen wir jetzt hoch.«

Sie verließen die Küche. Ich hörte sie im Wohnzimmer hantieren, anschließend verrieten langsame Schritte, die immer wieder von Pausen unterbrochen wurden, dass sie den Sarg die Wendeltreppe hinauftrugen.

Wie erschlagen hockte ich in der Küche, zündete mir mit zittrigen Händen eine Zigarette an und konzentrierte mich fieberhaft auf die noch ausstehende Frage, um mich von dem Bild abzulenken, was da gerade eine Etage über mir geschah.

Sophies Bild und Kristins Brief würden den Weg in Peters Hände finden. David … vermutlich hatte er ein Buch gewählt. Eins von denen, an dem sein Vater und er gleichermaßen Spaß gehabt hatten. Möglicherweise auch eine seiner geliebten Legofiguren, mit denen Vater und Sohn, meine beiden »Jungs«, so oft gespielt hatten. Blieb nur noch ich. Warum war es so schwer, aus all den vielen Dingen, die unsere Liebe widerspiegelten, ein einziges herauszusuchen, das ihn begleiten sollte?

»Weil es genau dieses eine, ganz besondere sein soll! Aber warum? Jeder Gegenstand hat eine Geschichte. Nimm doch einfach ein Bild von dir!«

Mein Blick fiel auf die Pinnwand. Dort hing alles Mögliche in einem bunten Chaos quer durcheinander. Alte Dienstpläne, die niemand abgehängt hatte. Basteleien der Kinder. Zettel mit Arztterminen, die längst erledigt waren. Dazwischen alle möglichen Fotos, eines davon war im letzten Jahr entstanden und zeigte Peter und mich, während wir uns küssten.

»Du hast recht. Mehr ist gar nicht nötig«, stimmte ich meinem inneren Ich zu, nahm das Bild ab und betrachtete es. Zwei

Menschen, die sich umarmten. Zwei Paar Augen, die sich anstrahlten. Zwei Münder, die sich berührten. Liebe eben. Ein kurzer Moment von unendlich vielen, festgehalten in einem zufälligen Schnappschuss. Mein Herz wurde etwas leichter.

Eine weitere Zigarette später näherten sich die Schritte von oben wieder dem Erdgeschoss, wobei die Pausen auf den Stufen noch ein wenig länger dauerten, der Transport demnach schwieriger war. Voller Angst und dennoch entschlossen verließ ich die Küche, das Foto in der Hand. Jetzt konnte ich David unmöglich allein lassen, selbst wenn Frau Reinke da war. In diesem Moment brauchte er mich. Und ich ihn mindestens genauso dringend.

Die beiden Herren hatten den geschlossenen Sarg wieder auf dem Gestell platziert.

»Möchten Sie …?« Er ließ die Frage unvollendet im Raum stehen.

»Selbstverständlich«, erwiderte ich ruhig, woraufhin sie den Deckel entfernten. Mein Kind und ich blickten uns an, begannen zeitgleich, uns zu bewegen, und traten ebenso zeitgleich an den Sarg.

Es war ein friedliches Bild. *Er* war ein friedliches Bild. Die vertraute Kleidung, das vertraute Gesicht, dessen Wächsernheit mich inzwischen nicht mehr befremdete. Das Lächeln, das starr, aber noch immer Peter-typisch war.

»So, Peter«, sagte ich leise, »nun bekommst du all das, was unsere Kinder und ich dir schenken wollen.«

Ich gab ihm das Foto in die Hand, legte anschließend Kristins Brief und Sophies Gemälde auf seine Brust.

»David?«, fragte ich behutsam.

Er wandte sich ab, ging zum Sofa zurück, zog ein undefinierbares hellbraunes Etwas hinter den Polstern hervor und setzte es neben Peters Gesicht auf das Kissen. Als ich erkannte, was es war, schossen mir vor Rührung die Tränen in die Augen. Mein

Kind jedoch sah für einen kurzen Augenblick ungemein glücklich aus.

»Papas alter Stoffteddy! Weißt du noch, Mama, wie er ihn auf dem Dachboden bei Oma und Opa gefunden hat? Da war ich noch ganz klein. Papa hat ihn mir damals geschenkt – und jetzt gebe ich ihm den Teddy zurück.«

In meinen Augen brannte es. Ich zog diesen fantastischen kleinen Menschen in meine Arme und drückte ihn so ungestüm, dass er kaum noch Luft bekam. Reden konnte ich nicht. Seit damals hatte David keine Nacht mehr ohne diesen alten, schon von Peter als Kind abgeliebten Stoffbären verbracht. Nichts anderes hätte so viel kindliche Liebe ausgedrückt.

Minutenlang standen wir nah beieinander, ohne uns zu berühren, und sogen das letzte Bild von Peter in uns auf. Bis sich einer der Herren vorsichtig räusperte.

»Wird es eine Aufbahrung geben?«

Verwirrt starrte ich ihn an. Eine was? Eine Aufbahrung? In der Leichenhalle? Damit die – wenigen – Menschen, die während seiner Erkrankung seine Nähe gemieden hatten, sich von dem toten Peter verabschieden konnten? Um sich danach besser zu fühlen, weil die monatelange Feigheit nun nicht mehr so offensichtlich war?

»Niemals!« Ich hätte beinahe geschrien und konnte mich gerade noch beherrschen. Ich atmete tief durch. Holte ein zweites Mal tief Luft. Nach dem dritten Atemzug hatte ich mich wieder unter Kontrolle.

»Ich verfüge hiermit, dass dieser Sarg niemals wieder geöffnet wird. Jeder, dem Peter etwas bedeutet hat, hatte zehn Monate lang die Chance, ihn zu sehen. Wer sie nicht genutzt hat, kann auch jetzt wegbleiben.« Wohl selten war meine Stimme so entschieden gewesen.

Dann küsste ich Peter ein letztes Mal auf die kalten Lippen, wartete, bis auch David ihm einen scheuen Kuss auf die Wange gegeben hatte, und gab den Herren ein Zeichen. Sie schlossen den Deckel und rollten das Gestell Richtung Tür. Durch den Flur. Durch die Haustür. Öffneten die Heckklappe des Wagens. Schoben den Sarg hinein. Betätigten den Mechanismus des Metallgestells, klappten es zusammen, befestigten es in der Vorrichtung im Auto. Schlossen die Klappe. Öffneten die vorderen Türen und stiegen ein. Mein Sohn und ich beobachteten jede Bewegung von der Haustür aus.

»Komm, David!« Sanft versuchte ich, ihn von der Tür wegzuziehen. Ich wollte nicht sehen, wie der Wagen davonfuhr. Bis jetzt hatte ich alles aushalten können, doch dieses Bild schien mir plötzlich unerträglich.

»Nein. Ich bleibe hier!«

»Bitte komm!«, flehte ich.

»Nein! Ich bleibe hier!«

Der Wagen wurde gestartet. Ich schaffte es nicht zuzusehen, ließ David allein und floh ins Hausinnere. Weg, nur weg! Zähneklappernd klammerte ich mich an einen Schrank, hörte, wie das Auto losfuhr und das Motorengeräusch sich allmählich entfernte. David verharrte in der Tür. Es kam mir vor, als vergingen Stunden, bis er sie endlich schloss und ohne zu zögern und ohne jemanden eines Blickes zu würdigen, die Treppen zu seinem Zimmer hinauflief. Es knallte laut, als er die Tür zuwarf.

»Lassen Sie ihn«, hörte ich Frau Reinke sagen.

Ich schleppte mich ins Schlafzimmer. Dort sah es fast so aus wie noch vor einer halben Stunde. Die beiden Männer hatten sogar die Decke wieder ausgebreitet, unter der nun kein Peter mehr lag. Wie betäubt ließ ich mich auf den Bettrand sinken. Mein Blick fiel auf den Stuhl, über dem ordentlich sein Schlafanzug hing. Wanderte weiter zum Schreibtisch. Mitten auf der blauen Schreibunterlage lag einsam Peters Ring.

Mechanisch stand ich auf, nahm ihn, setzte mich zurück, zog meinen ab, schob seinen, der mir viel zu groß war, über meinen Finger und rückte meinen eigenen wieder darüber, sodass ich nun beide Ringe trug, seinen aber nicht verlieren konnte. Irgendwann würde ich überlegen, was ich mit ihnen machen sollte. Doch jetzt fühlte es sich tröstend an, wenigstens die Ringe wieder zu vereinen.

Nun war Peter weg. Geblieben waren die Zeugen seiner letzten Tage. Ein Sessel. Ein Sauerstoffgerät. Dutzende Medikamente. Ein Haken in der Dachschräge. Drei Kinder zwischen zehn und vier Jahren. Und ich.

Vermutlich war es dieser Moment, an dem ich die Mauer hochzog. Von mir selbst unbemerkt, entstand etwas in mir, das mich für einen langen Zeitraum schützen sollte. Meine Gefühle zogen sich zurück. Auch das unbeschreibliche Glück wich, das ich seit dem Zeitpunkt von Peters Tod empfunden hatte. Was blieb, war eine Art gelassener Heiterkeit. Vorerst sollte es nichts mehr geben, was mich berühren konnte. Mein Herz war paralysiert.

Abendritual

Als es etwa eine halbe Stunde später erneut klingelte, hatte ich die bleierne Müdigkeit, die mich nach dem Anstecken des Ringes überfallen hatte, mithilfe mehrerer Tassen Kaffee erst einmal überwunden.

»Hier sind die Karten mit den Umschlägen!« Frau Lüderscheidt hielt mir einen weißen Karton hin. »Und in diesem Kuvert ist die Sterbeurkunde sowie einige beglaubigte Kopien. Die werden Sie für die ganzen Rentenanträge und für sämtliche Bankgeschäfte benötigen.«

Ich legte den braunen Umschlag achtlos zur Seite. Zurzeit stand mir bestimmt nicht der Sinn nach Rentenanträgen oder sonstigem Papierkram.

»Schauen Sie sich bitte eine Karte an, um zu kontrollieren, ob alles stimmt und die Namen richtig geschrieben sind.«

Ich öffnete den Karton. Da waren sie. Die Klappkarten, die ich selbst gestaltet hatte. Mein Mund war merkwürdig trocken, als ich den Karton öffnete und die oberste vom Stapel nahm. Auf der Deckseite: Hesses Zitat, in einer Wolke platziert. Im Innern mein eigener Spruch, den mich eine Eingebung hatte schreiben lassen. Dann Peters Name, sein Geburtsdatum und – ich atmete scharf ein – das Datum des heutigen Tages neben einem winzigen Kreuz. Mein Name. Die Vornamen unserer Kinder. Untereinander, wie gewünscht. Der Termin: Mittwoch, 13.30 Uhr. Die Pfarrkirche in Mürsen. Alles so, wie ich es mir vorgestellt hatte. Und doch schien die Endgültigkeit, die in diesem Stück Papier steckte, mir für den Bruchteil einer Sekunde den Boden unter den Füßen wegzuziehen. Dann verflog das Gefühl so schnell, wie es gekommen war. Dennoch war meine Stimme rau, als ich sprach.

»Sehr schön.« Etwas Sinnvolleres fiel mir nicht ein. »Danke. Da kommt ja noch eine Menge Arbeit auf mich zu.«

»Das lenkt ab«, tröstete sie mich. »So kommen Sie heute nicht zu sehr ins Grübeln. Morgen sollten wir uns nach Möglichkeit auf dem Friedhof treffen, um die Grabstelle auszuwählen. Passt es Ihnen um die Mittagszeit?«

Ach ja. Da war ja noch was! Der Friedhof war groß. Nach welchen Kriterien suchte man eine Grabstelle aus? Ich nickte. Momentan hatte ich zu keiner Zeit etwas Konkretes vor.

»Zwölf Uhr am Eingang? Ich bespreche das dann mit dem Friedhofsverwalter, der die verfügbaren Plätze kennt. Und haben Sie schon über Blumenschmuck nachgedacht? Direkt am Friedhof ist eine Gärtnerei, die ich sehr empfehlen kann. Auch dort sollten Sie möglichst bald hingehen und sich beraten lassen.«

Erneut nickte ich zerstreut.

Friedhof. Blumen. Wieso hatte ich angenommen, die meisten Entscheidungen bereits getroffen zu haben? Aber es sollte noch nicht zu Ende sein.

»Wie ist das eigentlich mit dem Beerdigungskaffee? Wollen Sie den nach der Beisetzung machen? Wenn ja, dann müssten Sie sich zügig überlegen, wo dieser stattfinden soll. In der Nähe des Friedhofs böte sich das Café Vergissmeinnicht an.«

Ich starrte sie unglücklich an. Ohne es zu wissen, hatte sie einen wunden Punkt getroffen.

»Muss ich das jetzt überlegen?«

Sie bemerkte meine Unentschlossenheit. In warmem Ton fuhr sie fort: »Es wäre nicht schlecht. Sollten Sie sich dafür entscheiden, wäre es sinnvoll, den betreffenden Personen die Einladungskärtchen gleich mit den Todesanzeigen zu schicken.«

»Ich weiß es noch nicht«, brach es aus mir heraus. »Ich habe ein riesiges Problem mit diesem verdammten Beerdigungskaffee. Kann ich damit nicht bis morgen warten?«

»Wissen Sie was? Ich hole gleich einen Schwung dieser Kärtchen. Dann haben Sie sie hier und können das Thema mit Ihrer Mutter oder Ihrer Freundin besprechen«, schlug sie vor.

»Gut.« Ich war erleichtert über den wenn auch kurzen Aufschub und verschob die offene Frage auf einen späteren Zeitpunkt. Besprechen würde ich sie mit niemandem. Es war einzig und allein meine Entscheidung, Peters Wunsch zu folgen oder ihn zu ignorieren.

***

Frau Lüderscheidt war kaum gegangen, da kehrten meine Mutter und die Mädchen zurück. Frau Reinke nahm es zum Anlass, sich zu verabschieden.

»Ich denke, Sie kommen jetzt ohne meine Rückendeckung zurecht. Aber wenn etwas ist, dann rufen Sie mich bitte an. Jederzeit, Sie haben ja meine private Handynummer.«

»Das mache ich«, versprach ich und brachte sie zur Tür. »Danke, dass Sie da waren.«

»Ich melde mich morgen. Halten Sie den Kopf hoch! Glücklicherweise haben Sie ja etliche Menschen, die Ihnen zur Seite stehen«, sagte sie lächelnd, ehe sie die Tür schloss.

»Ich koche jetzt. Die Kinder müssen trotz allem etwas essen«, verkündete meine Mutter, als ich die Küche betrat. Dann wandte sie sich an mich: »Und auch du solltest es tun, um auf den Beinen zu bleiben. Du musst jetzt stark sein. Ab jetzt hast du eine große Verantwortung.«

Ich verzog das Gesicht.

Ach nee! Als ob ich das nicht wüsste. Und was ich nicht alles musste! Auf den Beinen bleiben. Essen. Überlegen, planen, entscheiden. Mutter sein. Tochter sein. Verantwortlich sein. Adressen raussuchen. Karten adressieren. Hatte mich jemand gefragt, ob ich das, was ich angeblich alles MUSSTE, auch wirklich WOLLTE? In mir regte sich ein Fünkchen Zorn, doch ich war zu erschöpft, um daraus eine Flamme entstehen zu lassen.

Kathrin sah mich prüfend an, nahm mich kurz in den Arm und fragte mitfühlend: »Willst du dich etwas hinlegen? Ein, zwei Stunden? Du bist kreidebleich. Essen kannst du später.«

Vor meinem inneren Auge tauchte mein Bett auf. Dann Peters leere Betthälfte. Bisher hatte ich mich noch nicht gefragt, wie und ob ich jemals wieder unbefangen in diesem Bett schlafen konnte, in dem wir so viele zweisame Nächte verbracht hatten. Und in dem Peter gestorben war. Dabei war ich so müde, Kaffee hin, Kaffee her. Sosehr ich mir auch wünschte, einfach mal zwei Stunden zu schlafen, einfach mal zwei Stunden lang alles zu vergessen – momentan war ich nicht in der Lage, es dort zu tun.

»Wo denn?«, platzte es aus mir heraus. Kathrin begriff sofort.

»In Kristins Bett. Die kann bei David, Sophie oder unten bei uns bleiben.«

Schlafen! Ich war seit vierunddreißig Stunden auf den Beinen. Jetzt, wo sich die Gelegenheit bot, knickten mir fast die Knie weg. Mit letzter Kraft taumelte ich die Treppe hinauf, fiel komplett bekleidet auf Kristins Bett, die auf Kathrins Wink hin ihr Zimmer verließ, und schlief auf der Stelle ein.

***

Als ich erwachte, dämmerte es bereits. Ein Blick auf die Uhr bestätigte mir, dass fast zwei Stunden vergangen waren. Der Schlaf hatte mir gutgetan, ich fühlte mich deutlich fitter und voller Energie, mich all dem zu stellen, was von mir erwartet wurde. Doch zunächst wollte ich mir die Zähne putzen und mir etwas anderes anziehen, denn meine Kleidung war komplett zerknittert.

Als ich die Tür zum Schlafzimmer öffnete und den Lichtschalter betätigte, prallte ich zurück. Der Sessel fehlte. Das Sauerstoffgerät war verschwunden. Die Betten waren frisch bezogen. Zumindest meins, Peters Bettzeug befand sich nicht mehr im Raum. Die zwei Quadratmeter offensichtlicher Leere ließen mich heftig schlucken. Ich wandte den Blick ab, zog schnell das nächstbeste Shirt aus dem Schrank und flüchtete ins Bad. Dieses Bett … ein weiterer Punkt, zu dem ich mir etwas einfallen lassen musste! Aber nicht jetzt. Jetzt warteten die Karten. Die Kinder. Und …

»Nicole!« Ich schoss die Treppe hinunter, als ich ihre Stimme erkannte, und fiel ihr um den Hals. Mit Tränen in den Augen umarmte sie mich so fest, als wolle sie mich nie wieder loslassen.

»Wie geht es dir?«, flüsterte sie mir ins Ohr.

Ich befreite mich aus ihrer Umarmung, zuckte mit den Schultern und antwortete lapidar: »Gut. Alles okay.«

Eine Antwort, die ich in den nächsten Monaten auf immer dieselbe Frage unzählige Male stereotyp herunterleiern sollte. Wobei sie in diesem Augenblick nicht mal falsch war. Ich fühlte mich tatsächlich gut. Oder anders: Ich fühlte nichts, also auch nichts Negatives. Demnach ging es mir vermutlich »gut«.

Nicole sah mich zweifelnd an, enthielt sich jeden Kommentars und fragte: »Was kann ich tun? Kathrin sagte, wir müssen die Umschläge für die Karten adressieren?«

»Aber erst isst du was! Ich mache dir eben dein Essen warm«, forderte meine Mutter mich in einem Tonfall auf, der keinen Widerspruch duldete. Also saß ich wenige Minuten später am Tisch und schaufelte das, was sie gekocht hatte, in mich hinein, ohne darauf zu achten, was es war. Kurz darauf hatten wir den Tisch abgeräumt und Stifte, Adressbücher sowie den Karton, den Frau Lüderscheidt gebracht hatte, bereitgelegt.

»Lass uns erst mal eine Liste mit allen Namen machen. Du diktierst, ich schreibe auf«, schlug Kathrin vor.

»Okay. Und danach bringe ich die Kinder ins Bett. Die haben jetzt lange genug ferngesehen. In der Zeit könnt ihr schon loslegen, die Adressen herauszusuchen.«

Ich hatte die drei aus den Augenwinkeln auf dem Sofa sitzen sehen, als ich nach unten gekommen war. Jetzt überfiel mich plötzlich ein Anflug von schlechtem Gewissen. Den ganzen Tag über war ich dermaßen beschäftigt gewesen, dass ich für meine Kinder kaum Zeit gefunden hatte. Nun musste ich mir wenigstens für unser abendliches Ritual eine Auszeit nehmen. Für ein neues Abendritual. Eins ohne Peter. Ohne seine Geschichten, die er sich oft aus dem Stegreif ausgedacht hatte. Ohne seine Gutenachtküsse und Kuscheleinheiten. Und ohne sein Lächeln.

»Die sitzen erst seit zehn Minuten im Wohnzimmer. Vorher habe ich mit ihnen gespielt«, beruhigte Nicole mich.

»Während Kathrin und du das Schlafzimmer aufgeräumt habt?«, wandte ich mich an meine Mutter.

Sie nickte. »Ja. Dr. Greifenstein war hier, während du geschlafen hast, und hat den Sessel und das Sauerstoffgerät abgeholt. Dann haben Kathrin und ich gleich die Betten abgezogen. Ich hoffe, das war dir recht?«

»Sicher«, erwiderte ich teilnahmslos und wollte meine Konzentration den vielen Menschen zuwenden, die benachrichtigt werden sollten.

»Noch etwas …« Meine Mutter war noch nicht fertig. »Ich würde dir raten, das, was an Formalitäten zu erledigen ist, in die Hände eines Steuerberaters zu geben. Der Schwager meiner Freundin Hiltrud beispielsweise, der hat eine Kanzlei und könnte sämtliche Anträge stellen, sodass du dich darum nicht kümmern musst. Ich fürchte, damit sind wir beide überfordert. Denk dran, dass davon deine finanzielle Zukunft abhängt. Auch so werden noch genügend Papiere übrig bleiben, die du ausfüllen musst.«

»Einverstanden.« Sie kannte meinen Hang zur Schludrigkeit,

wenn es um den leidigen Papierkram ging. Allerdings interessierten mich derzeit weder meine finanzielle Zukunft noch der unbekannte Steuerberater. Meine Kinder warteten.

»Also, da wäre erst einmal die Familie …«, begann ich.

In den nächsten Minuten ratterte ich einen Namen nach dem anderen herunter. Familie, Freunde, Arbeitskollegen, enge Bekannte, entfernte Bekannte, Chefs, ehemalige Schulkameraden, zu denen wir noch Kontakt hatten – Kathrin konnte kaum so schnell schreiben, wie mir die Worte aus dem Mund purzelten. Endlich fiel mir niemand mehr ein, sodass ich erleichtert aufstehen und mich den Kindern widmen konnte, die meiner Aufforderung, den Fernseher auszumachen, ohne jedes Murren nachkamen. Sie wirkten regelrecht erleichtert. Ich quetschte mich zwischen sie. Kristin und Sophie kuschelten sich sofort in meinen Arm. David hielt Abstand. Er wirkte verloren und hilflos. Auch er hatte eine Mauer hochgezogen, die ihm mit seinen zehn Jahren über den Kopf zu wachsen drohte.

»Geht ihr schon mal hoch, zieht euch um und putzt die Zähne?«, bat ich die Mädchen.

»Ich komme gleich nach.«

Doch als ich die nun frei gewordenen Arme ausbreitete, um meinen Sohn an mich zu ziehen, wehrte er mich geradezu wütend ab und lief hinter seinen Schwestern her. Schweren Herzens folgte ich ihm, tat so, als hätte ich seine Abfuhr nicht bemerkt, und fragte in heiterem Tonfall:

»Was wollen wir lesen?«

David schrubbte so heftig seine Zähne, als wolle er den gesamten Zahnschmelz herunterputzen.

»Nichts«, zischte er. Sophie sah enttäuscht aus.

»Doch«, forderte sie, »ich will lesen! Weiter in Kristins Buch mit den beiden Hexenmädchen.«

Ich strich ihr über den Kopf und wandte mich an mein anderes Mädchen.

»Kristin, kannst du es holen? Dann gehen wir in Sophies Zimmer. Und danach kannst du ja vielleicht wieder in deinem eigenen Bett schlafen, wenn du magst.«

David donnerte die Zahnbürste in den Becher, spülte den Mund aus und trampelte die Treppe ins Dachgeschoss hinauf. Kristin antwortete nicht, machte aber ein langes Gesicht. Ich biss mir auf die Zunge. Seit Wochen schlief sie auf Wunsch beider Kinder auf einer Matratze in Davids Dachstudio, oftmals sogar gemeinsam mit ihm in seinem Bett. Die beiden hatten sich auf diese Weise Trost gespendet, als es Peter zunehmend schlechter ging. Auch Sophie war immer wieder nachts nach oben geschlichen und hatte sich zu ihren Geschwistern gelegt. Warum musste ich ausgerechnet heute versuchen, an diesem Umstand etwas zu ändern? Ich ärgerte mich maßlos über meine unbedachte Äußerung.

Wenig später lagen wir zu dritt im Bett meiner Jüngsten. Unkonzentriert las ich an der Stelle weiter, an der ich am gestrigen Abend aufgehört hatte. Meine Gedanken waren bei David. Natürlich konnten er und Kristin längst selbst lesen, hatten ganze Stapel von Büchern in den Regalen und wünschten sich zu jedem Anlass neue. Doch noch immer genossen sie die halbe Stunde, in der ich vorlas. Oder in der Peter vorgelesen hatte. Dabei waren die Texte nicht das Wichtigste – die Nähe, die wir dabei empfanden, zählte um ein Vielfaches mehr. Dass David sich ausgerechnet heute distanzierte, setzte mir zu. Da ich ihn aber kannte, war mir klar, dass er umso trotziger reagierte, je mehr ich drängte. Also ließ ich es bleiben, wartete – und hoffte.

Er kam, als ich das Buch schon weglegen wollte. Setzte sich ans Fußende und rückte in den nächsten Minuten, in denen ich natürlich doch noch ein weiteres Kapitel las, möglichst unauffällig immer näher an seine Schwestern und mich heran.

Als ich das Buch endgültig zuschlug, bat Kristin:

»Kann ich nicht doch noch mal oben bei David schlafen?«

»Klar«, erwiderte ich leichthin und merkte sofort, wie die Anspannung in den Kindergesichtern der Erleichterung wich.

»Ich will auch mit«, bettelte Sophie. Mit einem Seitenblick auf David, der eifrig nickte, wiederholte ich: »Klar.«

Im Nu waren Kuscheltiere und Decken nach oben geschleppt, lagen drei Kinder zusammengequetscht in einem einzigen Bett. Ich umarmte und küsste jedes einzelne von ihnen. David ließ es zunächst ohne Reaktion über sich ergehen, doch dann presste er sich an mich, nur um mich Sekunden später wieder wegzuschieben.

»Schlaft gut und träumt etwas möglichst Schönes, ihr Süßen.« Wie ich es ihnen doch wünschte! Ein paar Stunden des Vergessens, der Leichtigkeit, der Traumwelten. Fast war ich neidisch, als ich das nach Zahnpasta und Creme duftende Zimmer verließ.

An der Tür warf ich noch einen Blick zurück. Meine drei! Wie sehr ich sie liebte! Mit welcher Überzeugung Peter und ich uns doch nach den jeweiligen Geburten vorgenommen hatten, ihnen eine möglichst sorglose, harmonische Kindheit zu schenken.

Heute war das vermutlich Schlimmste geschehen, das ein Kind ertragen konnte. Zukünftig läge es allein an mir, ihnen ein Stück der Unbeschwertheit zurückzugeben, die sie auf so drastische Weise verloren hatten. Ihnen den fehlenden Vater zumindest ein klein wenig zu ersetzen. Sie Schritt für Schritt auf dem Weg zu begleiten, diesen Einbruch ins unbekümmerte Kinderleben zu verarbeiten.

Ich werde es schaffen! Ich *will* es schaffen!, schwor ich mir in Gedanken, bevor ich behutsam die Tür ins Schloss zog und langsam die Treppe hinunterging.

Auf mich warteten noch einige Stunden Arbeit, bis auch ich irgendwann abschalten durfte. Momentan sehnte ich nichts mehr herbei als diesen Augenblick, der noch so schrecklich weit entfernt war.

»Man«

Ich hatte mich kaum hingesetzt, als meine Mutter mich schon mit vor Eifer glänzenden Augen überfiel.

»Ich habe deine Liste ergänzt. Du hattest Roswitha, Paula und Ursula vergessen. Außerdem sind mir noch einige andere eingefallen. Unsere früheren Vermieter beispielsweise. Und die Bergers, bei denen du als Kind …«

Entschieden schnitt ich ihr das Wort ab.

»Nein.«

»Doch«, widersprach meine Mutter mit derselben Entschlossenheit.

»Nein! Definitiv nicht.«

»Doch. Du musst.«

»Ich muss überhaupt nichts! Kannst du mir einen Grund nennen, warum ich deinen Kusinen eine Karte schicken sollte? Abgesehen von Ursula habe ich sie seit mindestens zwanzig Jahren nicht mehr gesehen. Außerdem … was um alles in der Welt habe ich heute noch mit den Bergers oder den Steckelbrucks zu tun?«

Wütend strich ich die ganzen Namen durch.

»Aber das macht man doch so«, wandte meine Mutter hilflos ein.

»Ach ja? Kannst du mir sagen, wer dieses ›man‹ ist? Warum sollte ich Menschen, die in meinem Leben schon ewig keine Rolle mehr spielen, über Peters Tod informieren? Die haben ihn doch zum Teil nicht einmal gekannt. Sag mir also bitte einen einzigen Grund, warum ich sie anschreiben sollte.«

»Aber …«

Ich ließ sie nicht zu Wort kommen und redete mich in Rage.

»Was sollen sie mit dem Ding anfangen? Sich genötigt fühlen, mir eine nichtssagende Beileidskarte mit irgendwelchen Floskeln zu schicken? Oder gar auf der Beerdigung aufzutauchen, betroffen zu tun und insgeheim nur zu denken, wie gut es doch ist, dass sie selbst so etwas nicht erleben müssen?«

»Psst, schrei nicht so. Die Kinder!« Kathrin legte begütigend ihre Hand auf meine.

Etwas leiser fuhr ich fort: »Du weißt, wie ich diese Heuchelei hasse! Die Anzeige in der Zeitung reicht vollkommen aus. Für dermaßen unwichtige Menschen ist mir sogar das Porto zu schade.«

»Wie du meinst. Es ist deine Entscheidung.« Meine Mutter bemühte sich um einen versöhnlichen Ton, aber ich kannte sie gut genug, um zu wissen, dass sie gekränkt war.

»Eben! Es ist allein meine Entscheidung.« Ich konnte es mir nicht verkneifen, noch nachzusetzen.

»Meint ihr, das ist jetzt der richtige Moment, um sich zu streiten?«, fragte Nicole ruhig.

Beschämt schüttelten meine Mutter und ich die Köpfe. Dann lächelten wir uns zaghaft an.

»Meinetwegen können wir Ursula und Roswitha eine Karte senden, wenn dir so viel daran liegt«, bemühte ich mich um einen Kompromiss. Sie nickte und schrieb die Namen so schnell wieder auf das Blatt, dass ich innerlich grinsen musste.

Kathrin wechselte das Thema.

»Etwa die Hälfte der Adressen haben wir inzwischen in deinem Verzeichnis gefunden oder aus dem Internet herausgesucht. Bei den übrigen brauchen wir deine Hilfe.«

»Okay. Ihr schreibt, ich recherchiere?«

»Und ich nehme die Sachen dann nachher mit und bringe sie morgen früh als Erstes zur Post«, ergänzte meine Mutter. Erneut blieb mir nichts anderes übrig, als ihr zu widersprechen.

»Nein, ich habe mich noch nicht entschieden, ob es diesen vermaledeiten Beerdigungskaffee geben wird, und falls ja, wen ich da sehen will. Insofern …«

»Wieso?« Jetzt fiel sie mir ins Wort. »Natürlich gibt es ihn! Das macht man doch so.«

Mir fehlte die Kraft für weitere Diskussionen. Müde hob ich die Hände.

»Ich sagte doch, ich bin nicht ›man‹. Bitte lass mir bis morgen Zeit.«

Sie schwieg, aber ihr Blick sprach Bände. Eine gute Stunde später, nachdem ein riesiger Stapel unverschlossener Briefumschläge entstanden war, verabschiedete sie sich mit vor Erschöpfung blassem Gesicht.

»Danke für all deine Hilfe«, sagte ich aufrichtig. Tatsächlich hätte ich nicht gewusst, wie dieser Tag ohne ihre Unterstützung gelaufen wäre. Sie zog mich kurz in die Arme.

»Das ist doch selbstverständlich, mein Kind.«

Ich sah ihr nach, bis sie ihr Auto gewendet hatte. War es wirklich »selbstverständlich«? Etwas in mir ahnte, dass ich noch oft auf sie angewiesen sein sollte. Und ich konnte nur hoffen, dass sie das dann ebenfalls als »selbstverständlich« ansehen würde …

***

Mit dem Schließen der Tür war ganz plötzlich die Luft raus. Die Kinder im Bett, alles erledigt oder angeleiert, was zu erledigen oder anzuleiern war. Und jetzt? Fünfzehn Stunden nach Peters Tod stand ich auf einmal vollkommen planlos im Flur meines Hauses, blickte in den Spiegel und war mir … fremd.

Zwischen Skepsis und Neugier schwankend, musterte ich mich selbst. So sah ich also als Witwe aus. Keine Veränderung zum Vortag, als ich noch Ehefrau war. Dieselben Haare, dasselbe Gesicht. Ich konnte es kaum fassen, dass die fundamentale Veränderung des heutigen Morgens keinerlei äußere Spuren hinterlassen hatte. Probeweise lächelte ich mein Spiegelbild an. Auch das wirkte wie immer. Verdammt, konnte es tatsächlich sein? Mein Leben war auf links gedreht, und ich blieb augenscheinlich dieselbe?

»Was hast du erwartet? Schlagartig zu altern? Plötzlich graue Haare zu bekommen? Falten? Eine andere Nase? Spontan dicker oder dünner, größer oder kleiner zu sein?«

Kopfschüttelnd schnitt ich eine Grimasse. Nein, das ganz sicher nicht. Aber irgendetwas, das die Geschehnisse widerspiegelte. Irgendeine Kleinigkeit.

»Das ist Quatsch, und das weißt du auch! Peter ist gestorben. Du bleibst, wer und wie du bist!«

Resigniert wandte ich mich ab. Offenbar waren die Beschreibungen in Romanen à la »Der Glanz ihrer Augen war erloschen. Sie wirkte gebrochen, schutzbedürftig, geradezu verzweifelt« nichts als Fiktion. Auch mit den Darstellerinnen vergleichbarer Filme, die gern tränenüberströmt oder – alternativ – still und in sich gekehrt auf den Sofas saßen, hatte ich wenig bis nichts gemein. Das reale Leben war eben kein Film. Es ging ungerührt weiter. Bloß wie?

»Kommst du?«, befreite Nicole mich aus meinen Grübeleien.

»Ja. Aber was machen wir jetzt mit dem Abend?«, fragte ich unschlüssig zurück. Kathrin drückte mich sanft auf einen Stuhl.

»Wir kochen uns einen Tee, quatschen noch ein Stündchen, um zur Ruhe zu kommen, anschließend fährt Nicole, und wir beide gehen ins Bett.«

Ihr Vorschlag gefiel mir.

»Wir nehmen uns eine Auszeit und machen uns einen netten Mädelsabend«, ergänzte ich. »Labern, lästern, lachen. Wie früher. Und schieben den heutigen Tag einfach weg. Kein Wort über Peter, über Krankheit, über Tod.«

»Einverstanden«, nickten meine Freundinnen. Für einen

winzigen Augenblick freute ich mich. Doch dieser Moment war so kurz, dass ich ihn kaum bemerkte.

Gegen drei Uhr morgens fiel ich ins Bett. Entgegen meinem Vorsatz hatte es in den vergangenen Stunden nur ein Thema gegeben: Peter. Wir hatten tausend gemeinsame Erlebnisse wiederaufleben lassen, Lachtränen vergossen, freudestrahlend in Erinnerungen geschwelgt. Niemand hatte bemerkt, wie die Zeit verflog, bis Nicole irgendwann erschrocken ausrief:

»Oh Gott, in viereinhalb Stunden geht mein Flieger!«

Kathrin begann, das Geschirr in die Spülmaschine zu räumen, während ich Nicole zur Haustür begleitete.

»Ich bin bald wieder da«, versprach sie mir. »Und wenn was ist, wenn du reden oder heulen willst, dann melde dich. Jederzeit.«

Gerührt schluckte ich, nickte, schloss die Tür, folgte Kathrin nach oben, putzte mir parallel zu ihr im Eiltempo die Zähne und reinigte oberflächlich mein Gesicht. Etwas verloren stand ich schließlich an der Schwelle zum Schlafzimmer und spielte mit der Klinke. Meine Freundin zog den richtigen Schluss.

»Möchtest du, dass wir die Betten tauschen?«

»Ja, sehr gern.« Ich stürmte in den Raum, schnappte mir meinen Schlafanzug und verließ das beklemmende Zimmer sofort wieder. Noch eine Nacht Aufschub. Kristins Bett barg keine Gespenster … Ich schlief schon, bevor mein Kopf das Kissen berührte.

Tag eins: geschafft!

Teil 2
Eine Woche: Zwischenzeit

Warten.
Planen. Handeln.
Essen, trinken, schlafen.
Reden. Lächeln.
Ausharren.

Vieles ist gleich,
doch alles ist anders
in den langen Tagen der
unabgeschlossenen
Endgültigkeit …
dazwischen.

Der etwas andere Brautstrauß

Knappe zwei Stunden nachdem ich mich hingelegt hatte, weckte mich mein eigenes Herzrasen. Ich lag schweißgebadet im Bett und wusste in dem Moment, in dem mir klar wurde, dass ich mich in Kristins Zimmer befand, was am Vortag geschehen war. Peter war tot. Mein Leben würde nie wieder so sein, wie es gewesen war. Vermutlich würde *ich* nie wieder so sein, wie ich gewesen war.

Obwohl ich mich sofort an nahezu jedes Detail des gestrigen Tages erinnerte, dauerte es einige Minuten, bis ich endlich darauf kam, was mich geweckt hatte: dieser leidige Beerdigungskaffee. Ein ungelöstes Problem, das in meinem Unterbewusstsein brodelte und jedes weitere Einschlafen verhinderte. Offenbar war jetzt der Zeitpunkt, die Entscheidung zu treffen. In der nächtlichen Stille dachte ich an das Gespräch, das Peter und ich darüber geführt hatten.

»Ich möchte, dass du nach der Beisetzung einen lauten, lustigen Beerdigungskaffee ausrichtest. Mit allen Menschen, die dir wichtig sind und die mich mochten«, hatte er erst vor wenigen Wochen gesagt. Wir lagen, eng aneinandergeschmiegt, im Bett und sprachen vor dem Einschlafen über den bevorstehenden Silvesterabend. Sein Satz traf mich aus heiterem Himmel. Ich richtete mich auf und fragte ungläubig:

»Das meinst du jetzt ja wohl nicht ernst?«

»Natürlich«, erwiderte er und wollte mich wieder an sich ziehen. Ich widersetzte mich und rückte ein Stück von ihm ab. Das war kein Thema, das nebenher beim Kuscheln abgehandelt werden konnte.

»Du glaubst doch nicht wirklich, dass ich in dieser Situation mit anderen zusammensitzen, essen und trinken will? Um womöglich über das Wetter, das neue Auto des einen oder die schicke Frisur der anderen zu plaudern? Nachdem ich …« Mitten im Satz brach ich ab.

»Gerade weil«, antwortete er in aller Seelenruhe, und ich spürte, wie er lächelte. »Gerade weil du mich beerdigt hast, ist es umso wichtiger, dass die anderen noch ein paar Stunden an deiner Seite sind.«

»Genau. Danach müssen die Kinder und ich ohne dich klarkommen, während alle anderen ihr Leben so weiterleben dürfen wie vorher«, erwiderte ich hitzig. »Und da verlangst du allen Ernstes, dass ich mit ihnen ›laut und lustig‹ sein soll?«

»Schatz, komm her!«, bat er. Widerstrebend legte ich meinen Kopf auf seine Brust. Er streichelte meinen Nacken, während er seine Bitte begründete.

»Ich finde es unheimlich wichtig, zwischen dem Friedhof und der Rückkehr in die normale Welt ein oder zwei Stunden einzuschieben. Quasi als Übergang vom Tod zum Leben. Natürlich werden in erster Linie du und die Kinder ein anderes Leben führen müssen, weil ihr von allen am meisten betroffen seid. Aber deswegen ist es doch für euch umso wichtiger, nicht gleich vom Friedhof aus nach Hause zu fahren, sondern den Eindruck von Freundschaft und Familie mitzunehmen. Zu erfahren, dass ihr nicht allein seid.«

Ich schwieg. So hatte ich es noch nie gesehen. Meine bisherigen Erfahrungen mit diesen seltsamen Treffen im Anschluss an die Zeremonie auf dem Friedhof waren ausschließlich negativ. Immer wenn ich notgedrungen daran hatte teilnehmen müssen, hatte ich es als abstoßend empfunden, wenn alle sich den Bauch vollschlugen und über Banalitäten quatschten, nachdem sie gerade erst Abschied von einem Menschen genommen hatten, der ihnen angeblich nahestand und über dessen Tod jeder ja ach so bestürzt war. Eine halbe Stunde später über die Kleidung von Tante Erna zu tratschen oder den Diabetes von Onkel Hans zu erörtern empfand ich als dermaßen pietätlos, dass ich solche Veranstaltungen möglichst mied. Ich musste allerdings zugeben, dass ich glücklicherweise noch über keinen allzu großen Erfahrungsschatz verfügte.

»Ich werde darüber nachdenken«, hatte ich Peter versprochen, mich darum allerdings bis zu diesem Augenblick erfolgreich gedrückt.

»Und du meinst wirklich, dass ich das tun sollte?«, fragte ich nun in Gedanken meinen toten Mann.

»Ja!«, sagte etwas in mir in einem sehr bestimmten Tonfall, der mich lächeln ließ. Also machte ich das Licht an, stand auf, zog meinen Bademantel über, schlich auf Socken die Treppe hinunter und griff nach dem Stapel der bereits frankierten Briefumschläge. Ich setzte mich an den Küchentisch, ging eine Adresse nach der anderen durch und fügte denjenigen, die mir nahestanden, ein Kärtchen hinzu: »Im Anschluss an die Beisetzung laden wir zum Kaffeetrinken in das Café Vergissmeinnicht …«

Ein neuer Stapel entstand. Es würden viele Menschen werden. Mit etlichen Kindern, was Peters Wunsch nach »laut und lustig« entgegenkommen sollte. Erleichtert schloss ich den letzten Umschlag und ging leise in mein Bett zurück. Wieder ein Problem weniger, dessen Lösung sich richtig anfühlte. Peter konnte mit mir zufrieden sein.

***

Kathrin weckte mich, indem sie vorsichtig über meine Schulter strich. Ich blinzelte sie verwirrt an. Da ich tief und fest geschlafen hatte, brauchte ich einen Moment, um mich zu orientieren. Was machte sie hier? Wieso lag ich in Kristins Bett? Ich warf einen Blick auf den Radiowecker und fuhr erschrocken hoch: Schon halb neun!

»Was ist mit den Kindern?«

»Keine Sorge«, beruhigte sie mich. »Ich habe ihnen längst Frühstück gemacht. David und Kristin wollten in die Schule, und Sophie ist seit einer halben Stunde im Kindergarten. Ich hoffe, das ist dir recht?«

Ich sank in mein Kissen zurück.

»Klar«, sagte ich matt. »Danke.«

»Deine Mutter hat angerufen. Sie kommt dich um halb zehn abholen. Um zehn hat sie einen Termin bei diesem Steuerberater gemacht, von dem sie gestern gesprochen hat. Du sollst die Ordner bereithalten.«

»Was? Heute?«, brauste ich auf. »Muss das sein?«

Kathrin zuckte mit den Schultern.

»Vielleicht ist es tatsächlich sinnvoll, dir so schnell wie möglich einen Überblick zu verschaffen.«

»Aber das könnte ich doch auch noch morgen … Ich muss nachher auch noch zum Friedhof und zum Floristen.«

»Das schaffst du. Es ist ja noch früh. Morgen ist Wochenende, da ist die Kanzlei zu. Und was du erledigt hast, liegt hinter dir. Nutz die Zeit, solange ich hier bin und dir den Rücken freihalte. Irgendwann muss ich wieder nach Hause, dann hast du alles allein am Hals. Aber jetzt solltest du allmählich aufstehen. Nach dem Duschen gibt es Frühstück.«

***

»… stehen Ihnen sechzig Prozent als Witwenrente zu. Dazu kommen die Halbwaisenrenten, je zehn Prozent für jedes Kind. Für die Zusatzversorgung gelten dieselben Regeln. In Zahlen und unter Berücksichtigung Ihres eigenen Einkommens macht das nach meiner vorläufigen Berechnung …«

Bla, bla, bla. Dr. Franke, seines Zeichens Steuerberater und Wirtschaftsprüfer, haute mir seit einer Stunde Zahlen und Fakten um die Ohren, von denen ich nicht eine begriff. Ich saß apathisch auf meinem Stuhl vor seinem riesigen Schreibtisch und bemühte mich um einen halbwegs intelligenten Gesichtsausdruck. Doch seine Worte rauschten an mir vorbei. Ich fühlte mich so fremdbestimmt und deplatziert wie noch nie und wünschte mich weit, weit weg. Das hier hatte nichts mit Peter zu tun. Also sollte es auch bitte schnellstmöglich vorbei sein!

»Sie müssten dann bitte hier unterschreiben. Und hier. Und dort unten. Außerdem noch auf diesem Blatt …«

Es schien kein Ende zu nehmen. Ich warf meiner Mutter einen Seitenblick zu, die seinen Ausführungen im Gegensatz zu mir mit voller Aufmerksamkeit gefolgt war. Sie spürte meinen Blick und nickte mir zu. Also unterschrieb ich blind. Alles, was Dr. Franke mir vorhielt. Ohne zu wissen, was ich da unterzeichnete – es hätten auch der Kaufvertrag für einen neuen Wäschetrockner oder die Buchung eines Fluges nach China sein können. Nach der gefühlt zwanzigsten Unterschrift klappte er den letzten Ordner zu und machte ein geradezu glückliches Gesicht. Auch meine Mutter wirkte hochzufrieden.

»Du kannst ja so froh sein, dass Peter derart vorausschauend war. Hast du eigentlich begriffen, dass seine Lebensversicherung es dir und den Kindern ermöglichen wird, in dem Haus wohnen zu bleiben? Dein Mann hat euch wirklich hervorragend versorgt. Zusammen mit deinem eigenen Einkommen sollte es dir möglich sein, gut über die Runden zu kommen. Große Sprünge sind vielleicht nicht drin, aber du wirst auch nicht jeden Cent dreimal umdrehen müssen. Du kannst ihm dankbar sein!«

Ich starrte sie an. Momentan wirkte die Frau, die mich geboren hatte, wie eine Fremde auf mich. Peter war gerade mal einen Tag tot – und sie hatte die Nerven, sich über Lebensversicherungen zu freuen?

»Halt jetzt bloß die Klappe! Sei lieber froh und dankbar, dass sie sich kümmert. Für sie ist es ein beruhigendes Gefühl zu wissen, dass ihre Tochter und die Enkel demnächst nicht auf der Straße stehen«, bremste mich meine innere Stimme, bevor ich eine scharfe Antwort geben konnte. Das Letzte, was mich aktuell beschäftigte, war die Frage nach meinem zukünftigen Auskommen. Das einzig Wichtige war zurzeit Peters Beerdigung. Und natürlich die Kinder. Wollte oder konnte das denn niemand verstehen?

Ich warf einen Blick auf die Uhr und wurde hektisch.

»Haben wir jetzt alles geklärt? Ich muss zum Friedhof. Und zum Floristen.«

»Wir sind erst einmal fertig. Ich reiche die ganzen Unterlagen noch heute ein. Sobald die Antworten da sind, treffen wir uns erneut«, beruhigte mich Dr. Franke und hielt mir seine Hand zum Abschied hin. Mechanisch schüttelte ich sie und bedankte mich für seine Mühe. In Gedanken war ich längst weit weg. Oder nie hier gewesen.

***

Frau Lüderscheidt wartete bereits am Haupteingang des Friedhofs, als wir zwei Minuten zu spät etwas abgehetzt ankamen. Meine Mutter hatte es sich nicht nehmen lassen, mich zu begleiten.

»Du weißt doch gar nicht, worauf du achten musst«, hatte sie erklärt. Wieder einmal hatte ich mich gewundert. Worauf um alles in der Welt achtete man, wenn man eine Grabstelle aussuchte? Ob die Namen der zukünftigen »Nachbarn« gut klangen? Sie sah mir die Frage anscheinend am Gesicht an.

»Ob Wasser in der Nähe ist, damit du später nicht zu weit gehen musst, um die Blumen zu gießen. Ob die Stelle gut zu erreichen ist, ohne nach Regen über aufgeweichte Wege laufen zu müssen.«

Ach ja. Es würde tatsächlich noch ein »Später« geben, etwas, das ich aus meinem Kopf verdrängt hatte. Meine Vorstellung über mein weiteres Leben endete exakt mit der Beerdigung. Danach war Zeit genug, über die kommenden Jahre nachzudenken. Oder über die kommenden Wochen. Vielleicht auch nur über die ersten Tage, was wusste ich denn?

»Kommen Sie, Herr Lichter von der Friedhofsverwaltung wartet auf uns«, forderte Frau Lüderscheidt uns auf. Wir folgten ihr bis zur kleinen Kapelle, die nur etwa zwanzig Meter vom Eingang entfernt war. Im Gegensatz zum riesigen Hauptfriedhof war der Mürsener Friedhof kleiner, überschaubarer und lange nicht so akribisch in rechtwinklige Gänge und Abzweigungen aufgeteilt. Ich kannte allerdings nur den vorderen Teil, denn das Urnengrab, das mein Vater und mein Großvater sich teilten, befand sich ganz in der Nähe des Eingangs. Heute nun würde ich wohl das gesamte Gelände kennenlernen. Immerhin regnete es nicht, sodass der unfreiwillige Spaziergang nicht noch beklemmender würde, als er sowieso schon war.

»Wir fangen vorne an.« Herr Lichter, ein älterer Herr mit wettergegerbtem Gesicht, führte uns zunächst quer über eine aufgeweichte Wiese, die an die Kapelle grenzte. Kurz vor den ersten Gräbern hielt er an und wies auf den Rasen.

»Hier wären beispielsweise zwei Einzelgrabstellen frei.«

Ich blickte mich um. Überall freie Fläche, die an manchen Stellen von großen Büschen gesäumt war. Auf der Wiese wuchsen etliche hohe Bäume, die im Sommer mit Gewissheit ein wunderbares Licht zauberten.

»Hier!«

Herr Lichter lächelte jovial und sagte gutmütig: »Nun warten Sie erst mal ab. Wir gehen jetzt weiter, dann zeige ich Ihnen …«

»Hier«, beharrte ich, »Sie brauchen mir nichts mehr zeigen. Das hier ist der richtige Platz.«

Frau Lüderscheidt schmunzelte verhalten, sie kannte mich

bereits, was schnelle Entscheidungen anging. Meine Mutter wirkte irritiert, hielt sich aber zurück. Einzig Herr Lichter gab nicht auf.

»Das können Sie doch erst beurteilen, wenn Sie alles gesehen haben. Bedenken Sie bitte, dass kein befestigter Weg zu dieser Stelle führt.« Es klang so, als hätte er am liebsten »Sie Dummerchen« hinzugefügt.

»Ich werde keine weiteren Plätze besichtigen. Sie könnten mir noch hundert Möglichkeiten anbieten, aber ich möchte genau diesen Platz für meinen Mann haben!«

Meine Sturheit brachte ihn ganz offensichtlich aus dem Konzept. Hilfesuchend sah er Frau Lüderscheidt an, die sich mit Mühe das Lachen verkniff.

»Dann soll es wohl so sein«, meinte sie trocken.

»Kann ich dann jetzt zur Gärtnerei fahren?«, wandte ich mich an sie.

»Natürlich, Herr Lichter und ich regeln alles Weitere.«

»Dann komm.« Ich zog meine Mutter am Jackenärmel weg. Als wir über die Wiese zurückgingen, quatschte der matschige Boden bei jedem Schritt unter unseren Füßen. Dennoch kam es mir ein bisschen so vor, als ob ich schwebte.

***

Fünf Minuten später standen wir mitten im Frühling. Die Treibhäuser der Gärtnerei Giesing hatten der Natur um zwei bis drei Monate vorgegriffen. Um uns herum blühte es in einer Farbenvielfalt, die das trostlose, schmuddelige Januarwetter vergessen ließ. Eine junge Frau kam auf uns zu.

»Wie kann ich helfen?«, fragte sie freundlich.

»Ich brauche …«, setzte ich an, um sofort wieder abzubrechen. Was brauchte ich denn überhaupt? Den obligatorischen Kranz mit einer Schleife, Letztere gar schwarz oder in einem trostlosen Graugrün und mit so abgedroschenen Aufdrucken wie »In stillem Gedenken« oder »In liebevoller Erinnerung«? Etwas anderes kannte ich nicht.

Aber das kam nicht infrage. Niemals! Peter würde sich schütteln! Inmitten des Blumenmeeres fühlte ich mich plötzlich jämmerlich überfordert.

»Mein Schwiegersohn wird nächste Woche beerdigt. Wir möchten den Blumenschmuck mit Ihnen absprechen«, sprang meine Mutter ein.

»Oh, dann hole ich besser die Chefin.« Die junge Frau verschwand. Eine Minute später trat eine Frau in meinem Alter zu uns.

»Giesing«, stellte sie sich vor. »Meine Auszubildende sagte, Sie möchten Blumen für eine Beerdigung? Wann findet diese statt?«

»Nächsten Mittwoch.«

»Wie alt ist der oder die Verstorbene?«

»Mein Mann war achtunddreißig.«

»So jung«, stellte sie betroffen fest. Wir tauschten einen kurzen Blick, in dem spontane gegenseitige Sympathie lag. Mein Gefühl der Überforderung ließ nach.

»Haben Sie schon irgendwelche konkreten Vorstellungen?«

Ich schüttelte den Kopf.

»Nein, ich fürchte, da brauche ich Ihre Hilfe.«

»Kein Problem. Dafür bin ich da.«

Zum Glück! Wenn ich an all die Blumensträuße dachte, die Peter mir im Lauf unserer Ehe mitgebracht hatte … Meistens ohne jeden Anlass, einfach so, weil er gerade Lust dazu hatte, mir eine Freude zu machen. Manchmal kleine, manchmal größere Sträuße – aber nie einen, der fertig in der Vase des Blumenladens darauf wartete, verkauft zu werden. Immer war Peter es selbst gewesen, der mit sicherer Hand die Farben und Sorten kombiniert und zu einem kleinen Kunstwerk hatte binden lassen.

Was der Rollenverteilung in unserer Ehe entsprach: Ich war mehr fürs Praktische, Peter der Feingeist mit wesentlich mehr Sinn fürs Schöne gewesen. Mir musste alles schnell von der Hand gehen, dafür nahm ich die ein oder andere Pfuscherei in Kauf. Peter hingegen hatte stundenlang an den kleinsten Details feilen können, die am Ende ein hundertprozentiges Ergebnis abrundeten. Mit einem leisen Seufzer wandte ich mich den unzähligen Eimern zu, in denen es blühte und leuchtete.

»Möchten Sie einen klassischen Kranz?«

Ließ Frau Giesings Frage Alternativen zu? Hoffnungsvoll sah ich sie an.

»Was gibt es denn sonst noch?«

»Nun, wir können so ziemlich jede Form stecken. Warten Sie …« Sie eilte davon, kehrte mit einem Prospekt zurück.

»Sehen Sie mal.«

Ich war überrascht, welche Möglichkeiten der vorgefertigte Steckschaum anbot: Kreuze, Bücher, alle möglichen geometrischen Figuren, Buchstaben, ja, sogar Tiere, Autos und Motorräder standen zu Auswahl. Mich interessierte jedoch nur …

»Das Herz.« Auch wenn es kitschig schien. Es passte.

»Gern! Mit roten Rosen?«

»Nein.« Das wäre dann wiederum zu kitschig gewesen. »Und auf gar keinen Fall mit Nelken oder Erika. Die hasste mein Mann.«

Ich dachte kurz nach. Die Idee kam mir beim Anblick des Fotos auf dem Einband des Katalogs, auf dem die Sonne schien.

»Mit Sonnenblumen!«, sagte ich enthusiastisch. Plötzlich wusste ich genau, was ich wollte. Peter hatte Sonnenblumen geliebt, er sollte sie bekommen. Leider dämpfte Frau Giesing meine Euphorie sofort wieder.

»Die gibt es zurzeit nicht. Auch nicht in den Treibhäusern.«

Meine Schultern sanken nach unten.

»Aber wir könnten gelbe Gerbera nehmen. Da ist jede Blume

eine kleine Sonne. Und dazu Tulpen in allen Varianten von Gelb, Orange und Rot. Damit bringen Sie dann wirklich die Sonne auf den Friedhof«, schlug sie schnell vor.

Ein leuchtendes Blumenherz inmitten der winterlich-schmuddeligen Tristesse. Jawohl, das war es! Ich nickte begeistert. Als sie mir dann noch eine gelbe Schleife empfahl, auf der lediglich unsere vier Vornamen sowie ähnlich wie auf der Karte die Inschrift »In Liebe« stehen würden, war ich regelrecht glücklich. Wie einfach Entscheidungen doch sein konnten …

Nachdem Frau Giesing die Absprachen notiert hatte, wollte ich mich schon zum Gehen wenden. Meine Mutter hielt mich zurück.

»Willst du keinen Blumenschmuck auf dem Sarg haben? Und was ist mit den kleinen Sträußchen, die man ins Grab wirft? Das wäre doch zumindest für die Kinder eine schöne Geste.«

Die beiden Frauen sahen mich erwartungsvoll an. Erneut fühlte ich mich komplett überrumpelt und vor eine Entscheidung gestellt, über die ich lieber erst nachdenken wollte. Da war ich doch der Meinung gewesen, im Vorfeld das meiste durchdacht zu haben, um eben nicht solch hilflosen Momenten ausgesetzt zu sein. Welch ein Irrglaube! Die Maschinerie »Beisetzung« war wesentlich größer, als ich angenommen hatte.

In mir baute sich ein enormer Druck auf. Diese gottverdammten Rituale! Mussten die wirklich alle sein? Für wen war es wichtig, dass die Kinder Blümchen ins Grab warfen? Am allerwenigsten doch für die Kinder selbst! Die hatten mit ihrem Bild, ihrem Brief und dem Stoffbären etwas viel Schöneres getan.

Jetzt durfte ich keinen Fehler machen. Auch keine halbherzigen Kompromisse. Was auch immer ich entschied, musste zu hundert Prozent stimmig sein. Ich kannte mich: Alles, was ich jetzt versäumte, würde ich mir für den Rest meines Lebens übel nehmen. Vor Anspannung begann ich zu schwitzen.

»Bleib mal ruhig! Niemand hetzt dich. Und wenn dir etwas wi-

derstrebt, dann lässt du es einfach«, meldete sich meine innere Stimme zur richtigen Zeit.

»Dennoch solltest du dir überlegen, ob der Sarg so ganz ohne alles nicht vielleicht noch trauriger wirkt, als er es ohnehin schon tut?!«

Und da war er auf einmal, der nächste Geistesblitz!

»Mein Brautstrauß.«

Auf die verwunderten Blicke hin erläuterte ich:

»Die Blumen auf dem Sarg sollen die gleichen sein, wie ich sie in meinem Brautstrauß hatte. Den hat Peter damals ausgesucht. Lachsfarbene Rosen, weiße Freesien, blaue Beeren.«

Ich hätte jubeln können, so gut gefiel mir meine Idee. Auch Frau Giesing schien sehr angetan.

»Das ist eine zauberhafte Symbolik. Bitte bringen Sie mir ein Foto vorbei, damit ich auf dem Großmarkt wirklich genau die Blumen in den gleichen Farben bestellen kann.«

»Und dann binden Sie für die Kinder und mich auch noch kleine Sträußchen aus den gleichen Blumen. Sicherheitshalber. Dann haben wir sie, egal, ob wir sie nun brauchen oder nicht.«

War ich schon vom Friedhof geschwebt, so verließ ich jetzt wie auf Wolken die Gärtnerei. Die Beerdigung war das Letzte, was ich, wenn auch indirekt, für meinen Mann planen konnte. Sie sollte der schönste, liebevollste, würdigste Abschied werden, den die Welt je gesehen hatte. Meine letzte Botschaft an ihn. Ein allerletztes »Ich liebe dich«.

Wenn am kommenden Mittwoch alles meiner Vorstellung entspräche, hätte ich heute nicht hundert, sondern hundertzehn Prozent bewirkt. Peter wäre mit mir zufrieden, und das war das Einzige, was zählte.

»Es ist alles in Ordnung«

Beflügelt fuhr ich nach Hause, wo die inzwischen zurückgekehrten Kinder am Mittagstisch saßen. Ihre freudlosen Gesichter passten nicht zu meiner euphorischen Stimmung. Ich setzte mich zu ihnen, strahlte sie an und sagte voller Überzeugung:

»Wir schaffen das! Wir haben schon so viel geschafft. Zusammen sind wir stark!«

David und Kristin lächelten zaghaft zurück, Sophie stopfte schnell die letzten Nudeln in ihren Mund und kletterte auf meinen Schoß. Ich vergrub die Nase in ihren Haaren, sog den beruhigenden Kinderduft nach Shampoo und Spielplatzdreck in mich auf.

»Wir haben die Post reingeholt. Guck mal, da sind Briefe ohne Marke bei«, machte David mich auf drei oder vier Umschläge aufmerksam, die neben der Obstschale auf der Arbeitsplatte lagen.

Das geht ja schnell, schoss es mir durch den Kopf. Momentan verspürte ich wenig Lust, sie zu öffnen. Doch meine Kinder waren neugieriger als ich.

»Die sind an uns alle gerichtet. Also mach sie auf«, drängte Kristin.

Den Kindern zuliebe griff ich zum Küchenmesser und zog erwartungsgemäß die ersten Kondolenzkarten heraus. Auch wenn noch kaum jemand offiziell informiert war – der Nachbarschaft war der weiße Wagen, der gestern vor meiner Haustür geparkt hatte, nicht verborgen geblieben. Es waren warme, herzliche Worte, die ich lesen durfte. Ein jeder wünschte mir und den Kindern viel Mut und Kraft für die kommende Zeit. Und in jeder

Karte fand ich den Satz: »Wenn ihr Hilfe braucht, dann sind wir für euch da.«

Darüber hinaus lag in fast jedem Umschlag ein Geldschein.

»Warum schenken die Leute uns Geld?«, fragte Sophie sofort.

Ich schüttelte verwirrt den Kopf.

»Ich weiß es nicht«, gab ich ehrlich zu.

»Vielleicht wollen die uns eine Freude machen«, spekulierte David.

»Nee. Hier steht: ›Für Blumen‹.« Kristin hatte entdeckt, was ich überlesen hatte.

»Na, seht ihr! Das sparen wir und kaufen später davon immer einen Strauß für Papas Grab«, entschied ich und brachte die Umschläge ins Wohnzimmer, wo sich auf der Kommode immer mehr ansammelte, was mit Peters Tod oder der Beerdigung zusammenhing. Sie sollte deutlich zu klein sein, um die Flut dessen zu fassen, was noch auf mich zukommen sollte ...

***

Kathrin hatte Kaffee gekocht und meinen Nachwuchs gebeten, uns ein paar Minuten Verschnaufpause zu gönnen. Ich merkte ihr an, dass sie etwas auf dem Herzen hatte.

»Also«, begann sie und nahm einen Zettel zur Hilfe, auf dem mehrere Worte standen, »während du weg warst, haben x Leute angerufen: Frau Reinke, die dir noch mal ausrichten lässt, dass du dich jederzeit melden kannst. Marion und Tatjana, die morgen wieder durchklingeln oder auf deinen Rückruf warten. Dann Rita, die entweder nachher, spätestens aber morgen vorbeikommt. Außerdem ein Max, den Nachnamen habe ich vergessen, muss ein Kollege von Peter sein. Auch der versucht es heute oder morgen erneut. Und dann ...«

Sie machte eine Pause.

»... hat noch Thorsten angerufen. Wusstest du, dass er und

Carina bei deinen Schwiegereltern sind? Sie haben erst am Düsseldorfer Flughafen erfahren, dass Peter …«

Ich verschluckte mich fast. Damit hätte ich nicht gerechnet! Peters Lieblingsbruder, der mit seiner Familie in Wien lebte, war zwischen Weihnachten und Silvester einige Tage bei uns gewesen. In dieser Zeit hatten die Brüder intensive Stunden miteinander verbracht, die beiden viel bedeutet hatten. Ehe Thorsten nach Hause geflogen war, hatte er mich gebeten, mich zu melden, sobald wir ihn brauchten. Vor wenigen Tagen hatte ich zum Telefon gegriffen, sodass er und seine Frau Carina schnellstmöglich alles organisierten, um in Peters Nähe zu sein. Dass es dennoch zu spät sein würde, hatte niemand ahnen können.

»Aber … Aber es war doch gestern noch genug Zeit, sie zu informieren«, stammelte ich. »Peter ist am frühen Morgen gestorben. Der Flieger ging um zwölf. Sie hätten nicht herkommen müssen! Warum hat niemand in Wien angerufen? Hätte ich das tun müssen?«

»Nein«, beruhigte Kathrin mich. »Du hattest genügend andere Dinge zu tun. Vermutlich standen alle zu sehr unter Schock und haben es einfach vergessen.«

Als hätten wir es heraufbeschworen, klingelte das Telefon.

»Hier ist Carina«, meldete sich meine Schwägerin. Ihre sonst so lebendige Stimme klang gepresst.

»Ich habe gerade erst gehört, dass ihr da seid. Wie lange bleibt ihr?«

»Wir fliegen Sonntag zurück und kommen dann am Tag vor der Beerdigung mit den Kindern wieder. Ich wollte dich fragen, wie es euch geht und ob wir etwas für euch tun können.«

Ich überlegte kurz. Eigentlich hatte ich alles erledigt, was zum jetzigen Zeitpunkt möglich war. Aktive Unterstützung brauchte ich demnach nicht. Aber treffen wollte ich die beiden liebenswerten Menschen auf jeden Fall. Neben den Kindern und mir war Thorsten derjenige, der Peter am nächsten gestanden hatte. Ich fühlte mich ihm zurzeit eng verbunden.

»Uns geht es eigentlich ganz gut.« Immer dieselbe Standardantwort. Eine andere hatte ich nicht. Das ehrliche *»Ich weiß selbst nicht, wie es mir* geht. *Und ich glaube, die Kinder empfinden ähnlich«* ergab schließlich keinen Sinn. »Helfen könnt ihr uns nicht. Aber was macht ihr morgen Abend? Wollt ihr vielleicht herkommen?«

»Sehr gern.« Sie klang schon ein wenig lebhafter. »Aber komm bloß nicht auf die Idee, zu kochen oder so. Wir bestellen Pizza, dann freuen sich auch die Kinder. Sieben Uhr?«

»Super. Bis morgen.« Ich hatte kaum aufgelegt, da lautete es erneut. Auf dem Display stand »Nicole ruft an«.

»Ich fahre morgen mit dem Auto gen Heimat und schlafe bis nach der Beerdigung bei meinen Eltern. Montag und Dienstag stehen zwar Termine in Düsseldorf an, aber immerhin bin ich in eurer Nähe. Soll ich morgen Abend rüberkommen?«

Wie schön! Der morgige Abend schien turbulent zu werden. Je mehr Menschen um mich herum wären, desto weniger käme ich ins Grübeln. Und für die Kinder war es sicherlich ebenfalls eine willkommene Ablenkung, die Personen, die ihnen herzlich zugetan waren, um sich zu wissen. Freudig sagte ich zu.

»Hast du eigentlich mal in den Spiegel geguckt?«, fragte Kathrin, nachdem ich auch dieses kurze Gespräch beendet hatte.

»Nein. Wieso?«

»Du bist unheimlich blass. Du siehst so aus, als ob du jeden Augenblick zusammenklappst. Willst du dich nicht noch mal für ein, zwei Stunden hinlegen? Nachher kommt Bernd her, wir fahren dann zusammen zurück nach Bonn. Es … es gibt Probleme mit Manuel. Aber noch bin ich da. Noch hast du die Chance auf eine kleine Auszeit.«

Vom einen Moment auf den nächsten fühlte ich mich, als wäre ich ein Luftballon, in den jemand eine Nadel gestochen hatte. Natürlich musste sie sich um ihren siebenjährigen Sohn kümmern. Dennoch erfasste mich ein Anflug von Panik. Sie in meinem Rücken zu wissen war eine unendliche Erleichterung. Ich hatte schlichtweg Angst davor, allein zu sein. Auch wenn ich wusste, dass es davor irgendwann kein Ausweichen mehr gäbe.

»Sicher«, nickte ich und versuchte, mir nichts von meiner Bestürzung anmerken zu lassen. Auch sie war blass, denn auch sie hatte kaum geschlafen, jedoch kein Wort darüber verloren. Spontan stand ich auf und umarmte meine wunderbare Freundin.

»Danke für alles! Ich wüsste nicht, wie ich das ohne dich hätte regeln sollen.«

»Du weißt, dass wir auch weiterhin für euch da sein werden. Und jetzt geh ein Stündchen nach oben. Du brauchst deine Kraft! Wir wecken dich, wenn Bernd da ist.«

***

Jemand streichelte mir über den Unterarm. Ich schlug die Augen auf und blinzelte in Bernds Gesicht. Da es inzwischen dunkel war, hatte er die kleine Lampe auf dem Schreibtisch angeknipst und sich zu mir auf die Bettkante gesetzt. Es war schön, ihn zu sehen.

»Ich dachte, ich wecke dich mal, bevor du heute Nacht nicht mehr schlafen kannst. Kathrin hat mir schon alles erzählt. Ich bewundere dich.«

»Wofür?« Ich war ehrlich erstaunt.

»Für all das, was du für Peter getan hast. Was du aus Liebe getan hast. Nicht jeder hat das Glück, in einer solchen Liebe leben – und sterben zu dürfen. Das, was ihr hattet, war zwar viel zu kurz. Aber viele Menschen wünschten sich, eine solche Liebe überhaupt erleben zu dürfen.«

»Ich weiß das. Und ich weiß auch, dass ich ihm viel geben

konnte. Aber dafür braucht mich niemand bewundern – das war doch selbstverständlich. Oder noch mehr: mein eigenes, allergrößtes Bedürfnis.«

Er drückte liebevoll meine Hand und hielt sie fest.

»Eines noch: Wenn du Hilfe brauchst, wenn du Fragen hast – bitte scheu dich niemals, mich anzurufen. Ich möchte euch begleiten, so gut ich kann, möchte insbesondere Sophie ein klein wenig Ersatz für den fehlenden Vater sein. Du kannst dich mit allem an mich wenden, natürlich auch, wenn es David oder Kristin betrifft. Vor dir liegt eine lange, schwere Aufgabe. Was auch immer es ist, melde dich, und ich werde versuchen, dir einen Rat zu geben und dich zu unterstützen.«

Gerührt erwiderte ich seinen Händedruck. Anschließend schwang ich die Beine aus dem Bett.

»Lass uns noch etwas trinken und ein paar Minuten quatschen. Danach fahrt ihr beide nach Hause, damit Kathrin endlich auch mal schlafen kann. Deine Frau ist ein Engel. Ich hätte nicht gewusst, wie ich ohne sie zurechtgekommen wäre. Ich bin unglaublich froh, dass ich euch habe!«

***

Zwei Stunden später lagen die Kinder im Bett. Zum ersten Mal seit dem gestrigen Morgen war ich wirklich allein. Mit einem Kaffee saß ich in der Küche und bemühte mich, meine kreuz und quer laufenden Gedanken zu sortieren. Wie oft hatte ich schon hier gesessen. Nichts in diesem Raum hatte sich verändert. Alles war vertraut. Und doch fühlte es sich fremd an. *Ich* fühlte mich fremd an. So unwirklich. Wie eine Marionette, deren Fäden vollkommen verheddert waren. Oder wie eine Pflanze, die jemand samt Wurzel ausgerissen hatte.

Über mir schliefen drei kleine Menschen. Für sie würde ich die Fäden entwirren, den Wurzeln neue Erde suchen müssen.

Wie lautete noch der Spruch, den Peter für Kristins Geburtsanzeige ausgesucht hatte, der aber natürlich für alle Kinder galt?

»Da werden Hände sein, die dich tragen, und Arme, in denen du sicher bist.«

Damals waren es vier Arme, die unseren Nachwuchs behüten sollten. Nun waren es nur noch zwei. Meine Arme mussten stärker werden, um drei Kinder durch die nächsten Jahre zu begleiten. Aber ich würde es schaffen. Weil ich es wollte – und weil es das einzige Ziel war, das ich zurzeit noch hatte.

Ein Klopfen unterbrach meine Gedanken. Mechanisch stand ich auf und öffnete die Haustür. Vor mir stand Rita, die Mutter von Davids bestem Freund Jonas, die im Lauf der Jahre auch meine Freundin geworden war. Sie sah schlecht aus. Ihre Augen waren gerötet und die ebenso rote Nase stark angeschwollen.

»Komm rein«, forderte ich sie auf.

»Nein, lieber nicht«, wehrte sie ab. »Ich bin schrecklich erkältet und möchte dich nicht anstecken. Aber ich wollte dir das hier geben. Vielleicht hilft es dir ein bisschen.« Dabei hielt sie mir einen Umschlag hin.

Ich nahm ihn und sagte besorgt:

»Du gehörst ins Bett! Schnell ab nach Hause! Wir reden, sobald es dir besser geht.«

Rita schniefte und nickte.

»Ich wünsche dir … ach, ich weiß gar nicht, was ich dir alles wünschen soll!«, stieß sie hervor und wandte sich ab. Nachdem ich die Tür geschlossen hatte, setzte ich mich wieder in die Küche, öffnete den Umschlag und vertiefte mich in die eng beschriebene, doppelseitige Karte:

Der Tod ist ganz bedeutungslos.
Ich habe mich nur in das nächste Zimmer fortgeschlichen. Ich bin ich, und Du bist Du. Alles, was wir uns gegenseitig bedeutet haben, bedeuten wir uns immer noch.

Nenne mich bei meinem alten, gewohnten Namen, rede mit mir so locker, wie Du es immer gewohnt warst. Rede nicht anders als früher, nimm nicht gewaltsam ein Gehabe von Feierlichkeit oder Trauer an. Lache so, wie wir immer über die kleinen Späße gelacht haben, die wir gemeinsam genossen haben. Bete, lächle, denke an mich, bete für mich.
Lass meinen Namen stets so familiär bleiben, wie er immer war. Sorge dafür, dass er ohne besondere Absicht genannt wird, ohne die Spur eines Schattens auf ihm.
Das Leben bedeutet weiterhin das, was es immer bedeutet hat. Es bleibt immer das Gleiche, die Fortdauer ist ungebrochen.
Weshalb sollte ich nur deshalb aus Eurem Denken verschwinden, weil man mich nicht sieht? Ich warte auf Dich, ich warte die Pause ab, irgendwo ganz in der Nähe, nur gerade um die nächste Ecke.
Es ist alles in Ordnung.
(Henry Scott Holland)

Rita und Christian

Ich las den Text ein zweites Mal. Dann ein drittes. Mit jedem Mal wurde mir wärmer. Kein persönliches Wort. Und doch waren diese Zeilen das Schönste, Persönlichste, was ich je gelesen hatte. Es kam mir vor, als hätte Peter sie eigenhändig geschrieben. Jeder einzelne Satz berührte mich zutiefst.

Der Tod ist ganz bedeutungslos. Ich warte die Pause ab. Es ist alles in Ordnung. Es ist alles in Ordnung! ES IST ALLES IN ORDNUNG.

Aber ja, es *war* alles in Ordnung. Peter war zwar nicht mehr da, aber da ich in seinem Sinne weiterleben wollte und lediglich die »Pause« überbrücken musste, konnte ich mir einfach einbilden, zumindest seine Seele bliebe in der Nähe und würde in den kommenden Jahrzehnten auf mich und die Kinder aufpassen. Welch ein schöner Gedanke!

In dieser Stimmung räumte ich die Küche auf, ging nach oben und machte mich bettfertig. Bevor in unter die Decke schlüpfte, holte ich Peters Kissen und seine Decke aus dem Schrank, bezog sie, legte sie auf die leere Betthälfte und stellte mir vor, er hätte Bereitschaftsdienst in der Klinik und käme erst morgen nach Hause.

»Hallo? Spinnst du jetzt? Peter hat keinen Bereitschaftsdienst. Er kommt nie wieder nach Hause. Er ist tot. Tot, verstehst du?«

Ich lächelte. Meine innere Stimme hatte keine Ahnung! Natürlich war er tot. Aber das bedeutete ja nicht, dass ich mir nicht vorstellen durfte, er sei noch da. Wer wusste denn, ob es nicht tatsächlich eine Seele gab, die den Lebenden zur Seite stand? Morgen würde ich einen weiteren Grund für seine körperliche Abwesenheit finden. Und übermorgen auch. Wichtig war allein der tröstliche Glaube, etwas von ihm sei in meiner Nähe verblieben, und das enge Band, das uns zwölf Jahre lang auch bei räumlichen Trennungen verbunden hatte, sei nach wie vor intakt.

»Gute Nacht, mein Schatz«, sagte ich leise, bevor ich seiner Decke den Rücken zudrehte. *»Gute Nacht, Süße. Schlaf gut«*, hörte ich seine Antwort. Wollte ich seine Antwort hören. Es musste so sein, schließlich hatte ich es jetzt sogar schriftlich: Es war alles in Ordnung!

Ein heiterer Abend

Erneut schrak ich mitten in der Nacht hoch. Mein Herz raste, aber ich konnte mich nicht daran erinnern, was ich geträumt hatte. Jeder Versuch scheiterte, mich zu beruhigen, um wieder einschlafen zu können. Nach einer Viertelstunde gab ich auf.

Kurz darauf saß ich in der Küche vor einem Kaffee und einem leeren Zettel. Ich wollte aufschreiben, was ich in den kommenden Tagen alles zu erledigen hatte. Besonders in schwierigen Lebensphasen hatten meine Listen mir schon immer die Struktur, aber auch die Motivation gegeben, die mir zu entgleiten drohten. Sie waren Fluch und Segen zugleich, denn es gelang mir in den seltensten Fällen, alle Punkte abzuarbeiten.

Statt mit all dem zufrieden zu sein, was ich geschafft und durchgestrichen hatte, nagten die unerledigten Vorhaben an mir und übten Druck auf mich aus. Ohne die Listen hingegen hätte ich vermutlich nur die Hälfte meiner Pläne bewältigt und alles, was ich nicht gern machte, komplett vergessen oder verdrängt. Jetzt erschien es mir plötzlich wichtig, ja, geradezu überlebenswichtig, mich an meine eigenen Aufzeichnungen klammern zu können.

Zehn Minuten später war das Blatt noch immer leer. Mir fiel einfach nichts ein. Nichts, was ich tatsächlich tun musste, und auch nichts, was ich gern machen wollte. Mein Leben schien irgendwie seinen Sinn verloren zu haben.

»Das kann nicht sein. Peter würde schimpfen, wenn er so einen Quatsch hörte«, mahnte ich mich selbst in halblautem, aber sehr energischem Ton und blickte mich dabei kritisch in der Küche um. Kathrin und meine Mutter hatten alles aufgeräumt und abgewischt. Doch in einer Ecke hatten sie einen Spritzer auf den Fliesen übersehen. Und die Fensterscheibe wies deutliche Spuren der tagelangen Regenschauer auf. Na also, es gab ja doch etwas zu tun.

Wie im Wahn begann ich, die Schränke auszuwaschen, die Fliesen zu schrubben und das Fenster zu putzen. Die körperliche Betätigung tat mir gut. Leiter rauf, Leiter runter, bücken, strecken, sortieren, umräumen und am Ende auf Knien jede einzelne Bodenfliese scheuern, bis sie glänzte. Ich konzentrierte mich intensiv auf meine Arbeit, vergaß die nächtliche Zeit, vergaß Peter, nahm nur noch Lappen und Reinigungsmittel wahr. Als es zu dämmern begann, war die Küche sauberer als jemals zuvor. Doch es reichte noch nicht. Nun, wo ich einmal angefangen hatte, registrierte ich jedes Staubkörnchen, das sich im Haus befand. In Peters Haus. Das ging nun so gar nicht!

»Mama, was machst du da?«

Ich balancierte gerade auf dem Bügel der kleinen Trittleiter und polierte die Gardinenstange im Wohnzimmer, als Kristin schlaftrunken auftauchte.

»Putzen. Das siehst du doch. Hier ist es schmutzig«, antwortete ich grimmig. Sie schüttelte den Kopf und verzog sich wieder in ihr Zimmer. Eine halbe Stunde später wachten auch die beiden anderen auf, sodass ich meine Arbeit endgültig abbrechen musste, um Frühstück zu machen. Der neue Alltag zwang mich unerbittlich, mich ihm zu stellen. Viel lieber hätte ich weiter geputzt, um nicht nachdenken zu müssen.

»Mama, wir haben heute ein Spiel in Oberhausen. Margit könnte mich um zehn abholen und mitnehmen. Meinst du, ich soll hinfahren? Ich weiß doch gar nicht, ob ich spielen kann. Weil Papa doch …« Davids Stimme klang verunsichert und mutlos. Eine Welle von Mitleid erfasste mich. Ich stand auf und nahm ihn in den Arm. Wie so oft klammerte er sich zunächst an mich, um mich gleich darauf wegzuschieben.

»Aber ja! Wenn du mitfahren möchtest, solltest du es auf jeden Fall tun. Das hätte Papa auch so gewollt. Du hilfst niemandem dadurch, dass du zu Hause sitzt und traurig bist. Und ob du selbst spielst oder lieber nur zugucken willst, kannst du später entscheiden. Euer Trainer wird wissen, dass Papa gestorben ist. Wenn du nicht oder nicht gut spielst, wird er Verständnis haben.«

Hoffe ich jedenfalls, fügte ich in Gedanken hinzu. Bei Davids Sport, dem Inline-Hockey, herrschten raue Regeln. Die Mannschaft war gut, der Trainer ehrgeizig. Wer schlecht spielte, saß auf der Bank, damit die ach so wichtige Tabellenführung nicht in Gefahr geriet. Ich konnte das Verhalten einerseits nachvollziehen, dachte aber andererseits oft, dass die Psyche zehnjähriger Jungen dabei wenig berücksichtigt wurde.

Dennoch empfand ich einen Ausflug ins Ruhrgebiet als sinnvoll für mein Kind, damit es auf andere Gedanken kam. Das schien auch David so zu sehen, denn er wirkte erleichtert und biss mit deutlich mehr Appetit in sein Brötchen.

»Gehen wir dann heute Mittag auch zum Voltigieren?«, fragte Kristin.

»Möchtet ihr?«

Beide Mädchen nickten eifrig.

»Gut. Dann fahren wir«, entschied ich. »Aber erst müssen wir einkaufen. Die Obstschale ist leer. Und zu trinken haben wir auch nicht mehr allzu viel. Heute Abend kommen Carina, Thorsten und Nicole. Wir bestellen Pizza.«

Der bei einer solchen Ankündigung ansonsten so freudige Aufschrei blieb aus. Die beiden Großen lächelten verhalten. Lediglich Sophie strahlte.

»Mit Salami und ganz viel Käse?«

»Mit Salami und ganz viel Käse.«

»Dann ist es gut. Nach dem Voltigieren habe ich immer so Hunger!«

Ich musste unwillkürlich lachen. Kristin und David stimmten in mein Lachen ein. Doch nach zwei, drei heiteren Sekunden schien uns allen im selben Moment das Lachen im Hals stecken zu bleiben.

»Du hast doch immer Hunger. Ich kenne niemanden, der so verfressen ist wie du«, sagte David boshaft. Sophie zog einen Flunsch.

»Sophie ist nicht verfressen, sie wächst. Und jetzt geht euch anziehen«, forderte ich die Kinder schnell auf, bevor es zum Streit kam. Ich merkte, dass ich keine Nerven hätte, ihn auszuhalten. Normalerweise hätte Peter jetzt schlichtend eingegriffen und die Situation mit einem Scherz geschickt entzerrt. Wie oft hätte ich ihn für seine Diplomatie bewundert. Zukünftig blieb mir wohl nichts anderes übrig, als seine Rolle einzunehmen und sein Verhalten zu kopieren.

»Vergiss es! Vergiss es sofort! Du kannst niemanden ersetzen und niemanden kopieren.«

»Aber ich muss! Peter und ich haben uns in ganz vielen Punkten ergänzt. Nun fehlt sein Part. Also muss ich ihn mit übernehmen.«

»Noch einmal: Vergiss es! Peters Rolle im Familiengefüge wird, so traurig es ist, unbesetzt bleiben. Er ist nicht mehr da. Und du bist du und wirst du bleiben. Mit all deinen Vor- und Nachteilen.«

»Blödsinn, du hast einfach keine Ahnung!«, konterte ich überheblich. Es schien mir so leicht: Ich musste lediglich an mir arbeiten, mich zu mehr Diplomatie, Geduld und einem humorvollen Umgang mit den vielen Anforderungen des täglichen Lebens zwingen. Musste sozusagen ein menschliches Musterexemplar werden. Tolerant, weitsichtig, heiter, fleißig, geduldig und, und, und. Die Kinder würden es mir danken.

***

Am Nachmittag stand ich frierend mit einigen anderen Eltern am Rand der Reithalle. Seit Wochen war ich nicht mehr hier gewesen. An meiner Stelle hatte meine Mutter, selbst eine Pferdenärrin, die Mädchen begleitet, damit ich bei Peter bleiben konnte.

Schweigend beobachtete ich meine Töchter bei ihren Turnübungen auf dem Pferderücken. Bis Janas Mutter mich ansprach.

»Geht es deinem Mann wieder besser?«

»Nein. Er ist vorgestern gestorben«, gab ich notgedrungen Auskunft.

»Oh!«, entfuhr es ihr. Unwillkürlich rückte sie ein Stückchen von mir ab. Auch die anderen Anwesenden unterbrachen ihr Geplauder über das Wetter und die für den Sommer geplante Darbietung der Voltigiergruppe. Es war, als ob sich eine Wand zwischen ihnen und mir aufbaute: Niemand richtete das Wort an mich, ein jeder blickte betreten und verkrampft auf die beiden galoppierenden Pferde.

»Mein Beileid!«, murmelte der Vater von Paul. »Ja. Auch mein Beileid!«, echoten sämtliche anderen. Ich nickte, sagte artig »Danke« und fixierte Sophie, die sich vergeblich bemühte, auf dem Pferderücken zu knien. Ihr Anblick gab mir Halt, während ich mir zwischen den flüchtigen Bekannten plötzlich wie eine Außenseiterin vorkam.

Janas Mutter bemühte sich, das unangenehme Schweigen zu durchbrechen.

»Schrecklich. Na, der Onkel meines Mannes ist auch schwer krank. Zweiter Schlaganfall. Und dabei ist er gerade mal Mitte sechzig.«

»Ich kenne eine sehr gute Reha-Klinik. Da haben sie die Großtante meiner Schwägerin wieder ganz gut auf die Beine gestellt. Soll ich Ihnen die Adresse geben?«, griff eine andere Frau dankbar das Thema auf. Ich bemühte mich, nicht hinzuhören, und war froh, als die Stunde zu Ende war und meine Töchter im Auto saßen. So einsam wie unter all diesen Menschen hatte ich mich vermutlich noch nie gefühlt. Ich wollte nur noch nach Hause.

***

»Hast du gesehen, wie ich rückwärts galoppiert bin?«

»Und ich habe die Partnerübung mit Kira geschafft!«

Meine Töchter saßen mit geröteten Wangen und leuchtenden Augen hinter mir im Wagen und sprudelten über vor Mitteilungsdrang. Mit Mühe schüttelte ich das Gefühl der Beklemmung ab, lächelte, nickte, sagte »Toll« und »Ich bin stolz auf euch« und klammerte mich in Gedanken an den bevorstehenden Abend, den ich mittlerweile regelrecht herbeisehnte. Mit Thorsten, Carina und Nicole würde ich mich nicht einsam fühlen. Sie würden nicht betreten blicken oder über Krankheiten entfernter Bekannter fachsimpeln. Stattdessen teilten sie meine Zuneigung zu Peter. Sein Tod, der mich gerade inmitten etlicher Menschen zur Außenseiterin gemacht hatte, würde mich nicht ausgrenzen, sondern eine tiefe Verbundenheit zwischen uns schaffen. Und das war es, was ich derzeit wohl am dringendsten brauchte: Menschen, die ähnlich empfanden wie ich. Die vor allem – und trotz allem – eines waren: dankbar und glücklich, dass Peter keine Schmerzen mehr hatte. Und die aus diesem Grund mit derselben zufriedenen Heiterkeit an ihn dachten wie ich. Nach wie vor war ich unendlich froh für Peter, dass die Qualen der letzten Wochen vorbei waren. Ich war mir sicher, alle unsere Freunde dachten genauso.

Sie kamen fast gleichzeitig an. Im Nu war mein Haus voller Leben, denn die Kinder freuten sich so, Carina und Thorsten zu sehen, dass erst gar kein Gefühl von Melancholie aufkommen konnte. Sophie saß auf Carinas Schoß und erzählte ihr von den nachmittäglichen Erlebnissen, Kristin verschwand mit Nicole in ihrem Zimmer, um ihr das Schwimmabzeichen zu zeigen, und David nahm Thorsten in Beschlag und berichtete von dem Tag in Oberhausen und dem erwartungsgemäßen Sieg seiner Mannschaft. Unterdessen zog ich mit der Speisekarte des Italieners durchs Haus, notierte die Wünsche und gab eine Großbestellung auf.

Eine Stunde später saßen wir am Tisch und aßen mit Appetit. Erst jetzt bemerkte ich, dass ich nicht meine, sondern Peters Lieblingspizza für mich bestellt hatte. Weiterhin waren es die drei Kinder, die das Gespräch bestimmten. Thorsten neckte sie auf seine typische, gleichermaßen raubeinige wie liebevolle Art, wir Frauen schlugen uns auf die Seite der Kinder und nahmen ihn unter seinem lachenden Protest gemeinsam kräftig auf den Arm. Niemand verlor ein Wort über Peter. Erst viel später, als mein Nachwuchs im Bett lag und wir Erwachsenen es uns im Wohnzimmer gemütlich gemacht hatten, wurde er zum Thema.

Wohlgemerkt: zum einzigen Thema. Thorsten erzählte von der gemeinsamen Kindheit, Carina davon, wie sie ihn kennengelernt und in kürzester Zeit wie einen Bruder geliebt hatte. Nicole streute Anekdoten aus den vergangenen Jahren ein. Ich selbst hielt mich zurück, genoss jedoch aus vollen Zügen die warme Atmosphäre, die leuchtenden Augen und das Gelächter, das sich einfach nicht vermeiden ließ. Solange es auf Peter bezogen war, konnte ich mitlachen, ohne dass in mir das Gefühl entstand, es sei pietätlos und unangebracht, zwei Tage nach seinem Tod fröhlich zu sein.

Die Stunden verflogen im Nu. Erst weit nach Mitternacht brachen alle auf. Es fiel mir leicht, an diesem Abend ins Bett zu gehen. Peter war in den Gesprächen so nah gerückt, als sei er tatsächlich da. Ich nahm dieses Gefühl mit in den Schlaf. Tag drei: geschafft!

Zähe Stunden

In dieser Nacht blieben die Dämonen fern. Ich schlief tief und traumlos, bis Sophie mich weckte, indem sie sich an mich kuschelte. Als ich die Augen öffnete, stellte ich fest, dass ich mich im Schlaf auf Peters Kissen gelegt hatte. Als wäre es das Selbstverständlichste der Welt, griff Sophie auch nach seiner Decke und breitete sie über uns aus. Sofort stellte sich ein Gefühl der Geborgenheit ein. Doch das währte nicht lange.

»Was machen wir heute? Es regnet. Da kann ich nicht nach draußen. Spielst du dann endlich mal wieder mit mir? Und können wir jetzt frühstücken?«

Nach nur wenigen Minuten scheuchte mein kleines Energiebündel mich trotz meiner Gegenwehr unerbittlich in einen Tag, der lang, grau und trostlos vor mir lag. Wie gern wäre ich einfach liegen geblieben! Schlafen. Vergessen. Nicht denken. Nicht reden. Alles ausblenden und mich in eine schönere Welt träumen.

Mühsam quälte ich mich nach unten, kochte Kaffee und deckte den Tisch für vier Personen. Das fehlende fünfte Gedeck kaschierte ich, indem ich den Abstand der anderen vergrößerte. Nun fiel es nicht so auf, dass Peters Platz leer blieb.

Lustlos saß ich wenig später zwischen meinen Kindern. Im Gegensatz zum gestrigen Abendessen verlief das Frühstück weitgehend schweigend. Selbst Sophie ließ sich von der freudlosen Stimmung anstecken. Ich sah dem Tag mit Sorge entgegen. Es gab nichts zu tun. Aufgrund des schlechten Wetters konnten die drei nicht mal zum Spielen nach draußen. Wie sollte ich die langen Stunden, die vor mir lagen, bloß herumbekommen?

Meine Sorge war berechtigt. Die Zeit zog sich wie Kaugummi.

Peters gute Laune und seine spontanen Ideen, mit denen er die Tristesse solcher Tage meist einfach weggezaubert hatte, fehlten in jeder Minute. David hielt sich fast den ganzen Tag in seinem Zimmer auf. Angeblich, um Hausaufgaben zu machen, doch ich war mir sicher, dass diese Begründung nur vorgeschoben war. Auf Sophies Drängen hin spielte ich mit ihr und Kristin ein paar Gesellschaftsspiele, war aber gedanklich so weit weg, dass ich zur Freude meiner Töchter jedes einzelne Spiel haushoch verlor.

»Mama, du passt ja gar nicht auf«, mahnten die Mädchen vorwurfsvoll, woraufhin ich mich zusammenriss, nur um Minuten später wieder ins gedankliche Nichts abzudriften.

Zwischendurch klingelte immer wieder das Telefon. Kathrin. Nicole. Meine Mutter. Frau Reinke. Und noch einige andere. Sämtliche Gespräche verliefen ähnlich.

»Wie geht es euch?«

»Ganz gut, danke.«

»Kann ich etwas tun?«

»Nein.«

Mir war nicht nach Reden. Mir war nicht nach Spielen. Nicht nach Essen oder Trinken, nicht nach Schlafen oder Bewegung. Dabei war ich nicht einmal schlecht gelaunt oder traurig. Es fühlte sich an, als sei ich gar nicht richtig vorhanden. Als ob ich in einer Haut steckte, die mir nicht gehörte und die doch meine war. Eine Hülle, die automatisch all das tat, was sie immer getan hatte. Sprechen. Lächeln. Kochen. Aufräumen. Sophie baden. Und die immer wieder zur Uhr schielte, die so entsetzlich langsam tickte.

Ich war erleichtert, als es endlich Abend war und die Kinder in ihren Betten lagen. Sie hatten sich am Vorabend entschieden, ab sofort wieder in ihren eigenen Zimmern zu schlafen, sodass ich meine übliche Gute-Nacht-Runde wie gewohnt bei Sophie begann. Fünf Minuten kuscheln. Ein überschwänglicher, feuchter Kinderkuss. Zwei kleine Arme, die sich um mich schlangen.

Ein warmer Kinderkörper in meinem Arm, der nach Babybad und Kinderzahnpasta duftete. Für einen kurzen Moment fühlte ich mich wieder eins mit mir selbst.

Kristin. Größere Arme, der Kuss schon zurückhaltender, aber ebenso liebevoll. Auch sie duftete nach Sauberkeit und heiler Welt. Ich wäre gern noch länger geblieben, um die Illusion des Geruchs noch ein wenig zu genießen. Doch eine Etage höher wartete mein Sohn. Nicht mehr klein, doch noch lange nicht groß. Alt genug, um alles zu verstehen, doch viel zu jung, um damit umzugehen. Ein Junge, der nun ohne Vater und somit ohne männliches Vorbild aufwachsen musste. Ihm in der kommenden Zeit Orientierung zu geben erschien mir schon jetzt ein großes Problem.

Ich setzte mich neben ihn auf den Rand des Bettes. David hatte mir den Rücken zugedreht. Alles an ihm signalisierte Abwehr. Ganz sanft streichelte ich über seine Haare und rechnete damit, dass er meine Hand wegschob. Doch stattdessen drehte er sich jäh um, setzte sich auf, klammerte sich an mich und vergrub sein Gesicht an meiner Schulter. Sein Rücken zuckte.

»Danke, dass du mich gezwungen hast, mich von Papa zu verabschieden!«, stieß er hervor. »Ich hätte es mir nie verziehen …« Er brach ab und schluchzte. Ich hielt das weinende Kerlchen fest im Arm und dachte an den Vorabend von Peters Tod. Gezwungen? Eher überredet! Unser Sohn hatte sich zunächst geweigert, Peter Gute Nacht zu sagen. »Der braucht mich nicht. Der hat doch die anderen Leute«, hatte er bockig und eifersüchtig auf meine Aufforderung hin erwidert. Kurz zuvor waren Michael, Heiner und Markus gegangen, nachdem sie alles getan hatten, was medizinisch für Peter möglich war. Nachdem Michael mir gesagt hatte, dass es Peters letzter, bewusst erlebter Abend wäre – etwas, das ich dem Kind natürlich so offen nicht hätte erzählen können.

»Papa braucht dich ganz dringend. Er liebt dich. Und er wartet auf dich«, hatte ich gedrängt. Zu meiner Erleichterung war David aufgestanden, die Treppe hinuntergegangen und in Peters Arme gestürzt.

»Nun ist ja alles gut! Du hast alles richtiggemacht. Papa wusste, wie sehr du ihn liebst. Das hat ihn sehr glücklich gemacht.«

Leise redete ich auf mein Kind ein, bis das Schluchzen abebbte.

»Bist du sicher?«, fragte David.

»Ganz sicher!«, bekräftigte ich. Er ließ sich auf sein Kissen zurücksinken und lächelte mich zaghaft an.

»Dann muss ich kein schlechtes Gewissen haben, weil ich manchmal frech zu Papa war? Und weil ich an dem letzten Abend erst nicht zu ihm wollte?«

Mein Gott, mit welchen Gedanken er sich herumquälte! Mein Herz zog sich zusammen.

»Nein, mein Schatz! Es gibt nichts, weswegen du Gewissensbisse haben musst. Absolut nicht, hörst du? Dein Papa war wahnsinnig stolz auf dich. Er hat dich vom Tag deiner Geburt an bis zum Schluss bedingungslos geliebt. Du bist ein ganz wunderbarer Junge. Und du hast nichts falsch gemacht. Dass dein Papa sterben musste, ist Schicksal. Niemand hat Schuld daran.«

Er wirkte etwas getröstet.

»Versuch jetzt mal zu schlafen, okay?« Ich küsste ihn auf die Wange. Er nickte und rollte sich unter der Decke zusammen. Mit einem mulmigen Gefühl verließ ich ihn. Hoffentlich hatten meine Worte ihn erreicht!

***

In Münster lag eine Leiche im Flur. Professor Boerne und Kommissar Thiel schickten sich an, den Täter zu suchen. Wie oft hatten Peter und ich sonntagabends über die Kabbeleien dieses

»Tatort«-Duos gelacht. Heute flimmerten die Szenen an mir vorbei. Gesehen, gehört, vergessen. Ich starrte auf den Bildschirm, ohne der Handlung folgen zu können, so sehr ich anfangs auch versuchte, mich zu konzentrieren. Irgendwann bemerkte ich, dass der Film längst zu Ende war. Verwirrt schaltete ich den Fernseher aus und starrte auf den Aschenbecher, der ebenso voll war wie die Schokolade und die Chipstüte, mit denen ich mich eigentlich hatte verwöhnen wollen, die ich aber nicht angerührt hatte.

Knappe drei Stunden waren vergangen, an die ich keine Erinnerung hatte, obwohl ich hellwach gewesen war. Und nicht nur das: Ich hatte in diesem geistig abwesenden Zustand auch noch weitaus mehr gequalmt als sonst. Ich musste mir diese verflixte Raucherei dringend abgewöhnen!

»Sei gnädig zu dir! Zurzeit reicht es, wenn du deinen Nikotinkonsum minimierst. An das endgültige Aufhören kannst du später denken, dafür ist jetzt nicht der richtige Zeitpunkt. Allerdings sollte sich ein Abend wie der heutige nach Möglichkeit nicht mehr wiederholen«, beschwichtigte mich meine innere Stimme. Ich gab ihr recht – und nahm mir dennoch vor, den bisherigen erfolglosen Versuchen, dieser sinnlosen Sucht abzuschwören, sehr bald einen erfolgreichen folgen zu lassen.

Noch immer irritiert lag ich wenig später im Bett. Hoffentlich passierte mir so etwas nicht häufiger! Ich musste schließlich funktionieren, brauchte dazu meinen klaren Verstand. Der durfte mich jetzt nicht im Stich lassen.

»Zunächst einmal solltest du runterkommen und schlafen«, drängte sich meine innere Stimme in meine beunruhigenden Gedanken. *»Du tust immer so, als ob alles ganz normal und gut wäre. Als ob* du *ganz normal wärst! Wie könntest du das momentan sein? Was erwartest du von dir?«*

»Auf jeden Fall keine Aussetzer. Die kann ich mir nicht leisten.«

»Du kannst dir momentan fast alles leisten. Wer erwartet von dir, dass du perfekt funktionierst?«

»Ich«, antwortete ich böse. »Nebenbei: Ich *bin* ganz normal! Und ich habe Peter versprochen, mich gut um die Kinder und um mich zu kümmern.«

»Aber das machst du, und das wirst du auch weiterhin tun! Sei dir selbst gegenüber bitte ein bisschen nachsichtiger. Du hast deinen Mann, deinen Partner, deinen allerbesten Freund verloren. Das kann nicht ohne Folgen bleiben!«

»Quatsch!«, schnaubte ich. »Sein Tod war am Ende ein Geschenk, über das ich sehr glücklich bin. Insofern gibt es keinen Grund, mich anders als sonst zu verhalten. Und jetzt verschwinde, ich soll doch schlafen!«

Doch daran war kein Denken. Ruhelos wälzte ich mich von einer auf die andere Seite. Verdammt! Der heutige Tag war nur eine Verschnaufpause gewesen – ab morgen warteten wieder unzählige Überlegungen und Entscheidungen auf mich. Die Beerdigung rückte unerbittlich näher. Am Abend wollte Pfarrer Paulsen kommen, um mit mir den Ablauf durchzusprechen. Allmählich musste ich dringend in den Schlaf finden, ansonsten wusste ich nicht, wie ich den nächsten Tag durchstehen sollte.

Peters Beruhigungstropfen! Wie elektrisiert setzte ich mich im Bett auf. Natürlich, die konnten helfen …

Ich knipste das Licht an.

»Du spinnst! Mach das nicht! Du weißt doch überhaupt nicht, wie du als gesunder Mensch auf das Zeug reagierst«, schrie meine innere Stimme. Ich ignorierte sie und zog die Schublade von Peters Nachtschränkchen auf, in der sich unzählige angebrochene Schachteln und Fläschchen stapelten. Himmel, waren das viele! Sie mussten so schnell wie möglich verschwinden, bevor eines der Kinder sie entdeckte. Nicht auszumalen, wenn Sophie die Tabletten mit Bonbons verwechselte oder die Großen auf die Idee kämen, herumzuexperimentieren. In plötzlicher

Panik vergaß ich meine eigentliche Absicht, holte mehrere Plastiktüten und stopfte wie von Sinnen Morphiumpflaster und all die chemischen Keulen hinein, die wochenlang Peters Übelkeit, Schmerzen und Atemnot gelindert hatten. Weg, nur weg! Eine einzige, fast volle Schachtel behielt ich, versteckte sie ganz tief hinten in der Wäschekommode. Valium. Nur zur Sicherheit. Vielleicht, aber nur vielleicht würde ich es selbst ja irgendwann einmal nötig haben.

Mitten in der Nacht schleppte ich die Tüten ins Auto. Sobald ich Sophie im Kindergarten abgeliefert hätte, würde ich zur Apotheke fahren und den gefährlichen Ballast loswerden.

Mein Kopf lag kaum auf dem Kissen, da schlief ich schon.

Fünfunddreißig Euro

Die Nacht war viel zu kurz. Dennoch fühlte ich mich topfit, als ich eine halbe Stunde vor dem Weckerklingeln aufwachte. Binnen fünf Minuten saß ich vor meinem Kaffee und einem leeren Blatt, auf das ich ganz oben, in Großbuchstaben und doppelt unterstrichen, das Wort »APOTHEKE« schrieb. Direkt darunter folgte »Kleidung«, denn mir war beim Blick in den Spiegel siedend heiß bewusst geworden, dass ich mir noch keinen Gedanken darüber gemacht hatte, was die Kinder und ich am Mittwoch anziehen sollten. Was ich an schwarzer Kleidung besaß, war eher sportlich und auf keinen Fall passend für eine Beerdigung. Die Kinder trugen meistens Jeans und bunte oder unifarbene, allerdings niemals schwarze Oberteile. Es half nichts – ich musste in die Stadt, dem Anlass entsprechende Klamotten kaufen. Außerdem zum Supermarkt, Brot und Milch gingen zur Neige. Und mein Auto waschen – mit einem so dreckigen Wagen konnten wir auf keinen Fall zur Kirche fahren. Und das Haus auf Vordermann bringen. Und das Gespräch mit dem Pfarrer führen. Und, und, und.

Ich schrieb und schrieb, bis ich kaum mehr wusste, wie ich all das, was ich notiert hatte, jemals in den zwei noch verbleibenden Tagen schaffen sollte. Auch wenn eine straffe Zeitplanung erforderlich war, die Menge an Vorhaben gab mir Sicherheit. Meine Listen ermöglichten mir die erhoffte Flucht: In den beiden kommenden Tagen hätte ich nicht eine Minute Zeit, ins Grübeln zu verfallen oder gar Ängste vor der Beerdigung zu entwickeln. Welch ein beruhigendes Gefühl!

Zeitgleich mit David und Kristin verließ ich das Haus, übergab Sophie der Obhut der Erzieherinnen und startete durch. Nach zwei Stunden war ich die Medikamente losgeworden, hatte die Kinderzimmer bis in die letzten Winkel gesäubert und wollte gerade damit beginnen, das Bad zu putzen, als das Telefon klingelte.

»Hier ist Max.« Peters Freund und Kollege kam glücklicherweise sofort zu seinem Anliegen, denn lange Telefonate waren in meinem engen Zeitraster nicht vorgesehen. Sie stahlen mir meine dringend benötigte Zeit und verstärkten die Unruhe, die ich empfand. »Ich weiß nicht, ob dir bekannt ist, dass ich im Kirchenchor singe und mich dadurch recht gut mit religiösen Liedern auskenne. Jedenfalls wollte ich dir anbieten, mit dir gemeinsam die Lieder für Mittwoch auszusuchen.«

»Nur zu gerne!« Ich war begeistert, konnte ich mich selbst doch nicht unbedingt als Kennerin des katholischen Gesangbuches »Gotteslob« bezeichnen. »Hast du heute Abend Zeit? Um acht Uhr kommt nämlich der Pfarrer, um mit mir die Messe durchzusprechen.«

»Selbstverständlich. Ich werde pünktlich bei dir sein. Bis später«, sagte er schlicht und legte auf.

Leichteren Herzens scheuerte ich die Dusche, als das verflixte Ding erneut läutete.

»Guten Morgen«, erkannte ich Markus' Stimme. »Ich habe hier etwas für euch liegen, das ich euch gern heute vorbeibringen würde. Passt es dir, wenn ich nach der Arbeit kurz vorbeikomme?«

»Natürlich. Ich bin zu Hause und freue mich.«

»Wie ...«

»Danke, es geht mir ganz gut. Ich habe nur unheimlich viel zu tun«, beantworte ich mit leichter Ungeduld seine Frage, noch bevor er sie gestellt hatte. Mir war bewusst, dass alle es gut meinten. Aber ich wollte nicht permanent Auskunft über meine seelische Verfassung geben. Es gab ja nichts Spektakuläres zu berichten. Weder lag ich heulend in der Ecke, noch machte ich Luftsprünge vor Glück. Die liegen gebliebene Arbeit der letzten Wochen sowie die Vorbereitungen der Beerdigungen drängten. Wen interessierte da mein Befinden? Am allerwenigsten mich selbst!

***

Als Markus am späten Nachmittag vor der Tür stand, hatte ich nicht die Hälfte dessen erledigt, was ich mir vorgenommen hatte. Ständig hatte das Telefon geklingelt, immer wieder musste ich meine Arbeit unterbrechen, sodass ich für alles doppelt so lange brauchte, obwohl ich in hohem Tempo ackerte, alles Belastende wegdrängte und mich auf nichts anderes als auf Lappen und Putzmittel konzentrierte. Nun glänzte zwar mein Badezimmer wie ein Ausstellungsstück eines Sanitärkataloges, doch ich hatte keine Zeit gefunden, einen Abstecher in die Stadt zu machen, solange die Kinder in Schule und Kindergarten betreut waren. Die Zeit war viel zu schnell vergangen, bis der erste Schlüssel sich im Schloss drehte und das obligatorische »Ich habe Hunger. Was gibt es zu essen?« erklang.

Zumal es zwischendurch auch noch mehrfach an der Tür geläutet hatte. Erst war es der Paketdienst, der ein an die Kinder adressiertes Päckchen abgab. Kaum hatte ich erneut den Staubsauger in die Hand genommen, als mich auch schon der Briefträger dazu zwang, ihn wieder auszustellen.

»Ihr Briefkasten ist voll! Und ich habe heute sehr viel Post für Sie«, begründete er die Störung und hielt mir einen Stapel aus Umschlägen in den verschiedensten Farben und Größen entgegen, den er kaum mit beiden Händen fassen konnte.

»Warten Sie, das ist noch nicht alles. Da kommt noch mehr!«

Er wandte sich seinem Fahrrad zu, während ich die Sachen ins Wohnzimmer schleppte, und belud mich ein zweites Mal.

Nachdem ich auch noch den gut gefüllten Briefkasten geleert hatte, türmte sich auf meinem Esstisch ein ganzer Berg Post. Gerührt und neugierig begann ich, die ersten Umschläge zu öffnen. Dabei wuchsen mit jeder Karte mein Erstaunen, aber auch meine Freude. Vor zwei Tagen war die Zeitung erschienen. Nun kam es mir vor, als wolle so ziemlich jeder, der irgendwann mal Peters Lebensweg gekreuzt hatte, seine Anteilnahme ausdrücken. Kollegen und ehemalige Mitschüler, entfernte Verwandte und Freunde von Freunden hatten Gedichte, kleine Bücher mit Mut machenden Sprüchen und vielfach sehr persönliche Texte mit kurzen, gemeinsam mit Peter erlebten Anekdoten geschickt. Aus allen Zeilen sprachen aufrichtige Zuneigung und Respekt meinem Mann gegenüber, was mir einen glücklichen Schauer nach dem anderen über den Rücken jagte.

Allerdings gab es auch etwas, das in mir ein vages Unwohlsein hervorrief und meine Freude gleich wieder relativierte: das fortwährende Mitleid, das ich aus den schon fast standardisierten Wünschen in nahezu jeder Karte herauslas!

»Wir wünschen Dir und den Kindern für die kommende schwere Zeit ganz viel Mut und Kraft.«

Was für eine befremdliche Wahrnehmung! Die »schwere Zeit« lag doch bereits hinter mir! Die mich sicher Kraft gekostet, mir aber auch unendlich viel gegeben hatte. Jetzt, nach Peters Tod, war das, was mich immer wieder an und über meine Grenzen gebracht hatte – meine Hilflosigkeit, das Mit-Leiden und das Fast-nichts-tun-Können – doch vorbei! Peter musste keine Schmerzen und keine Ängste mehr aushalten. *Ich* brauchte kein Mitleid. Schließlich war ich gesund – und auf jeden Fall stark genug, die kommende, angeblich so schwere Zeit zu stemmen.

Die Kinder, na gut! Die konnte man sicher bemitleiden, das tat ja selbst ich! Sie waren noch zu klein, um von der Erinnerung an eine harmonische, intakte Familie zu zehren. Stattdessen mussten sie zukünftig auf einen der besten Väter der Welt verzichten und sich ohne seinen vermittelnden Ausgleich mit einer nicht immer pflegeleichten Mutter arrangieren. Was mich betraf, war ich optimistisch: Die Erinnerung an Peters Liebe, aber auch das Glück über sein lächelndes Sterben würden mich weiterhin tragen. Es konnte in meinem künftigen Leben nichts mehr geben, was mich aus der Bahn warf. Dachte ich.

Die Zeit, die ich mit Lesen und Nachdenken, später mit Kochen, Aufräumen und Hausaufgabenbetreuung verbracht hatte, fehlte mir nun. Der Druck, der sich am späteren Nachmittag in mir aufgebaut hatte, war dementsprechend groß. Der heutige Tag war quasi gelaufen. Vor mir lagen noch Markus' angekündigter Besuch sowie ein sicherlich langer, aber extrem wichtiger Abend. Blieb noch morgen. *Zu wenig*, hämmerte es in meinem Kopf. Hochgradig nervös öffnete ich Markus die Tür.

Er wirkte blass und niedergeschlagen. Außerdem unsicher – so kannte ich den sonst so souveränen Mann überhaupt nicht.

»Schön, dich zu sehen. Bitte komm rein!«, forderte ich ihn auf, nachdem er mich mit einem Arm kurz an sich gezogen hatte. In der anderen Hand hielt er zwei schlichte weiße Kuverts, an denen er sich regelrecht festzuhalten schien, als er schließlich mir gegenüber auf dem Sofa saß.

»Ich ... wir ... also, wir Kollegen aus der Anästhesie wollten dich etwas fragen«, druckste er herum. Ich sah ihn abwartend an. Er schluckte und holte tief Luft: »Also ... wir würden gern auf irgendeine Weise an Peters ... an der Beerdigung mitwirken. Und da hatte jemand die Idee, eine Sängerin zu engagieren. Und diesen Vorschlag fanden sämtliche Kollegen sehr gut.«

Für einen Moment fehlten mir die Worte vor Freude. Markus schien mein Schweigen falsch zu deuten, denn er fügte hastig hinzu:

»Natürlich nur, wenn es dir recht ist! Wir machen nichts, ohne es vorher mit dir abgesprochen zu haben.«

»Toll!«, brach es aus mir heraus. »Ich … ich weiß gar nicht, was ich sagen soll. Ich freue mich wahnsinnig! Über die Sängerin, die den Gottesdienst mit Gewissheit bereichert, aber noch mehr darüber, dass ihr euch solche Gedanken macht und euch auf eure Weise einbringen wollt.«

Markus' Anspannung ließ nach. Zum ersten Mal, seit er durch die Tür getreten war, lächelte er mich an. Als er die Umschläge auf den Tisch legte, wurde sein Gesicht wieder ernst.

»Das hier soll ich dir geben. Den Inhalt haben zwei OP-Schwestern gesammelt. In allen Fachkliniken, auf den Intensivstationen, eigentlich überall, wo Peter gearbeitet hat. Wir dachten, das sei das Beste. Für Peter können wir nichts mehr tun – er hat nichts davon, wenn auf seinem Grab Dutzende Kränze liegen, die in wenigen Wochen doch nur auf dem Müll landen. Deswegen möchten wir lieber dir und den Kindern helfen.«

Erneut verschlug es mir die Sprache. Himmel, wie gern mussten diese Menschen Peter gehabt haben! In meinem Bauch wurde es warm.

»Danke. Ich … Ach Markus, was soll ich dazu sagen? Ihr seid fantastisch! Peter wäre so froh darüber, dass ihr an seine Familie denkt.«

Er nickte. »Peter hat so viel von euch erzählt. Ihr wart sein Lebensinhalt und sein Glück. Er war so unglaublich stolz auf euch.«

Auch wenn ich es wusste – es aus Markus' Mund zu hören wühlte mich zutiefst auf. Bewegt begleitete ich ihn zur Tür, ließ mich anschließend wieder auf die Couch sinken und starrte auf die verschlossenen Umschläge. Wieso waren es eigentlich zwei?

Ich würde sie zu einem späteren Zeitpunkt öffnen, entschied ich. Wenn ich Ruhe und Muße hatte. Jetzt war es Zeit, mich ums Abendessen zu kümmern. Meine Sprösslinge sollten möglichst im Bett liegen, wenn Herr Paulsen und Max kämen. Auch für dieses Gespräch brauchte ich Ruhe. Vor allem innere Ruhe. Wie und wann ich die jedoch finden sollte, war mir momentan absolut schleierhaft.

***

Es sollte nicht das letzte Mal an diesem Tag gewesen sein, dass die Ideen meiner Mitmenschen, ihre Hilfsbereitschaft und die offensichtliche Zuneigung zu Peter mir vor Glück fast die Tränen in die Augen getrieben hätten. Wohlgemerkt: Fast – denn irgendwie schien ich das Weinen verlernt zu haben. Hin und wieder brannte es zwar hinter meinen Lidern, dennoch blieben meine Augen trocken. Seit Peters Tod hatte ich nicht eine einzige Träne vergossen.

»Was halten Sie davon, wenn der Sarg während des Gottesdienstes in der Kirche steht?«

Ich starrte Pfarrer Paulsen mit offenem Mund an. Sowohl er als auch Max hatten in den letzten Minuten schon etliche Vorschläge gemacht, über die ich hochbeglückt war. Doch bei all der Freude darüber, dass sämtliche anwesenden Kinder in den Ablauf der Messe eingebunden werden sollten und dass die Fürbitten nicht vorgegeben, sondern selbst verfasst werden durften, hatte mich permanent das bedrückende Gefühl begleitet, dass der Gottesdienst zwar für, aber letztendlich ohne Peter stattfände. Ausgerechnet derjenige, um den es ausschließlich ging, fehlte. Kein Wunder, dass mir nun eine ganze Steinlawine vom Herzen fiel.

»Geht das denn? Ich meine, das wäre das Schönste … also, schöner könnte es nicht … wenn das wirklich ginge.« Ich war so durcheinander, dass ich nur noch stammeln konnte. Herr Paulsen konnte sich das Schmunzeln nicht verkneifen.

»Das geht neuerdings. Bisher stand der Sarg ja meist in der

Kapelle des Friedhofs, wo zwischen Kirche und Bestattung noch eine kurze Ansprache gehalten wurde.«

Unwillkürlich nickte ich. Ja, so kannte ich es auch.

»Diesen Schritt könnten wir uns sparen. Zumal ich vermute, dass die Friedhofskapelle deutlich zu klein wäre.«

Ich nickte erneut, noch immer fassungslos vor Freude. Peter würde dabei sein. Alles wurde gut!

»Der Gottesdienst wird dadurch weitaus persönlicher«, bestätigte Herr Paulsen genau das, was ich empfunden hatte. Ich hätte ihn küssen können. Auch Max wirkte erfreut.

»Das ist eine hervorragende Idee«, meinte er. »Dann lass uns mal über die Lieder sprechen. Gibt es welche, die du dir wünschst?«

»Ja. Auf jeden Fall zwei, die mir wichtig sind«, antwortete ich. Auf einmal war alles ganz leicht. Es würde keine »normale« Messe, sondern der wohl persönlichste Abschied werden, den die Welt je gesehen hatte.

***

Als ich zwei Stunden später allein war, erweiterte ich meine Liste noch um etliche Punkte. Morgen musste ich telefonieren. Oft telefonieren! Fünf Fürbitten waren zu vergeben, und ich durfte jemanden aus dem Freundeskreis fragen, der anstelle des Pfarrers die Lesung hielt. Wer dieser Jemand sein sollte, stand fest: Nur Bernd kam dafür infrage. Auch die Fürbitten wollte ich in unserem engsten Kreis verteilen. Somit wären mindestens sechs Menschen involviert, die Peter nahestanden. Eventuell sogar noch drei mehr – das hing von Kathrin, ihrer Tochter Dana sowie Kristin ab, die eines der Lieder anstelle der Orgel spielen könnten. Sofern mein Mädchen stark genug wäre. Auch das musste ich morgen klären.

Mein Blick fiel auf die Briefumschläge, die Markus gebracht

hatte. Jetzt war der richtige Zeitpunkt, sie zu öffnen. Nach den Stunden mit Herrn Paulsen und Max war ich von einer heiteren Zufriedenheit erfüllt, die die Unruhe des Tages vertrieben hatte.

Vorsichtig schlitzte ich das dickere der beiden Kuverts auf und holte die Karte heraus. Als ich sie aufklappte, fiel Geld heraus. Viel Geld. Scheine über Scheine, bunt gemischt vom Zehner bis zum Fünfziger. Vollkommen überfordert legte ich das Geldbündel zur Seite, um die Karte zu lesen. Namen über Namen. Vom Chefarzt bis zur Krankenpflegeschülerin hatten sie unterschrieben, ich brauchte lange, bis ich alle Namen entziffert hatte. Danach saß ich minutenlang einfach nur da und ließ diese geballte Anteilnahme auf mich wirken. Denken konnte ich nicht. Nur fühlen. Pures Glück. Das unglaubliche Glück, ein Stück Weg mit diesem Menschen gegangen zu sein, der so viele berührt hatte.

Nachdem ich mich wieder etwas gefangen hatte, nahm ich den zweiten Umschlag in die Hand, der deutlich dünner war. Auch in diesem steckte eine Karte, in der sieben Fünf-Euro-Scheine lagen. Der Text auf der Karte lautete ohne weiteren Kommentar: »Die Hauswirtschafterinnen des chirurgischen OP.« Das Brennen in meinen Augen nahm zu. Die Buchstaben verschwammen.

Die Nacht »davor«

Ich hatte ihn seiner Beliebtheit wegen meist bewundert, manchmal aber auch ein wenig beneidet. Peter, der Arzt, dem jeder Dünkel und jede Arroganz fehlten. Der an das Gute glaubte und nach seinem ganz eigenen Motto auf sein Gegenüber zuging:

»Ich mag meine Mitmenschen und bin neugierig auf jeden, der mir begegnet. Zunächst ist mir jeder Mensch sympathisch. Egal, ob groß oder klein, dick oder dünn, hässlich oder schön, intelligent oder nicht ganz so klug. Egal, welche Sprache er spricht, welchen Beruf er ausübt oder wie viel Geld er verdient. Für mich zählt nur der Mensch. Und die Unsympathischen müssen mir erst einmal beweisen, dass sie es sind, bevor ich sie ablehne.«

Dieser Haltung sowie seinem entwaffnenden Lächeln verdankte er, dass ihm von nahezu allen Seiten Sympathie und Vertrauen entgegengebracht wurden. Von den Anästhesieschwestern wurde er liebevoll »unser Strahlemännchen« genannt – und selbst dem verbittertsten Patienten entlockte Peter gegen dessen Willen noch ein Lächeln. Doch diese Karte mit den fünfunddreißig Euro, die ausgerechnet die Putzfrauen gesammelt hatten, Frauen, die meist kaum beachtet wurden und im wahrsten Sinne des Wortes die Drecksarbeit erledigten, übertraf alles, was ich bisher in dieser Hinsicht erlebt hatte.

Zutiefst gerührt schob ich Geld und Karte in den Umschlag zurück und legte ihn zu den anderen. So viel Zuneigung. So viel Anteilnahme. Und so viel Hilflosigkeit, die sich in all den Geldscheinen widerspiegelte. Kein Geld der Welt würde meinen Verlust lindern können. Dennoch war ich zutiefst dankbar und beschloss, all das Geld für später zu sparen. Jetzt waren die Kinder noch recht klein, doch irgendwann würde der Zeitpunkt kommen, an dem die Kosten stiegen. Es war gewiss in Peters Sinne, dann auf all das zurückzugreifen, was uns momentan so reichlich geschenkt wurde.

Wenig später lag ich im Bett. Doch erneut war ich von einer inneren Rastlosigkeit ergriffen. Tausend Gedanken schossen kreuz und quer durch meinen Kopf: Wie konnte ich mich wappnen, um den Gottesdienst und die Beisetzung zu überstehen? Wie sollte ich alles schaffen, das bis dahin zu erledigen war? Und wie ging es danach weiter? Gab es irgendetwas, auf das ich mich freuen konnte? Vor Nervosität begann ich zu schwitzen.

»Bleib ruhig und sortier dich mal!«, mischte sich meine innere Stimme beruhigend ein. *»Lass uns gemeinsam Punkt für Punkt durchgehen, damit du zur Ruhe kommst. Du brauchst deinen Schlaf, um Kraft zu sammeln, denn die wirst du bitter nötig haben. Wenn du alles im Kopf geklärt hast, wird deine Unruhe verschwinden.«*

»Einverstanden«, knurrte ich leicht genervt, »dann fang mal an!«

»Beginnen wir mit der Frage, wie es ab Donnerstag weitergeht: Könntest du dir irgendetwas vorstellen, was dir kurz- oder mittelfristig Freude macht?«

»Nein, nichts.«

Natürlich nicht! Ich konnte keine Minute weiter als bis Mittwochnachmittag denken. Danach begann aus meiner jetzigen Sicht ein luftleerer Raum.

»Gut. Dann verschieben wir die Frage. Sie ist momentan auch nicht wichtig. Es wird sich alles finden. Nächster Punkt: eure Kleidung. Eine Idee?«

Vor meinem geistigen Auge tauchte mein Nachwuchs auf. David in einem schwarzen Anzug, die Mädchen in schwarzen Kleidern. Ein befremdliches Bild, bei dem ich mich unwillkürlich schüttelte. Der Anlass war traurig – aber war es wirklich nötig, das bei den Kindern durch angeblich »angemessene« Kleidung zu verdeutlichen? Was hätte Peter wohl dazu gesagt?

»Steck meine Lieblinge bloß nicht in schwarze Klamotten!«, gab meine innere Stimme an Peters Stelle die Antwort. *»Leg ihnen die Sachen raus, in denen ich sie gern gesehen habe. Vielleicht das Gleiche wie an Weihnachten. Festlich und kindgerecht zugleich.«*

Das Bild in meinem Kopf veränderte sich. Sophie trug nun das weinrote Röckchen, das Peter ihr mitgebracht hatte, David das blau karierte Hemd, das Peter und ich gemeinsam gekauft hatten, Kristin das Kleid, das ebenfalls Peter entdeckt hatte. Jawohl, das war besser! Es reichte vollkommen aus, wenn ich Schwarz trug.

»Ach ja! Ein Hoch auf die Etikette! Du und Schwarz – vielleicht noch mit einem Witwenschleier?«, klang es in mir so provokativ, dass ich beinahe gelacht hätte. Aber eben nur beinahe.

»Wem musst du etwas beweisen? Warum darfst nicht auch du etwas anziehen, das Peter gern an dir gesehen hätte?«

»Viel lieber wäre mir Blau. Unsere Farbe«, sagte ich sehnsüchtig.

»Na also! Problem gelöst. Dein Schrank ist voller blauer Fummel.«

»Nein«, entschied ich, »ich möchte etwas Neues haben. Etwas Neues, etwas Altes, etwas Geliehenes, etwas Gebrauchtes. Wie bei unserer Hochzeit. Das macht es irgendwie rund.«

»Das ist ein sehr, sehr schöner Gedanke! Morgen nimmst du dir als Erstes eine Stunde Zeit und fährst in die Stadt. Nächstes Problem beseitigt. Jetzt weiter im Text: Wie lauteten deine anderen Fragen? Wie du dich wappnen sollst? Was meinst du damit? Wogegen wappnen? Kannst du das benennen?«

»Ich …« Es fiel mir schwer, es zuzugeben. Kleinlaut bekannte ich: »Ich habe Angst, dass ich zusammenklappe. Woher soll ich denn wissen, wie ich mich fühle, wenn ich in der Kirche sitze? Immerhin wird mit Peter zugleich meine große Liebe beerdigt. Er war mein zweites Ich, mein bester Freund und meine Zukunft. Vielleicht wird mir ja alles zu viel, und ich halte es nicht aus?«

Die Schachtel mit dem Valium kam mir in den Sinn. Möglicherweise gäbe die mir eine willkommene Hilfestellung?

»Nein. Hörst du: nein! *Du hältst es aus! Ohne dich mit Medikamenten zu dämpfen. Weil du Abschied nehmen willst. Weil du Abschied nehmen* musst! *Weil du diesen Mann liebst und den Weg des Abschieds bewusst mitgehen willst und wirst. Später wirst du dafür dankbar sein.«*

Ein Kloß machte sich in meinem Hals breit. Dieses verdammte Wort. Abschied! Das klang so schrecklich endgültig.

»Es ist *endgültig.«*

»Nein«, widersprach ich schnell, »es ist nur eine Pause! Ich *will* daran glauben, dass es ein Wiedersehen gibt. Irgendwann, irgendwo, in einer anderen, besseren Welt.«

Die Stimme schwieg beredt. Nach einer Weile fuhr sie in sanftem Tonfall fort:

»Wir wollten noch überlegen, wer die Fürbitten hält.«

»Nicole, meine Mutter, Rita oder Christian, Marion oder Stefan«, antwortete ich wie aus der Pistole geschossen. »Damit wären die meisten unserer engsten Freunde beteiligt.«

»Und?«

»Was und?«

»Das sind nur vier.«

Ich zögerte, wagte es kaum, meine Idee auszusprechen. Sie erschien mir vermessen und wagemutig, gleichzeitig jedoch so richtig und warm. »Eines der Kinder«, flüsterte ich dann. »Ich fände es so schön, wenn sie gemeinsam den Text verfassten und entweder David oder Kristin ihn vortragen würde.«

»Du selbst denkst an Beruhigungsmittel, verlangst aber den Kindern eine solche Stärke ab?«

Das saß! Ich merkte, wie mir vor Scham die Röte ins Gesicht stieg. Was war ich doch für ein Feigling – suchte selbst die Flucht in Tabletten und erwartete, dass meine Kinder mehr Stärke bewiesen als ich? Ein Gedanke formte sich in meinem Hinterkopf, vage zunächst, doch dann immer klarer. Ruckartig setzte ich mich auf.

»Du hast recht. Warum soll ich passiv in der Bank sitzen, während andere Menschen Worte für Peter finden? Weißt du was? Ich werde selbst etwas sagen.«

»Aber …«

»Kein Aber!« Ich würgte die Stimme ab, sprang kurz entschlossen aus dem Bett und griff zum Telefon. Herr Paulsen hatte mir versprochen, ich könne ihn im Notfall zu jeder Tages- und Nachtzeit erreichen. Das hier war ein Notfall. Mein spontaner Einfall wurde mit jeder Sekunde mehr zu einem Bedürfnis, dessen Klärung keinen Aufschub duldete.

»Paulsen?« Der Stimme nach schien er noch wach zu sein.

»Kann ich während der Messe eine kurze Ansprache halten?«

Er wirkte nicht überrascht. »Warum nicht? Selbstverständlich können Sie das! Wenn Sie sich das in dieser Situation wirklich zutrauen? Es erfordert ungeheure Kraft, bitte unterschätzen Sie das nicht.«

»Die habe ich. Die will ich haben. Für Peter! Und falls ich es doch nicht schaffe, werde ich im Vorfeld jemanden bitten, an meiner Stelle das, was ich sagen will, vorzutragen.«

»Gut. Damit sichern Sie sich ab und geraten nicht unter Druck«, bestätigte er zufrieden, wünschte mir eine gute Nacht und legte auf.

***

Und wie gut die Nacht war! Statt zu schlafen saß ich am Computer. Ich stellte mir vor, Peter säße mir gegenüber. So schnell, wie die Worte an ihn aus mir heraussprudelten, konnte ich gar nicht tippen. Am Ende druckte ich zwei Seiten aus. Pro forma wollte ich Bernd bitten, sich zum Vorlesen an meiner Stelle bereitzuhalten. Doch ich wusste, dass es nicht nötig sein würde. Diese beiden Blätter waren weitaus besser als Valium, denn sie gaben mir den nötigen Halt. Nun würde, wollte, konnte ich dem Gottesdienst angstfrei entgegenblicken. Auch ich hätte meinen Anteil daran – für Peter!

»Könntet ihr euch vorstellen, morgen in der Kirche eine Fürbitte für Papa zu halten?«

Ich musste die Kinder notgedrungen schon beim Frühstück überfallen, denn wenn sie ablehnten, würde ich mir eine Alternative suchen müssen.

»Nein! Auf keinen Fall.« David schüttelte energisch den Kopf und sah mich mit einer Mischung aus Wut und Verzweiflung an.

»Ich kann doch noch nicht lesen!«, jammerte Sophie.

»Ich werde das machen. Ich habe ja schon bei meiner Kommunion gelesen, also weiß ich, wie es ist«, sagte Kristin leise. »Gibst du mir heute Mittag den Text, damit ich üben kann?«

»Den denkt ihr euch gemeinsam aus, wenn ihr aus der Schule kommt. Ich helfe euch gern, aber es soll nur das darin stehen, was ihr drei euch für euren Papa wünscht.«

Davids Gesichtszüge hellten sich auf.

»Dann kann ich also auch mit überlegen? Das ist gut. Ich denke mir in der Schule schon was aus.«

»Mach das. Überlegt alle schon mal, was euch so einfällt. Und jetzt ab mit euch, ich habe noch schrecklich viel zu tun, wenn ihr weg seid!«

***

Die Zeit raste mit Siebenmeilenstiefeln an mir vorbei. In meinem Hinterkopf tickte eine Uhr. Was würde ich morgen um diese Zeit wohl machen? Was denken, was fühlen? Noch 28 Stunden, bis die Messe begann. Ich musste mich ablenken, um diese Uhr zu verdrängen.

Mit höchster Konzentration führte ich ein Telefonat nach dem anderen und stieß erwartungsgemäß auf volle Unterstützung bezüglich der Fürbitten. Auch Bernd stimmte sofort zu, die Lesung zu halten.

»Da ist noch was«, druckste ich herum. »Ich ... ich habe etwas geschrieben, das ich selbst vortragen möchte. Nur für den Fall, dass ich es nicht schaffe, nach vorn zu gehen – könntest du an meiner Stelle ...?«

Bernd schwieg für ein paar Sekunden.

»Das traust du dir in dieser Situation wirklich zu?«

»Ja, es ist mir ein riesiges Bedürfnis. Aus Liebe. Und dieses Bedürfnis ist stärker als die Angst.«

»Ich verstehe dich. Deine Liebe zu Peter macht dich stark. Wie sie es in den letzten Monaten immer getan hat. Natürlich springe ich für dich ein, falls es nötig sein sollte. Aber ich bin recht sicher, dass du mich nicht brauchen wirst.«

Wenig später stand ich im größten Bekleidungsgeschäft meiner Heimatstadt. Noch sechsundzwanzig Stunden.

»Ich suche etwas für eine Beerdigung«, erklärte ich der herbeieilenden Verkäuferin, einer gepflegten grauhaarigen Dame.

»Ist es ein naher Verwandter?«

»Mein Mann.«

Sie schlug entsetzt die Hände vor den Mund. Dann riss sie sich zusammen, murmelte »Mein Beileid« und geleitete mich in die Abteilung für festlichere Garderobe. Nachdem sie mit geübtem Blick meine Figur taxiert hatte, zog sie einen schwarzen Blazer von einem Kleiderständer.

»Dazu den passenden Rock und vielleicht eine anthrazitfarbene Bluse? Sie sind noch jung, Sie müssen nicht komplett in Schwarz gehen.«

»Ich hätte gerne etwas Blaues.«

»Bitte? Ich dachte ... Sprachen Sie nicht von einer Beerdigung?«

»Doch.« Beim Anblick ihrer Verwirrung feixte ein kleines Teufelchen in mir.

»Ja, aber ... wenn es Ihr Mann ist ... dann müssen Sie doch Schwarz tragen?«

»Warum?«

»Weil sich das so gehört.«

»Wer sagt das?«

Sie geriet vollkommen aus dem Konzept und schob mit fahrigen Bewegungen die Kleidung auf dem Ständer hin und her. Das Teufelchen hob anerkennend den rechten Daumen.

»Ich denke ... äh ... das macht man so, oder?«, stammelte sie.

Schon wieder dieses »man«! Warum versteckten sich bloß so viele Menschen hinter der Anonymität dieser drei Buchstaben? Da ich weder Zeit noch Lust auf eine Diskussion mit einer fremden Frau hatte und sie mir in ihrer Hilflosigkeit schon wieder leidtat, sperrte ich den breit grinsenden, gehörnten inneren Flegel in einen Käfig, wo er sich schmollend in eine Ecke verzog.

»Bitte zeigen Sie mir einfach die blauen Kostüme. Es ist meine Sache, was ich anziehen möchte. Ich bin niemandem Rechenschaft schuldig.«

Sie überlegte kurz. Dann lächelte sie.

»Da haben Sie eigentlich recht. Letzte Woche haben wir die neue Frühjahrsmode rein bekommen. Da vorn, wenn ich Ihnen die Sachen zeigen dürfte.«

Kurz darauf verließ ich zufrieden mit zwei Tüten den Laden

und ließ eine nachdenkliche Verkäuferin zurück. Noch fünfundzwanzig Stunden, bis ich die Kleidung tragen würde.

***

Eine Stunde später saßen wir am heimischen Mittagstisch, morgen um diese Zeit wären wir bereits in der Kirche. Noch vierundzwanzig.

Mit jeder Stunde, die verging, wurde ich nervöser. Hektisch räumte ich das Geschirr weg, dann holte ich Papier und Stift und zwang mich, zumindest nach außen hin, zur Ruhe.

»Habt ihr euch überlegt, was ihr sagen wollt? Worum möchtet ihr Gott bitten?«

David machte ein finsteres Gesicht. Kristin kaute an ihrem Füller und schwieg. Lediglich Sophie krähte: »Dass er ganz lieb zu meinem Papa ist!«

»Der ist nicht lieb, sonst wäre Papa nicht gestorben, du blö…«, setzte David an, verkniff sich jedoch jedes weitere Schimpfwort, als er meinen Blick bemerkte. Ich verstand ihn ja. Aber es nutzte nichts, auch noch das letzte Vertrauen, das meine Vierjährige in Gott hatte, zu zerstören.

»Gott ist nicht immer lieb, da hat David recht. Aber ich finde den Vorschlag von Sophie trotzdem sehr gut. Wartet, ich schreibe ihn auf. Habt ihr noch weitere Ideen?«

»Dass wir nicht immer so traurig sind wie jetzt«, schlug Kristin nach einer Weile vor. In ihren Augen schimmerte es, doch ihre Stimme war fest.

»Wie soll das denn gehen? Wir hatten den besten Papa, den Kinder haben können. Ich werde nie wieder glücklich sein«, begehrte mein Sohn auf. Eine Träne lief ihm über die Wange. Wütend wischte er sie weg. Mein Bauch zog sich zusammen. Immer diese elendige Hilflosigkeit! Es gab so verdammt wenig Trost zurzeit. Ich versuchte es dennoch.

»Doch, das wirst du. Das wirst du, das darfst du, das sollst du sogar! Papa wollte, dass ihr glücklich groß werden dürft.«

»Was Papa wollte, interessiert Gott doch überhaupt nicht. Papa wollte schließlich auch nicht sterben!« Eine weitere Träne landete im Ärmel seines Sweatshirts.

Quer über den Tisch nahm ich Davids Hand und sah ihn eindringlich an.

»Am Ende schon! Am Ende hat Papa sich einen friedlichen Tod gewünscht. Zumindest den hat Gott ihm geschenkt. Wenigstens dafür können wir dankbar sein. Und deswegen werden wir jetzt eine schöne Fürbitte für Papa formulieren. Die schönste von allen, okay?«

Er schniefte, fuhr sich mit den Händen durchs Gesicht und nickte. Meine Kinder begannen zu diskutieren. Ich hielt mich weitgehend zurück, notierte, strich wieder durch und machte lediglich den ein oder anderen Formulierungsvorschlag. Schließlich waren es vier Zeilen, mit denen wir alle zufrieden waren. Ich tippte sie in den Rechner und druckte sie aus.

Noch zweiundzwanzig Stunden. Morgen um diese Zeit war schon fast alles vorbei!

***

Mitternacht. Ich versuchte erst gar nicht, ins Bett zu gehen. Durch meine Blutgefäße schien reines Adrenalin zu fließen. Hellwach, gleichzeitig aber merkwürdig entspannt saß ich auf dem Sofa und ließ in Gedanken den Tag an mir vorüberziehen.

Am Nachmittag hatte ich bestimmt ein Dutzend Mal telefoniert. Meist waren es Anrufer, die mir Mut zusprechen wollten. Unsere Freunde hatten ein festes Netz um meine Familie gewoben. Nicht nur die Erwachsenen wären für uns da, auch die Freunde der Kinder hatten Aufgaben erhalten: Jonas und Johannes wollten auf David achten, Elena und Dana in Kristins Nähe bleiben. Dieses Wissen rührte und beruhigte mich. Nebenbei hatte es noch zwei Diskussionen gegeben, die eine eher liebevoll, die andere schon heftiger.

»Ich fahre euch morgen mit deinem Wagen zur Kirche«, hatte Stefan, Freund und liebster Nachbar, mich informiert.

Etwas überrascht hatte ich erwidert:

»Warum? Ich kann doch selbst fahren.«

»Ich weiß, dass du das kannst. Aber morgen fährst du nicht! Nicht in einer solchen Situation.«

»Ach, Stefan! Wenn du wüsstest, wie oft ich im vergangenen Jahr schon Auto gefahren bin, obwohl wir gerade eine verheerende Diagnose bekommen hatten und ich total durch den Wind war ...«

»Das mag sein. Aber morgen ist es nicht nötig. Niemand lässt dich morgen ans Steuer. Ich fahre. Keine Diskussion!«

Etwas belustigt hatte ich mich gefügt, auch wenn ich den Sinn nicht wirklich verstand.

Meiner Mutter gegenüber hatte ich jedoch nicht nachgegeben, als sie vorschlug: »Ich nehme die Kinder schon mal mit, wenn du nach der Beisetzung am Grab bleibst, um die Kondolenz der Leute entgegenzunehmen.«

»Das ist nicht nötig. Ich werde nicht dableiben.«

»Aber das musst du!«

»Warum muss ich das?«

»Das macht man doch so. Du musst den Menschen die Gelegenheit geben, dir ihr Beileid auszusprechen. Den Kindern sollten wir das allerdings ersparen. Sie sind noch zu klein.«

In Gedanken sah ich mich am Grab stehen. Hundert betretene Gesichter, hundert Hände, die geschüttelt werden wollten, hundert Menschen, die mich mitleidig umarmten. Ein Defilee des Mitleids – ganz sicher nicht mit mir!

Mein Tonfall war schärfer als beabsichtigt, als ich in den Hörer giftete:

»Pass mal auf! Ich *muss* gar nichts! Nichts, verstehst du? Was ›man‹ macht, ist mir vollkommen egal. Ich denke nicht daran, eine halbe Stunde herumzustehen, nur um die Form zu wahren. Mein Platz ist bei den Kindern, die brauchen ihre Mutter und niemanden sonst, wenn sie gerade ihren Vater beerdigt haben.«

Sie gab nicht auf. »Aber die Menschen kommen doch, um …«

»Verdammt noch mal! Um wen oder was geht es denn? Um die Bedürfnisse der anderen? *Ich* soll die vermeintlichen Bedürfnisse der anderen befriedigen? Ich denke gar nicht daran. Ich muss gucken, dass meine Kinder geschützt sind. Und dass ich selbst auf den Beinen bleibe. Wer dafür kein Verständnis hat, kann mir echt gestohlen bleiben!«

Sie schwieg dazu. Dennoch wusste ich, dass sie meine Haltung nicht nachvollziehen konnte. Dass ich in ihren Augen viel zu »rebellisch« war. Sie selbst gewann Sicherheit, indem sie sich an Konventionen hielt, ich hingegen hatte mich schon immer, jedoch noch nie so oft wie seit Peters Tod gegen jedes »man« gewehrt, dessen Sinn ich nicht einsah.

Während ich seufzend auflegte, dachte ich mit leichter Besorgnis daran, wie sehr ich zukünftig der Kinder wegen auf meine Mutter angewiesen wäre. Wir würden daran arbeiten müssen, unsere unterschiedlichen Auffassungen gegenseitig besser zu tolerieren.

Zehn nach zwölf. Seit zwei Stunden gab es nichts mehr zu tun. Alles war vorbereitet. Wir würden am Morgen nur noch frühstücken, duschen und in die bereitgelegten Klamotten schlüpfen müssen. Mein Haus blitzte, das Auto ebenfalls. Meine Handtasche war gepackt – Taschentücher, Portemonnaie, Zigaretten und mein Text lagen griffbereit. Was sollte ich nur mit dieser Nacht anfangen? Ich hatte den Fernseher ein- und nach einer Viertelstunde wieder ausgeschaltet, ohne zu wissen, was ich gesehen hatte. Hatte mein Buch zur Hand genommen und es weggelegt, als ich bemerkt hatte, dass ich keinen einzigen Satz behielt. War auf der Suche nach einer Beschäftigung durch das Haus gelaufen – ohne Erfolg. Hatte mehrfach zum Telefon gegriffen, den Hörer jedoch zurückgelegt. So sehr ich mir eine menschliche Stimme wünschte, ich konnte nicht immer jemanden anrufen, wenn mir danach war. Erst recht nicht nachts. Meine Freunde brauchten ihren Schlaf, auch wenn sie mir immer wieder versichert hatten, ich könne sie mitten in der Nacht erreichen, wenn ich Hilfe bräuchte.

Ich hielt es auf dem Sofa nicht mehr aus. Rastlos lief ich im Wohnzimmer auf und ab. Noch dreizehn Stunden. Sieben davon galt es zu überbrücken.

Zum wiederholten Mal ging ich alles durch. Der Vormittag. Alles vorbereitet. Kathrin und Bernd würden gegen zehn Uhr kommen, Stefan uns um elf Uhr abholen. Bis dahin wollte auch Nicole hier sein, deren Aufgabe es wäre, ausschließlich auf mich zu achten.

Die Messe. Alles geklärt. Jeder wusste, was er zu tun hatte.

Die Blumen. Frau Giesing hatte mir noch einmal versichert, dass sie alles wie besprochen geregelt hatte. Sie selbst oder eine Mitarbeiterin warteten nach der Kirche auf dem Friedhof auf uns, um uns die kleinen Sträußchen zu geben, die die Kinder und ich in das Grab werfen sollten.

Mein Magen drehte sich um, als ich das Bild vor mir sah: David, Kristin und Sophie. Kleine Kinderhände, die ein Blümchen in ein Erdloch warfen, das kurz darauf zugeschüttet würde. Es passte nicht. Es passte einfach nicht! Sollte das die letzte Erinnerung sein? Gab es denn nichts anderes? Etwas Bleibendes? Gar etwas … Verbindendes?

Auf einmal wusste ich, wie ich die Nacht verbringen würde. Eine vage Idee schoss mir durch den Kopf, die binnen Sekunden Gestalt annahm. Ich flog in den Keller, zog die Nähmaschine aus dem Schrank und kramte in der Kiste mit den Stoffresten, bis ich drei Stoffe gefunden hatte, die groß genug waren. Anschließend zeichnete ich mir eine Schablone, schnitt den ersten Stoff zurecht, fädelte das passende Garn ein und begann zu nähen. Vor einigen Jahren hatte ich mal zwei Kurse besucht, dennoch reichten meine bescheidenen Nähkünste nur zu Tischdecken, Kissen oder allenfalls den einfachsten Kleidungsstücken aus. Doch für das, was ich jetzt vorhatte, langten sie allemal.

Es war halb sieben, als ich fertig war. Noch während ich die Maschine wegräumte, hörte ich über mir die erste Tür klappen. Zufrieden, nahezu euphorisch betrachtete ich mein Werk: Vor mir lagen drei verschiedenfarbige, knapp dreißig Zentimeter große Kissen in Herzform, deren Hälften ich mit Watte gefüllt und mit zwei parallelen Nähten versehen hatte. Nun konnte man die Herzen zwischen diesen Nähten zerteilen, ohne dass sie die Füllung verlören. Zusammen mit der Stoffschere steckte ich sie in eine Tasche. Jetzt war wirklich alles vorbereitet!

Solange ich lebe

Passend zum Anlass hatte Petrus seine dunkelste Wolkendecke ausgebreitet, aus der immer wieder Schauer aus eisigem Schneeregen niedergingen. Resigniert suchte ich alle Schirme zusammen, die halbwegs intakt waren, und forderte die Kinder auf, noch ein zusätzliches T-Shirt unterzuziehen und Mützen, Schals und Handschuhe bereitzuhalten. Meine eigene Kleidung war trotz der Jacke viel zu dünn – gestern war es noch etliche Grad wärmer gewesen. Doch ich spürte die Kälte nicht, als ich auf der Beifahrerseite in meinen eigenen Wagen stieg. Eigentlich spürte ich gar nichts. Mir war weder warm noch kalt. Ich war weder traurig noch heiter, weder aufgeregt noch wirklich ruhig. Mit der Fertigstellung der Kissen schien sich mein Gefühl eine Auszeit genommen zu haben. Wie so oft in der Zeit von Peters Erkrankung befand ich mich in einem schlechten Film, in dem ich gezwungenermaßen eine der Hauptrollen spielte und darüber hinaus einen Teil der Regie übernahm.

Alles lief nach Plan. In einem kleinen Konvoi fuhren wir gen Mürsen. Im Auto hielt ich die Tasche mit den herzförmigen Kissen fest umklammert. Ich hatte meine nächtlichen Produkte bisher nur den Kindern gezeigt, um ihnen zu erklären, welche Idee sich dahinter verbarg. Und um zu klären, welches Kind welche Farbe haben wollte, um Streit zu vermeiden. Doch den hatte es nicht gegeben. Wie selbstverständlich nahm Sophie sich das bunte, Kristin griff nach dem blauen, und David zeigte auf das rote Kissen. Ein solches Einvernehmen hatte ich unter den dreien selten erlebt.

Etwas mehr als eine Stunde vor Beginn des Gottesdienstes betraten wir die Kirche. Es war mein eigener Wunsch gewesen, so früh zu kommen. Ich wollte den Kindern und auch mir selbst die Möglichkeit geben, uns rechtzeitig an die beklommene Stimmung zu gewöhnen, die zumindest mich erfahrungsgemäß in dem großen, würdevollen Gebäude überfiel. Und ebenso an den Anblick des Sarges, der sicher in Kürze gebracht würde.

Allerdings hatte ich nicht damit gerechnet, dass dieser bereits vor dem Altar stand. Auf ihn fiel mein erster Blick, als ich eintrat, und ich verharrte einen Moment lang mitten in der Bewegung. Auch war ich nicht davon ausgegangen, dass sich zu diesem Zeitpunkt bereits andere Menschen in der Kirche aufhalten könnten. Doch zu meinem Erschrecken blickten rund zwanzig bekannte Gesichter ernst in unsere Richtung, als wir eintraten.

In diesem Moment wäre ich am liebsten geflohen! Weit, weit weg, zum Mond, zum Mars, nur weg von all dem, was mich nun unausweichlich erwartete. Für einen Augenblick zerriss der Film, und mit gnadenloser Härte offenbarte die Realität ihre höhnisch grinsende Fratze. Ich konnte keinen Schritt weitergehen, war wie gelähmt, starrte immer nur von Weitem auf den hölzernen Kasten, in dem sich Peter, ein Foto, ein gemaltes Bild, ein Brief und ein Teddybär befanden. Alles in mir schrie »Nein«.

»Mama? Kommst du?« Sophie schob ihre warme kleine Hand in meine. Meine Starre löste sich, die Realität verschwand, und der Film lief erneut an. Mit ruhigen Schritten ging ich zwischen den vielen Bankreihen durch, mein kleines Mädchen an der Hand, das mir mindestens so viel Halt gab wie ich ihm. Erst als wir noch etwa fünfzehn Meter von den Stufen entfernt waren, die zum Altar hinaufführten, bemerkte ich den Mann, der neben dem Sarg stand, halb verdeckt von einem mehr als meterhohen Herz aus gelben und roten Blumen. Es war Thilo, ein Kollege von Peter, der sich, als er uns kommen sah, vor dem Sarg verneigte und anschließend den Altarraum respektvoll an einer Seite verließ, um unseren Weg nicht zu kreuzen.

Sekunden später stand ich an der gleichen Stelle wie Thilo zuvor. Mein Gehirn registrierte jedes Detail. Ich machte mich vertraut mit allem, was ich selbst ausgesucht hatte. Mit dem Sarg, den ich zwar kannte, den ich aber zuletzt vor sechs Tagen in meinem Wohnzimmer gesehen hatte und der hier gleichermaßen deplatziert wie absolut richtig auf mich wirkte. Mit dem Blumenherz, das so farbenfroh und lebendig leuchtete. Mit meinem Namen und denen der Kinder, die mir auf dem Stoff der Schleife so unwirklich vorkamen. Und mit den Blumen und Farben meines Brautstraußes, den ich nun, mehr als elf Jahre nach unserer Trauung, in anderer Form wiedersah. Ein Meer aus Blüten, Zweigen und Beeren bedeckte fast zwei Drittel des hellen Holzes, ein fantastisches Gesteck, das mich für einen kleinen Augenblick geradezu froh machte. Alpha und Omega. Anfang und Ende – diese Blumen trugen dazu bei, unsere Ehe, die so glücklich gewesen war, abzurunden.

Weitere Blumen oder Kränze gab es keine. Lediglich sechs oder sieben Kerzen verbreiteten ihren warmen Lichtschein. Noch immer Sophies Hand haltend, die still neben mir stand, hielt ich stumme Zwiesprache mit Peter.

»Alles richtig?«

»Alles richtig und wunderschön. Bleib ruhig, ich bin in eurer Nähe.«

Aus dem Augenwinkel nahm ich wahr, wie sich die Tür der Kirche öffnete und weitere Menschen hereinkamen. Mein Blick fiel auf David und Kristin, die reglos eng nebeneinander auf den Stufen standen. Ihre Gesichter glichen einer starren Maske.

»Wir müssen hier raus!«, entschied ich spontan. *»Wir können nicht eine ganze Stunde lang warten und zusehen, wie die Kirche sich füllt. Nachher spricht uns noch jemand an, und das ertrage ich momentan nicht.«*

»Kommt, ihr drei«, sagte ich zu den Kindern. »Wir gehen noch mal nach draußen und kommen erst wieder, wenn der Gottesdienst anfängt.« Die Schnelligkeit, mit der sie meiner Aufforderung folgten, gab mir recht. Eine Minute später standen wir am Seiteneingang des Gebäudes, gefolgt von meiner verunsichert wirkenden Mutter sowie Nicole.

»Und jetzt? Sollen wir hier stehen bleiben? Wir werden doch klitschnass!«

Der vorsichtige Protest meiner Mutter war berechtigt. Der Wind hatte aufgefrischt und trieb schwere Schneeflocken über den Platz. Kaum ein Mensch war zu sehen.

»Gibt es hier vielleicht ein Café?«, schlug Nicole vor.

»Natürlich! Kommt mit, das Café Tannengrün ist in der nächsten Querstraße«, antwortete meine Mutter und lief bereits los. Kurz darauf saßen die Kinder vor einem Kakao und wir Erwachsenen vor einer Tasse Kaffee.

Wie langsam die Zeit doch verrinnen kann! Alle drei Minuten warf ich einen Blick auf die Uhr. Es war richtig gewesen, herzukommen. Dennoch sehnte ich mich nach der Kirche zurück. In die Nähe der Blumen. In die Nähe des Sarges. In die Nähe von … Peter!

Ich war froh, als wir endlich bezahlen und, jetzt glücklicherweise trockenen Fußes, aufbrechen konnten.

Es war drei Minuten vor halb zwei. In hundertachtzig Sekunden würde er beginnen: Peters »letzter Weg«. Aus einem Impuls heraus beugte ich mich zu den Kindern herab, zog sie alle in meinen Arm, drückte sie fest an mich und versicherte ihnen:

»Wir schaffen das! Wir vier sind ja zusammen!«

Dreifaches tapferes Nicken. Ich küsste sie, richtete mich auf, holte tief Luft, straffte meine Schultern – und stieß die Tür des großen Portals auf.

***

Absolute Stille schlug uns entgegen. Erneut nahm ich nur den Sarg und die Blumen wahr. Zu sechst formierten wir uns nebeneinander – links befand sich Nicole, neben ihr Sophie, die wiederum ich an der Hand hielt. An die andere Hand nahm ich Kristin, die ihrerseits die Finger ihres Bruders umklammerte. Den rechten Abschluss bildete meine Mutter.

Wie schade, dass ich nur zwei Hände habe. Ich brauchte noch eine dritte für David, dachte ich sorgenvoll. Mein ältestes Kind war kreidebleich. Ich konnte nur hoffen, dass ihm die Nähe meiner Mutter und die Hand seiner Schwester den nötigen Halt gaben.

Mir war klar, dass viele Menschen kommen wollten. Doch ich hätte niemals damit gerechnet, dass die Sitzplätze nicht ausreichen könnten. Jede einzelne der vielen Bänke war dicht besetzt, wobei ausnahmslos alle Anwesenden leise aufstanden, als wir uns anschickten, nach vorn zu gehen. All diejenigen, die keinen Platz mehr gefunden hatten und nun in mehreren Reihen im hinteren Teil des Gotteshauses standen, bildeten eine Gasse für uns. Es mussten mehrere Hundert Menschen sein, ein regelrechtes Meer aus Gesichtern und Körpern, das ich nur als einheitliche Masse registrierte.

Meine Konzentration war auf den Altarraum gerichtet, der näher und näher kam. Die vorderste Bank der rechten Seite wartete auf uns. In aller Ruhe half ich den Kindern, die Jacken zu öffnen und ihre Mützen abzuziehen. Dann standen auch wir still auf unseren Plätzen.

Wenige Sekunden vergingen. Man hätte die sprichwörtliche Stecknadel fallen hören können. Mit den Augen hielt ich mich an den Blumen fest, als die ersten Töne des Liedes erklangen, das Peter sich gewünscht hatte. Während Dido mit weicher Stimme ihr »White Flag« sang, verblich das reale Bild. Einige Augenblicke lang befand ich mich wieder in unserer Küche, in der wir uns vor einem Monat gemeinsam den Text zum ersten Mal angehört hatten:

I will go down with this ship …

»Das könnt ihr auf meiner Beerdigung spielen«, hatte Peter gesagt und damit genau das ausgesprochen, was ich zeitgleich gedacht, aber nicht zu äußern gewagt hatte. »Und dann noch unser Lied ›High‹. Alles andere ist mir egal.«

Es war eine von endlos vielen Situationen, in denen wir keine Worte brauchten, um einander zu verstehen. Vorbei! Gott, das Schicksal oder wer auch immer konnte ein echtes Arschloch sein!

Orgelspiel begleitete den Einzug des Pfarrers und seiner Messdiener. Anschließend sang die Gemeinde ein paar Strophen eines der von Max ausgewählten Lieder. Ich starrte auf den Text und brachte keinen Ton heraus. Hinter mir schluchzte jemand laut auf und putzte sich die Nase. Ich bemühte mich, es auszublenden, doch ein kurzer Blick zur Seite zeigte mir, dass nun auch bei David und Kristin Tränen flossen. Sanft drückte ich die Hand meiner Tochter, woraufhin sie ganz eng an mich heranrückte.

Als die letzten Töne verklangen, ergriff Herr Paulsen das Wort. Er begrüßte uns mit warmherzigen Worten, sprach dann das Kyrie und ein Gebet. Ich hörte ihm zwar zu, hätte jedoch keinen Satz wiederholen können. Seine Stimme rauschte durch meinen Kopf hindurch.

Auf sein leichtes Kopfnicken hin stand Bernd auf und ging nach vorn. Für eine Sekunde verharrte er neben dem Sarg, neben PETER, stellte sich dann hinter das Mikrofon und begann zu lesen. Es tat mir gut, ihn zu sehen und ihm zuzuhören, obwohl ich auch jetzt den Inhalt dessen, was er sagte, nicht begriff. Mein Verstand schien paralysiert zu sein. Jeder Gedanke kreiste um meinen Mann. Fast hätte mich ein Anflug von Neid auf Bernd ergriffen, der ihm so nah sein durfte.

Als unser Freund zu seinem Platz zurückkehrte, begann der Organist zu spielen. Nach wenigen Takten setzte die Sängerin ein.

»Ich weiß, dass mein Erlöser lebt, ich weiß, dass er hoch oben steht …«

Ihr kraftvoller Sopran füllte den Raum. Es war so schön, so warm, so eindringlich – eine Gänsehaut überlief meinen gesamten Körper, die erst wich, als das Lied beendet war und Herr Paulsen uns mit einer Handbewegung aufforderte aufzustehen.

Das Evangelium, die »gute Nachricht« … Ich sah und hörte den Pfarrer, doch noch immer erreichte mich keines seiner Worte. Bis wir uns wieder setzen durften. Denn nun sprach er über Peter. Allein der Name reichte, um die Watte, die sich um mein Gehirn gelegt hatte, zum Verschwinden zu bringen.

Herr Paulsen sprach lange. Erzählte, wie es war, als er Peter kennenlernte – damals, als wir jung und schwer verliebt zu ihm kamen, um unsere Trauung zu besprechen. Berichtete von den Taufen der Kinder, von Peters strahlenden Augen, seinem Vaterstolz. Fasste Peters Wesen so treffend in liebevollen Worten zusammen, als sei er einer seiner engen Freunde gewesen. Sprach von der Liebe, die zwischen uns beiden so offensichtlich, so spürbar für alle gewesen war. Dabei huschte immer wieder ein Lächeln über sein Gesicht. Am Ende griff er den Inhalt des Gesprächs auf, das er mit mir geführt hatte, beschrieb Peters Weg durch die Krankheit, seinen Mut, sich zu stellen, seinen Kummer, schließlich seine Akzeptanz, die mit dem Wunsch nach einem Sterben in Würde endete. Voller Dankbarkeit sog ich die Worte des Geistlichen in mich auf. Sie waren bewegt, ehrlich und sehr persönlich. Peter mochte gestorben sein. Doch er hatte Spuren hinterlassen, die nicht nur mich und die Kinder zukünftig begleiten würden.

Mehrere Hundert Menschen. Kein Räuspern. Kein Hüsteln. Kein einziger Laut. Sekundenlang rührte sich niemand, nachdem Herr Paulsen schwieg. Ein zweites Mal durchflutete der Sopran den Raum und wohl jeden einzelnen Anwesenden: »Sei stille dem Herrn und warte auf ihn.« Wir alle waren still. Doch diese Stille galt Peter.

Unmittelbar danach wurde es lebendig. Nahezu alle Kinder kamen nach vorn, selbst die kleinsten, die von einem Elternteil begleitet und unterstützt wurden. Als ich einen vorsichtigen Blick nach links wagte, sah ich Frau Reinke, die die Kinder aufmerksam beobachtete. Jedes Kind zündete eine Kerze an und stellte sie auf die Kommunionbank, die den Altarraum von der restlichen Kirche trennte. Lichter für Peter – es wurde immer heller um ihn herum.

Zum ersten Mal nahm ich die bekannten Gesichter wahr: Peters Nichten und Neffen, Freunde und Klassenkameraden meiner Kinder, der Nachwuchs meiner Freunde. Und meine drei: David, der Sophie an der Hand hielt und ihr an meiner Stelle beim Anzünden half, sofort flankiert von Jonas und Johannes. Kristin, ebenso binnen Sekunden zwischen Elena und Dana. Ein Licht für Papa. Ich schwor mir, dieses Licht niemals ausgehen zu lassen. Es würde in uns weiter leuchten.

Es dauerte, bis alle wieder saßen und Herr Paulsen um die Fürbitten bat.

»Schaffst du es?«, fragte ich Kristin, die nachdrücklich nickte, ihr Blatt ergriff und sich Nicole, Christian, Marion und meiner Mutter anschloss. Als Letzte stand sie in der Reihe hinter dem Mikrofon. Mein tapferes Mädchen! Mit knapp neun Jahren wuchs sie weit über sich hinaus.

Ich rutschte an David heran, wollte seine Hand nehmen. Doch er wehrte mich ab, verkrampfte seine Finger, saß stocksteif da und starrte auf irgendeinen Punkt.

»… dass Peter im Geiste die Herzen der Menschen erfüllt, die ihn lieben, dass seine Herzenswärme weiter strahlt …«

»… dass seine Familie ihren Weg durch das Leben fortsetzen mag mit sicherem Schritt und frei von Bitterkeit …«

»... nichts von diesem Menschen möge verlorengehen, sein Lächeln und sein Humor mögen fortleben in seinen Kindern ...«

»... wir danken dir für all die Freundschaft und Liebe, die von ihm ausgegangen ist ...«

»... gib Peter Frieden und Licht ...«

Einer nach dem anderen kehrte zu seinem Platz zurück, bis nur Kristin übrig blieb. In aller Ruhe richtete Herr Paulsen das Mikrofon auf Kristins Größe ein.

»Lieber Gott, wir hatten den besten Papa, den Kinder haben können. Gib uns die Kraft, mit der Traurigkeit fertigzuwerden und glücklich heranwachsen zu dürfen. Mach, dass es Papa gut geht und er immer nah bei uns bleiben darf.«

Sie sprach leise, aber deutlich. Hinter mir schniefte und raschelte es.

»Du hast einen wunderschönen Text verfasst«, raunte ich meinem Sohn ins Ohr. Seine Anspannung ließ ein wenig nach. Er drehte den Kopf und lächelte mich zaghaft an, bevor sein Gesicht sich wieder verschloss.

Kristin setzte sich erst gar nicht hin, sondern tauschte lediglich den Text gegen die Blockflöte aus. Vier Reihen hinter uns machten sich Kathrin und ihre zehnjährige Tochter Dana bereit. Meine Zweitgeborene trat zu ihnen, und kurz darauf intonierten zwei Kinder, behutsam von meiner Freundin begleitet, anstelle der Orgel das Lied, das in keinem Kindergottesdienst fehlen durfte und das wohl jeder kannte, der hin und wieder eine Messe besuchte:

Wenn das Brot, das wir teilen, als Rose blüht,
und das Wort, das wir sprechen, als Lied erklingt,
dann hat Gott unter uns schon sein Haus gebaut,
dann wohnt er schon in unserer Welt.

Hin und wieder misslang ein Ton, griffen kleine Finger daneben. Doch es war wohl das schönste Vorspiel, das ich je gehört hatte. Als die Orgel einstimmte und die Anwesenden zu singen begannen, gelang es auch mir, ein paar Töne hervorzubringen, erst recht, als ich bemerkte, dass David mitsang. Kaum hörbar, doch es erleichterte mich ungemein zu sehen, dass mein Großer seinen schützenden Panzer ein wenig lockerte.

Die Gabenbereitung, das Vaterunser, die Kommunion. Menschen über Menschen strömten nach vorn, wahllos drängten sich vereinzelte Gesichter für ein, zwei Sekunden in mein Bewusstsein, um sogleich wieder zu verschwinden. Meine Anspannung stieg, doch im gleichen Maß sank meine Kraft, je kürzer die Schlange wurde. Nur noch wenige Minuten, dann würde ich … Ich musste wahnsinnig gewesen sein, so etwas zu planen. Mein Vorhaben schien mir auf einmal undurchführbar.

»Du musst gar nichts! Ein Satz zu Bernd reicht aus«, beruhigte mich meine innere Stimme. Die Menschenschlange lichtete sich und gab den Blick auf den Sarg frei. Durch das Holz hindurch sah ich Peters Lächeln vor mir, das mir meine Kraft zurückgab. Ich lächelte zurück. Wie konnte ich nur einen einzigen Gedanken daran verschwenden, mein dringlichstes Bedürfnis in andere Hände zu geben?

Und dann, bei den ersten Orgelklängen, wäre ich fast doch noch schwach geworden! Dieses Lied hatte ich selbst ausgesucht, Peter und ich hatten es gemeinsam auf unserer Hochzeit gesungen. Ähnlich wie die Blumen meines Brautstraußes war es ein, nein, eher *das* Symbol für unsere Ehe. Es gelang mir nicht mehr, mich wie in einem Film zu fühlen, die Musik ging mir durch Mark und Bein.

Von guten Mächten wunderbar geborgen,
erwarten wir getrost, was kommen mag.

Mein Mund wurde trocken. Das Blatt mit dem Text, das ich in der rechten Hand hielt, zitterte. Ein weiteres Mal war es Sophie, die ihre Hand in meine schob und mir dadurch half, den Vorhang vor die Realität zu ziehen, der die Melodie und meine damit verbundenen Gefühle dämpfte. Das Zittern verschwand.

Pfarrer Paulsen sprach das Schlussgebet, dann räumte er zunächst den Platz am Mikrofon. Ich wartete auf sein Zeichen, doch stattdessen trat jemand anderes hinter das Pult: Professor Hennigs, Peters Chef. Leise und eindringlich, mit stark geröteten Augen und immer wieder sichtlich um Fassung ringend, richtete er sich an die Anwesenden, hielt eine Laudatio aus Zuneigung und Respekt, aus Ehrfurcht und Betroffenheit, über die Peter vor Freude und Verlegenheit vermutlich knallrot geworden wäre und die mir einige Minuten lang das Gefühl gab, mitten in einem warmen Sommerregen zu stehen und die ganze Welt umarmen zu können.

Ein Gefühl, das augenblicklich verflog, denn nun war es wirklich so weit. Herr Paulsen warf mir einen fragenden, gleichzeitig aber auch aufmunternden Blick zu. Ich zwang meinen Körper aufzustehen. Drei Schritte, drei Stufen, drei Schritte – auf Beinen, die das Laufen verlernt zu haben schienen. An dieser Stelle stand ich nicht zum ersten Mal, denn ich hatte bereits bei den Kommunionsfeiern meiner Großen die Lesungen gehalten. Heute jedoch war es kein vorgegebener Text, sondern es waren meine eigenen Worte, die sich nicht an alle, sondern nur an einen richteten.

Mit den Augen suchte ich den Sarg. Sah durch das erneut transparent werdende Holz hindurch in Peters Gesicht. Und verlor alle Bedenken, alle Ängste, vergaß Ort und Zeit, die überfüllte Kirche, die nahende Beisetzung. Ein letztes Mal verschmolz ich mit dem Mann, den ich liebte, zu einer Person.

Ich sprach von Zuneigung, von Hilfsbereitschaft und von gelebter Nächstenliebe. In seinem Namen dankte ich all denen, die

Wege gesucht und gefunden hatten, uns in der zurückliegenden Zeit zu begleiten und zu unterstützen. Erzählte von der Ohnmacht, der Angst, der Wut und dem Kummer, die zehn Monate lang unsere Begleiter gewesen waren, die uns jedoch auch das Glück geschenkt hatten, unsere Liebe weiter wachsen zu sehen. Und wiederholte schließlich das Versprechen, das ich gute elf Jahre zuvor schon einmal gegeben hatte. Peter hatte es ohne Wenn und Aber eingelöst. Ich konnte es nun ein zweites Mal geben, reifer und bewusster als damals. Denn obwohl nun für mich eine neue, ungewisse Zeitrechnung anbrach, verdankte ich das Rüstzeug, den Optimismus und das Selbstvertrauen, mit dem ich nach vorne sah, allein ihm. Was auch immer mein Leben noch für mich bereit hielt – an den Gefühlen diesem Mann gegenüber würde sich niemals etwas ändern. Warum auch? Nichts hatte mich mehr geprägt als die gemeinsamen Jahre. Sie waren das Fundament meiner Zukunft, auf das ich nun notgedrungen ein neues Haus bauen musste. Bauen wollte! Der Kinder wegen. Meinetwegen. Peters wegen, der sich kaum etwas mehr gewünscht hatte, als dass ich wieder glücklich würde. Meine Stimme war klar und deutlich, als ich mich voller aufrichtiger Überzeugung dem Sarg zuwandte.

»Peter, ich werde dich lieben, achten und ehren, solange ich lebe.«

Die ersten Töne »unseres« Liedes erklangen, als ich zu den Kindern zurückkehrte. Wie oft hatten Peter und ich diesen Hit der Lighthouse Family gemeinsam gehört, uns mit geschlossenen Augen im Arm gehalten, uns einfach nur gespürt. »High« – von Beginn an das musikalische Sinnbild unserer Liebe. Jetzt hörte ich es ein letztes Mal »gemeinsam« mit ihm – und mit hundert anderen. Wie gut es zu dem passte, was ich gerade gesagt hatte! Ich schloss die Augen, hielt ihn in Gedanken im Arm und fühlte mich geborgen.

Cause we are gonna be
forever you and me
you will always keep it flying
high in the sky of love …

Wir werden dein Lachen vermissen

Das warme Gefühl hielt exakt die fünf Minuten und zehn Sekunden lang an, die das Lied andauerte. Mit dem letzten Ton endete alles, was meinen persönlichen Abschied von Peter betraf – und was mir Sicherheit gegeben hatte. Das, was jetzt geschehen würde, hatte meinem Empfinden nach nichts mehr wirklich mit Peter und damit auch nichts mehr mit mir zu tun. Es war nur noch ein unumgängliches Ritual, dem ich nicht entrinnen konnte. In mir legte sich ein Schalter um. Gefühl: aus!

Einer Marionette gleich ließ ich die Einsegnung des Sarges, das letzte Gebet und den Schlusssegen über mich ergehen. Anschließend verließen die Anwesenden in aller Ruhe die Kirche, denn nun hatten wir Zeit. Erst musste der Sarg zu dem einen knappen Kilometer entfernten Friedhof gebracht werden, mussten die Fußgänger die Strecke laufen, die Älteren den Weg in einem Wagen zurücklegen.

Als eine der Letzten trat ich mit den Kindern ins Freie und blieb unschlüssig vor dem Portal stehen. Noch immer war der Himmel grau, doch Schnee und Regen hatten eine Pause eingelegt, und es schien mir heller zu sein als vor Beginn der Messe. David, Kristin und Sophie suchten die Nähe der Gleichaltrigen, sodass ich allein zurückblieb. Etwas verloren ließ ich das Bild, das sich mir bot, auf mich wirken.

Der weitläufige Vorplatz wimmelte vor Menschen, die in Gruppen zusammenstanden. In meiner direkten Nähe hielten sich lediglich meine Freunde auf, doch niemand sprach mich an. Sie bildeten eine stumme, unaufdringliche Festung aus Solidarität, respektierten jedoch gleichzeitig mein unbewusst gesendetes

Signal, in diesem Moment kein Bedürfnis nach einem Gespräch oder gar einer Umarmung zu verspüren.

»Ich hole das Auto«, hörte ich Stefan sagen. Mein Kopf nickte mechanisch zum Zeichen, dass ich ihn verstanden hatte. Ein oder zwei Minuten vergingen, Zeit, die ich dringend brauchte, um den Eindruck des gerade erlebten Gottesdienstes, dieser vielfachen, wundervollen Ehrung Peters, zu verinnerlichen und mich für die nächste Stunde zu wappnen. Ich war dankbar für das Feingefühl, mit dem offenbar jeder meine unsichtbare Grenze achtete.

Jeder? Wie ich mich doch täuschte! Plötzlich ertönte eine laute, schrille Frauenstimme.

»Mein armes Kind!« Roswitha, eine langjährige Bekannte meiner Mutter, durchbrach förmlich die Mauer meines engsten Kreises, stürmte auf mich zu und drückte mich mit Schraubstockarmen an ihren nicht unbeträchtlichen Busen – so schnell, dass mir keine Zeit zum Ausweichen blieb.

»Ich weiß, wie du dich jetzt fühlst. Schließlich habe ich das Gleiche vor drei Jahren erlebt, als mein Werner von uns gegangen ist. Es ist ja so furchtbar, und überhaupt, die armen Kinder«, redete sie ohne Punkt und Komma auf mich ein, ohne zu merken, dass mein Körper sich reflexartig versteift hatte. Mit einem harten Ruck löste ich mich aus ihren Armen und trat einen Schritt zurück. Als sie meinen Blick wahrnahm, verstummte sie endlich mit zutiefst beleidigtem Gesichtsausdruck. Ich ließ sie einfach stehen und flüchtete zu Kathrin und Nicole.

»Wer ist das denn? Kann die dich jetzt nicht in Ruhe lassen?«, flüsterte Kathrin kopfschüttelnd.

Ich zuckte mit den Schultern und antwortete leichthin: »Vergiss es einfach.«

Doch so unbeschwert, wie ich mich gab, war mir nicht zumute. In mir brodelte es. Roswithas fehlendes Taktgefühl, der kurze Augenblick, in dem ich mich ihrer Grenzüberschreitung hilflos ausgeliefert sah, vor allem aber der Satz »Ich weiß, wie du dich jetzt fühlst« machten mich zornig und traurig zugleich. Niemand hatte das Recht, sich anzumaßen, er könne beurteilen oder gar wissen, wie ich mich fühlte. Schon allein deswegen nicht, da ich es doch selbst nicht hätte beschreiben können. Es gelang mir nur mit viel Mühe und Selbstdisziplin, meine Wut abzuschütteln. In wenigen Minuten sollte ich meinen Mann beerdigen. Momentan war keine Roswitha dieser Welt es wert, ihr auch nur eine halbe Sekunde mehr an Aufmerksamkeit zu schenken. Wenn überhaupt so viel!

***

Die anonyme Menschenmasse hatte sich an der kleinen Friedhofskapelle eingefunden, als wir eintrafen. Noch waren längst nicht alle da – auf dem Weg hierher war Stefan an unzähligen Grüppchen und Gruppen vorbeigefahren, die alle mit zügigen Schritten dasselbe Ziel ansteuerten.

Meine Tasche mit den Kissen fest umklammernd, Sophie an der anderen Hand und dicht neben David und Kristin gingen wir durch die Gasse hindurch, die auch jetzt wieder für uns gebildet wurde. Als wir an Peters Sarg anlangten, der nun auf einem vierrädrigen Metallgestell stand, warf ich einen Blick auf die von mir gewählte, nur knapp zwanzig Meter entfernte Grabstelle. Ein großer Erdhügel zeugte von der Vorbereitung der Friedhofsgärtner. Etwa vier Meter entfernt befand sich das bedrohliche schwarze Loch in der Erde, abgestützt mit Brettern und umringt von einigen Ständern, an denen Blumenkränze in den unterschiedlichsten Farben hingen. Sekundenlang durchbohrte das Bild wie ein Pfeil meinen schützenden Wall. In meinen Ohren begann es zu rauschen.

Ich wollte es nicht! Ich konnte es nicht! Niemand konnte von mir verlangen, dass ich blieb, um zuzusehen, wie dieses gefräßige Erdmaul gestopft wurde. Ich würde augenblicklich meine Kinder nehmen und verschwinden. Einfach abhauen, irgendwohin, wo die Sonne schien und die Welt noch ganz war.

»Die Welt ist nirgendwo ganz. Halte durch! Für Peter und für eure Kinder. In wenigen Minuten hast du es überstanden«, ermutigte mich meine innere Stimme. In diesem Augenblick fiel ein Sonnenstrahl auf die Wiese. Unwillkürlich sah ich nach oben – tatsächlich riss die Wolkendecke auf. Binnen kürzester Zeit lag die gesamte Wiese im Sonnenschein, der genau so lange anhalten sollte, bis alles vorbei war. Das Licht zauberte der unwirklichen Szenerie einen Teil der Trostlosigkeit einfach weg.

»Okay, Peter«, knurrte ich in Gedanken. Und wenn mein Verstand auch noch so entnervt die Augen verdrehte, es tat mir unendlich gut, den plötzlichen Wetterumschwung als Hoffnung und Mut spendendes Zeichen zu sehen.

»Können wir?«, fragte mich Herr Paulsen leise. Kristin hörte es und zupfte an meinem Arm.

»Mama! Die Herzen!« Ach ja. Die hätte ich beinahe vergessen.

»Moment noch!«, gab ich dem Pfarrer zur Antwort, verteilte die drei Kissen, reichte David die Schere und half erst ihm, anschließend dann den Mädchen dabei, sie zwischen den beiden mittleren Nähten zu zerschneiden, sodass jedes Kind am Ende zwei Hälften in der Hand hielt. In meinem Rücken spürte ich die verwunderten Blicke derer, die in unserer Nähe standen.

»Jetzt können wir«, forderte ich Herrn Paulsen auf. Die Sargträger setzten sich in Bewegung, meine Kinder und ich gingen einfach hinterher. Der sonst an dieser Stelle wohl übliche »Trauerzug« blieb uns erspart, da überall Personen standen, durch die wir einfach hindurchgingen. Wir überquerten die Wiese und erreichten nach wenigen Schritten unser Ziel.

Und jetzt? Quälende Minuten des Wartens. Darauf, dass die unzähligen Menschen sich auf der Wiese verteilten. Darauf, dass es endlich losging. Ich beschäftigte mich mit den Kränzen und Gestecken, um nicht in die rechteckige Öffnung sehen zu müssen. Starrte konzentriert auf die gedruckten Namen auf den Schleifenbändern: *Papa und Mama, Deine Brüder, Schwägerinnen, Nichten und Neffen, Ella, Die städtischen Kliniken, Marion, Stefan, Leonie und Dominik*, und, und, und. Viele. Eigentlich zu viele. Peter, der Gegner jeder Verschwendung, hätte uns gewiss sanft getadelt.

Schließlich blieb mein Blick an einem Satz hängen, der mich so berührte, dass sich erneut ein kleiner Stein meiner Schutzmauer lockerte. Ich bückte mich, zog die Kinder eng an mich, wies auf den Kranz und flüsterte: »Schaut mal! Ist das nicht einfach nur schön? David, lies Sophie diesen Satz bitte mal vor!«

»Die Kolleginnen und Kollegen der Anästhesie«, leierte er mit offensichtlichem Widerwillen herunter.

»Nein, ich meine die andere Seite des Bandes.«

»Wir werden dein Lachen vermissen«, las Kristin.

Und ich erst, dachte ich sehnsüchtig.

***

Plötzlich ging alles sehr schnell. Herr Paulsen hielt noch eine kurze, eine wirklich sehr kurze Ansprache. Mehr war nicht nötig, denn alles, was es zu sagen gegeben hatte, war in der Kirche gesagt worden. Die vier schwarz gekleideten Männer ließen den Sarg hinunter, David, Kristin, Sophie und ich traten an den Rand und blickten in die Tiefe, wo ein Gesteck aus lachsfarbenen Rosen und weißen Freesien unbeirrt leuchtete. Ohne zu überlegen, warf ich mein winzig erscheinendes Gebinde, das Frau Giesing mir am Eingang in die Hand gedrückt hatte, nach unten. Es verschwand zwischen den identischen Blumen, als hätte es nie existiert.

»Jetzt du, David?« Mein Sohn schluchzte. Ich bückte mich,

nahm ihn in den Arm und führte behutsam seine Hand, mit der er ein halbes rotes Herz hinterherwarf, dem schnell Kristins blaues, dann Sophies buntes folgten. Unmittelbar darauf zog ich die weinenden Kinder, die sich an die zweite Herzhälfte klammerten, vom Grab weg. Ich hätte es keine Sekunde länger ausgehalten, eilte mit gesenktem Kopf in einem Bogen um die Menschen herum, ging immer schneller, wollte nur noch weg. Aufatmend hielt ich an der Rückseite der Kapelle an. Hier waren wir außer Sicht – und mussten unsererseits nichts mehr von dem beobachten, was sich in fünfzehn Meter Entfernung abspielte. Mein Herz raste, dennoch fror ich plötzlich – ohne sagen zu können, ob es die innere oder die äußere Kälte war, die meine Zähne zum Klappern brachte.

»So!«, sagte ich zu meiner Mutter und Nicole, die uns bald darauf hinterherkamen, während ich mir mit fahrigen Bewegungen eine Zigarette anzündete. »Wegzugehen war die einzig richtige Entscheidung. Wir warten jetzt hier auf Stefan und fahren dann sofort zum Café Vergissmeinnicht. Die anderen werden schon wissen, wo sie uns finden.«

Erwartungsgemäß waren wir die Ersten. Nach und nach trudelten alle ein, denen ich ein Einladungskärtchen beigelegt hatte. Mit Schneeflocken auf den Jacken flüchteten sie ins Warme, denn kaum, dass wir aus dem Auto gestiegen waren, hatte der Winter seine Arbeit wieder aufgenommen.

Es war eine stille Gesellschaft, die sich an den Tischen verteilte. Unterhaltungen fanden, wenn überhaupt, im Flüsterton statt. Zunächst mussten alle die Eindrücke der vergangenen Stunden auf sich wirken lassen – und sich mit Kaffee, Tee oder Kakao aufwärmen. Sogar die Kinder gaben kaum einen Mucks von sich. Immer wieder spürte ich die vielen vorsichtigen Blicke, die mir von allen Seiten zugeworfen wurden.

Tut mir leid, Peter! Dein Wunsch nach einem lauten, lustigen

Beerdigungskaffee wird sich anscheinend nicht erfüllen, dachte ich betrübt. In einem Punkt hatte er dennoch recht gehabt: Mir tat die Nähe all der Freunde und Bekannten trotz des kollektiven Schweigens einfach gut.

Irgendwann stand etwa die Hälfte der anwesenden Kinder vor mir.

»Dürfen wir raus? Wir nehmen Sophie mit und passen gut auf sie auf!«, fragte Julika, Peters Nichte, mit dreizehn die Älteste und somit offenbar zum Sprachrohr der anderen Kinder ernannt.

»Natürlich dürft ihr raus. Aber zieht euch die Jacken …« Sie ließen mich nicht zu Ende sprechen, sondern stoben auf der Stelle davon. Kurz darauf hörte ich sie draußen laut lachen, während sie Fangen spielten und sich mit Schneebällen bewarfen, um endlich dem lange unterdrückten Bewegungsdrang nachzugeben.

Die Jugend hatte den Startschuss gegeben. Nach und nach wurde es im Raum lauter, wurden Plätze getauscht, kam einer nach dem anderen zu mir, um sich, für mich völlig unerwartet, zu bedanken.

»Man darf es in einer solchen Situation ja eigentlich nicht sagen, aber das war mit Abstand die schönste und persönlichste Beerdigung, die ich jemals erlebt habe. Ich danke Ihnen dafür. Ihr Mann wäre unheimlich stolz auf Sie und Ihre Kinder. Sie sind seinetwegen über sich selbst hinausgewachsen.« Professor Hennigs hatte meine Hand genommen und hielt sie lange fest. Die Umstehenden nickten. Ich merkte, dass ich vor Freude und Verlegenheit errötete.

»Peter war ein besonderer Mensch und hatte einen besonderen Abschied verdient. Aber so … Ich werde diesen Gottesdienst jedenfalls nie vergessen«, bestätigte Bernd.

»Wir werden Peter nie vergessen«, korrigierte Kathrin mit einem Lächeln.

»Mit Gewissheit nicht«, schloss Markus sich an, »er hat so viele Menschen berührt ...«

Es fiel mir schwer, den Dank für etwas auszuhalten, das ich doch nur für Peter, David, Kristin, Sophie und mich als wichtig empfunden hatte. Somit war ich froh, als die ersten Kinder wieder durch den Raum wirbelten, sich ein paar Brötchen griffen und wieder verschwanden, um den nächsten Platz zu machen. Mehr und mehr löste sich die Anspannung, bald erschien auch auf den Gesichtern der Erwachsenen ein erstes Lächeln. Jeder erzählte jedem irgendeine mit Peter erlebte Anekdote, die schnell aus dem Lächeln ein Lachen machte. Ich sonnte mich in der heiteren Atmosphäre, in der Peter noch so lebendig schien. Am liebsten hätte ich die Zeit angehalten. Doch die Uhr tickte unerbittlich. Schon schickten sich die Ersten an, nach Hause zu fahren, was den allgemeinen Aufbruch einläutete.

Einer nach dem anderem kam, um sich zu verabschieden, schüttelte die Hand oder zog mich kurz in den Arm, was ich inzwischen wieder ertragen konnte.

»Ich wünsche dir und den Kindern alle Kraft dieser Welt.«

»Wenn etwas ist, dann melde dich bitte.«

»Du bist so stark. Du schaffst das schon!«

Ich und stark! Welch eine Fehleinschätzung! Ich war doch nur für Peter stark!, dachte ich resigniert. Mit jedem scheidenden Gast wurde mir mulmiger zumute. Sie alle durften in ihr vertrautes Zuhause fahren, mit dem vertrauten Partner, in ihr vertrautes Leben. Nur ich war ab jetzt endgültig allein. Die Erkenntnis wog plötzlich schwerer als Blei.

»Du hast die Kinder«, erinnerte mich meine innere Stimme.

»Das kann man doch nicht vergleichen. Sie geben mir eine Aufgabe, aber sie sind kein Ersatz für Peter«, widersprach ich, während ich das aufmunternde Lächeln von Kristins Klassenlehrerin erwiderte und nach außen so tat, als glaube ich an meine eigene Selbstsicherheit.

Als Nächste stand Roswitha vor mir. Ihrem distanzierten Gesichtsausdruck nach hatte sie die Szene vor der Kirche nicht vergessen. Steif reichte sie mir eine Hand und sagte förmlich: »Ich wünsche dir alles Gute.«

Anschließend tätschelte sie Sophies Wange, strich Kristin über die Haare und beugte sich schließlich zu David herunter. Und dann hörte ich ihn zum ersten, aber leider nicht zum letzten Mal – diesen Satz, der meinen Adrenalinspiegel abrupt in die Höhe und Tränen der Wut in meine Augen trieb:

»Denk daran, David. Du bist jetzt der Mann im Haus! Pass gut auf deine Schwestern und deine Mutter auf!«

In mir explodierte etwas. Mein Mutterinstinkt schrie Alarm. Es kostete mich enorme Anstrengung, einigermaßen höflich zu bleiben.

»Wie kannst du so etwas sagen? David ist mein Kind und kein ›Mann im Haus‹. Er ist nicht mal elf Jahre alt! Wie kannst du einem Zehnjährigen eine solche Rolle aufbürden?«, fuhr ich sie an und stellte mich schützend vor meinen Sohn. Roswitha wandte sich wortlos ab und stolzierte mit erhobenem Kopf davon. Es lag mir auf der Zunge, ihr »Blöde Kuh!« nachzurufen. Kathrins Hand auf meiner Schulter besänftigte mich etwas.

»Reg dich nicht auf. Das ist doch nur dummes Gequatsche.«

»Sie weiß es nicht besser. Früher war das eben so«, versuchte meine Mutter ihre Freundin zu verteidigen, doch auch sie schien konsterniert.

David selbst wirkte vollkommen unbeteiligt. Ich konnte nur hoffen, dass er die gerade erlebte Szene schnell vergaß. Ein zehnjähriger, pausbäckiger »Mann im Haus«! Es gelang mir beim besten Willen nicht, über diese Vorstellung zu schmunzeln …

Es war Tobias, Peters und mein gemeinsamer Jugendfreund, der mich daran hinderte, an diesem Abend in ein Loch zu fallen.

»Was machst du heute noch? Soll ich später mal vorbeikommen? Ich schlafe bei meinen Eltern und fahre erst morgen nach Frankfurt zurück«, hatte er mich noch im Café Vergissmeinnicht gefragt.

»Gerne!«, hatte ich dankbar entgegnet, denn gerade dieser anstehende Abend lag mir bleischwer auf der Seele. Ich wusste nicht, wie ich das Alleinsein ertragen sollte. Nicht heute. Nicht nach einem solchen Tag, der so intensiv, so aufwühlend gewesen war. Tobias' Vorschlag bedeutete noch einmal einen Aufschub, eine kurzfristige Perspektive, eine Ablenkung, bevor ich mich endgültig in meinem neuen Leben zurechtfinden musste.

Er klingelte, als ich die Kinder ins Bett brachte. Wir quatschten bis spät in die Nacht. Über Peter. Über Peter. Und über Peter. Es war, als gäbe es kein anderes Thema mehr. Über ihn zu reden machte mich glücklich. Ein Gefühl, das ich mit ins Bett nahm. Tobias hatte sich gegen zwei Uhr verabschiedet, nachdem ich mehrfach gegähnt hatte. Die vergangene durchwachte Nacht forderte ihren Tribut.

Schläfrig lag ich unter Peters Decke und ließ meine Gedanken noch einmal durch den Tag gleiten. Was hatte Professor Hennigs gesagt? »Das war mit Abstand die schönste und persönlichste Beerdigung, die ich jemals erlebt habe.«

Wie recht er hatte, und wie unglaublich froh ich darüber war! Die geballte Zuneigung und Hochachtung, die all diese Menschen für Peter empfanden und ausgedrückt hatten, würde mich durch mein Leben begleiten und mir den Rücken stärken. Ab morgen begann eine neue Zeitrechnung. Das ominöse Trauerjahr – ein Begriff, bei dem jeder ein mitleidiges Gesicht aufsetzte. »Nach dem Trauerjahr wird alles besser«, hatte ich schon des Öfteren gehört. »Dann hast du den größten Teil der Trauerarbeit hinter dir.«

Es klang bedrohlich. Aber auch befremdlich. Als ob es einen Schalter gäbe, den man nach 365 Tagen voller nicht näher definierter »Arbeit« umlegen könnte. Jahr vorbei – Trauer aus?

Bisher war ich jedenfalls zu keinem Zeitpunkt traurig gewesen. Zumindest nicht über Peters Tod. Sterben zu dürfen war am Ende sein Glück gewesen – wie konnte ich also darüber traurig sein?

Ab morgen also. Schalter umlegen – Trauer an! Oder war ich schon mittendrin und hatte es vor lauter Aktionismus noch nicht bemerkt? War dieses nebulöse Jahr schon vor knapp sieben Tagen angebrochen, sodass mir »nur« noch 358 Tage bevorstanden? Ab welchem Zeitpunkt begann denn nun das Trauerjahr?

Oder anders gefragt: Wann begann eigentlich die – angeblich unumgängliche – Trauer?

Teil 3

Ein Jahr: Stagnation

Auf dem Weg durch die Monate,
die Jahreszeiten,
durch mein neues Leben
gehe ich zaghaft los.
Mein Ziel heißt: Ein Jahr,
bis es anders,
leichter, besser wird.
Oder vielleicht wieder … gut?
Die ersten vorsichtigen Schritte
werden allmählich fester,
ich laufe schneller,
renne gar, habe das Ziel erreicht.
Nur um festzustellen, dass ich
im Kreis gelaufen,
auf der Stelle getreten
und nirgendwo angekommen bin.

Jede Wette

»Wie geht es Ihnen? Möchten Sie einen Kaffee?«

»Danke, gut! Und ja, sehr gern.«

Während Frau Reinke die Maschine bediente, sah ich mich in dem inzwischen vertrauten Therapieraum um, der einem liebevoll ausgestatteten Kinderzimmer glich. Vom Kleinkind bis zum Teenager fand hier, zwischen Bausteinen und Puppensachen, zwischen Stofftieren, Büchern, Buntstiften und Papier, wohl jedes Kind etwas, das ihm das Gespräch mit der Kinder- und Jugendpsychologin erleichterte. Einzig der überladene Schreibtisch zeugte von der Anwesenheit Erwachsener – und davon, dass hier nicht nur gespielt, sondern intensiv gesprochen und gearbeitet wurde.

»Was machen die Kinder? Wie war Kristins Geburtstag?«, fragte sie, stellte eine Tasse Kaffee vor mich auf den Tisch und setzte sich mir gegenüber.

»Tja«, antwortete ich gedehnt, »der Geburtstag war eigentlich wie immer. Natürlich abgesehen davon, dass er ohne Peter stattfand. Morgens der Tisch mit neun Kerzen auf dem Kuchen und viel zu vielen Päckchen. Ich glaube, ich habe ihr Wünsche erfüllt, die sie vorher gar nicht hatte.«

»Das macht in dieser Situation nichts«, warf sie ein. Ich nickte.

»Das denke ich auch. Alles, was ein bisschen Freude macht, ist erlaubt. Zum Glück sind die Kinder noch klein genug, sich ablenken zu lassen und trotz allem freuen zu können. Es holt sie ja doch immer wieder ein.«

»Wie ging der Tag weiter?«

»Nach der Schule gab es das obligatorische Geburtstagskind-Wunschessen, nachmittags dann Kaffeetrinken mit Großeltern und Paten. Kristin möchte in diesem Jahr keinen Kindergeburtstag feiern. Ich kann das gut nachvollziehen, Peters Tod ist schließlich gerade mal drei Wochen her. Und David, der ja im nächsten Monat elf wird, hat sich ebenfalls dagegen entschieden. Ich habe ihnen vorgeschlagen, stattdessen im Sommer eine gemeinsame Gartenparty zu geben. Mal sehen, vielleicht haben sie dann ja Lust dazu.«

Sie nickte. »Das ist eine gute Idee! Wie haben Sie sich denn gefühlt, als die Familie da war?«

»Es war auf jeden Fall ziemlich merkwürdig. Mir ging es nicht schlecht, aber auch nicht gut. So fühle ich mich eigentlich ständig, bei allem, was ich mache. Ich funktioniere super – alles läuft! Ich rede, lache, kaufe ein, halte den Haushalt in Schuss, habe sämtliche Termine der Kinder im Griff. Aber es ist, als wäre ich nicht wirklich vorhanden. Als liefe ich neben mir her und sähe mir selbst dabei zu, wie ich lebe.«

»Nun«, sagte sie behutsam, »das ist momentan ganz normal. Sie müssen es sich so vorstellen: Fünf Personen leben in einem ordentlich sortierten Karton. Plötzlich kommt jemand, nimmt die Kiste hoch und schüttelt sie wie wild, bis eine der Personen herausfällt. Die vier Übriggebliebenen liegen inmitten des entstandenen Wirrwarrs am Boden und müssen nun wieder aufstehen. Sie müssen die Unordnung sichten, neu sortieren, ihren eigenen, jetzt aber anderen Platz im allmählich weichenden Chaos finden. So etwas geht nicht von heute auf morgen. Es kostet Zeit und Kraft.«

Das Bild gefiel mir. Frau Reinke hatte das Durcheinander ziemlich genau beschrieben, das in mir herrschte. Eines jedoch schien sie nicht bemerkt zu haben: Auch jetzt noch, drei Wochen nach Peters Beerdigung, war es, als ob ich mich in zwei Teile geteilt hätte. Der eine lag, nein, klebte regelrecht am Boden, während der andere sofort aufgesprungen war, um all das zu erledigen, was zu tun war. Perfekt erledigte, zumindest, was die Kinder und die Alltagsroutine betraf. Dieser zweite Teil wusste aus jahrzehntelanger Lebenserfahrung heraus genau, wann er wohin laufen und welche Arbeiten er ausführen musste. Mehr noch, er konnte sogar zum richtigen Zeitpunkt lächeln, mit anderen Menschen kommunizieren, essen, trinken und schlafen. Ich mochte diesen Teil an mir. Er gaukelte mir vor, ich hätte alles im Griff. Ich war nur zu gern bereit, ihm zu glauben …

***

Die Besuche bei der Kinderpsychologin taten mir gut. Sehr gut sogar, denn nach jedem Gespräch fühlte ich mich wieder ein Stück stärker.

Zwei Tage nach Peters Beerdigung war ich zum ersten Mal bei ihr gewesen. In der darauffolgenden Woche hatte jedes meiner Kinder einen halben Nachmittag bei ihr verbracht.

Anschließend hatte sie mir mitgeteilt: »Ich möchte nicht, dass die Kinder ständig über den Tod ihres Vaters reden müssen. Mir ist wichtig, Sie als Mutter auf den Beinen zu halten, damit Sie wiederum die Kinder stützen können. Sobald Sie Auffälligkeiten beobachten oder selbst nicht an eines der Kinder herankommen, werde ich selbstverständlich versuchen, mit dem jeweiligen Kind zu sprechen. Aber solange Sie den Eindruck haben, allen dreien nahe zu sein und ihre Reaktionen und Gefühle einschätzen zu können, sind Sie meine primäre Ansprechpartnerin.« Ich war begeistert gewesen. Ihre Vorgehensweise entsprach exakt meinen Wünschen. Es wäre mir schwergefallen, die Kinder immer wieder dem Schmerz auszusetzen, dem sie sowieso ständig ausgeliefert waren. Peter fehlte an jedem Morgen. Bei jeder Mahlzeit. An jedem Abend. Seine Abwesenheit war auch nach drei Wochen so intensiv spürbar wie am ersten Tag. David, Kristin und Sophie fanden glücklicherweise Ablenkung in Schule und Kindergarten, beim Sport und mit ihren Freunden. Wenn sie unser Haus betraten, leuchteten ihre Augen, und sie sprudelten los, um mir von den neuesten Erlebnissen zu berichten. Doch unmittelbar danach erlosch der Glanz, kehrten die Erinnerung und der Kummer zurück.

Ich teilte die Erinnerung, nicht aber den Kummer. Meine Gedanken waren mit jedem Atemzug bei Peter, dennoch spürte ich keinen Verlust. Die Rückkehr in den neuen Alltag ließ mir nicht eine Minute Zeit. Von dem Moment an, an dem ich wach wurde, bis zu dem Augenblick, an dem ich erschöpft ins Bett fiel, war ich ununterbrochen beschäftigt. Allabendlich schrieb ich meine Liste für den kommenden Tag und begann sofort nach dem Aufstehen damit, sie Punkt für Punkt abzuarbeiten.

Es gab tatsächlich viel zu tun. Doch über das Notwendige hinaus setzte ich mich unter einen enormen Druck, denn ich ging fest davon aus, dass die Außenwelt mich sehr genau beobachtete. Wohlwollend und freundschaftlich zwar und durchaus bereit, im Zweifel zu helfen, aber eben mit kritischem Blick. Ich hatte mir geschworen, diesem Blick standzuhalten und allen, in erster Linie jedoch mir selbst, zu beweisen, dass ich keine Hilfe benötigte. Es musste mir einfach gelingen, ohne oder allerhöchstens mit minimaler Unterstützung meine neue Rolle als alleinerziehende Mutter auszufüllen und Peters bisherigen Anteil mühelos mit zu übernehmen.

Mehr noch: Alles sollte nach Möglichkeit noch ein Stück perfekter sein als zuvor! Peters Haus: jederzeit aufgeräumt und akribisch geputzt. Peters Kinder: jeden Morgen in frisch gewaschenen und gebügelten Klamotten, gesund ernährt und selbstverständlich sowohl in der Schule als auch beim Sport überdurchschnittlich gut. Peters Frau: pflicht- und verantwortungsbewusst, gepflegt und fleißig, dabei niemals schlecht gelaunt, sondern stets heiter und ausgeglichen.

»Was du dir da vornimmst, ist total verrückt! Du *bist total verrückt! Du setzt dich unter einen viel zu hohen Druck. Und die Kinder gleich mit. Wie lange willst du das durchhalten? Du bist doch kein Übermensch!«*, schimpfte meine innere Stimme, als ich trotz Regens die Fenster putzte, weil es nun mal auf meiner Liste stand.

Ich lachte sie aus und erwiderte überheblich: »Du hast keine Ahnung! Ich muss nichts ›durchhalten‹. Das ist mein neues Leben. Je mehr ich leiste, desto stolzer wäre Peter auf mich.«

»Unsinn! Gerade Peter hat Menschen nie nach ihrer Leistung beurteilt.«

Wie ich diesen Widerspruch doch hasste, insbesondere, wenn er so treffend war.

»Er hat oft genug betont, dass er sich wünscht, ich würde wieder glücklich werden.«

»Allerdings! Wie du schon sagst: glücklich. Du wirst mir jetzt aber nicht weismachen wollen, dass es dich glücklich macht, dich pausenlos in blindwütigen Aktionismus zu stürzen?«

»Genau das«, behauptete ich trotzig. Was war schon Glück? Allenfalls etwas, an das ich mich nahezu ausschließlich im Zusammenhang mit Peter erinnern konnte. Meine Vorstellung von Glück war mit ihm gestorben. Zurzeit strebte ich lediglich nach einem Gefühl von Sicherheit. Und genau die fand ich in geputzten Fenstern, in blinkenden Wasserhähnen, in einem penibel aufgeräumten Haus. Wenn dort alles an Ort und Stelle lag, war ich zufrieden. Die Liste, die ich meist erst am späten Abend bis zum letzten Punkt abgearbeitet hatte, gab mir Rückendeckung – und nebenbei die Bestätigung, dass ich meiner neuen Aufgabe ohne Probleme gewachsen war. Außerdem verhinderte sie den Zustand, vor dem ich zurzeit die wohl größte Angst hatte: Leerlauf.

Leerlauf bedeutete, dass mein am Boden liegender Teil sich zaghaft zu Wort meldete. Leerlauf bedrohte meine Sicherheit, indem er mich zwang, mich mit mir selbst zu beschäftigen. Es gab nur einen Weg, diesem Leerlauf auszuweichen: Ich musste dafür sorgen, dass die tägliche Liste noch länger wurde.

Auf der Suche nach weiteren Beschäftigungen fiel mir der Rat ein, den Frau Reinke mir bereits bei unserem zweiten Gespräch gegeben hatte: »Reiten Sie! Ihr bester Psychologe steht im Stall. Satteln Sie Ihr Pferd, und lassen Sie sich von ihm durch die Natur tragen. Damit fangen Sie an, sich selbst wieder wahrzunehmen.«

Ihr Vorschlag hatte ambivalente Gefühle in mir ausgelöst. Aus diesem Grund hatte ich ihn zunächst auf Eis gelegt. Nun fiel er mir wieder ein. Ich wägte ab: Einerseits wäre mein achtzehnjähriger Diavolo mit Gewissheit eine willkommene zusätzliche Verpflichtung, die meinen Zeitplan weiter straffte. Ich kannte ihn von seinem ersten Lebenstag an, hatte ihn, nachdem er mit drei Jahren in meinen Besitz übergegangen war, selbst erzogen und ausgebildet, seit Peters Erkrankung jedoch bis auf wenige Situationen aus meinem Leben verdrängt. Sabine, meine Reitbeteiligung, die ihn seither weitgehend allein betreute, wäre sicher heilfroh, wenn sie die tägliche Verantwortung reduzieren könnte.

Auf der anderen Seite wusste ich intuitiv, dass Frau Reinkes Prognose, ich würde mich selbst wieder wahrnehmen, sich bewahrheiten könnte. Sie mochte dies als positiv ansehen, mich hingegen schreckte es. Diavolo, mein vertrauter Vierbeiner, würde einen Stein in meiner so wohltuenden Schutzmauer lockern. Doch ich wollte lieber gar nichts spüren, außer mit den Kindern, die mir hin und wieder ein echtes Gefühl, ein tatsächlich empfundenes Lachen entlockten. Irgendwo in mir lauerte etwas, das einer sprungbereiten Raubkatze glich, die nur darauf lauerte, ihre Beute zu jagen, zu töten und zu verschlingen, sobald diese sich aus ihrem Versteck wagte. Ich hatte das hungrige Raubtier zwar hinter dicken Steinblöcken eingemauert, merkte jedoch hin und wieder, dass es seine Krallen in den Mörtel schlug. Ohne jeglichen Erfolg bisher, aber um es auf Dauer zu bändigen, blieb mir keine andere Wahl, als Situationen zu meiden, die ihm den Ausbruch erleichterten.

Ein Ausritt durch den Wald jedoch bedeutete die unausweichliche Konfrontation mit all den Empfindungen, die ich nicht spüren wollte: Freiheit. Lebenslust. Eins werden mit dem warmen Pferdekörper unter mir. Tiefe Ruhe. Eine baumelnde Seele. Etwas Ähnliches wie … Frieden? Nichts davon könnte ich ertragen.

Dennoch hatte Frau Reinke eine vage Sehnsucht in mir wachgerufen. Ich musste ja nicht zwingend ausreiten. Es gab schließlich noch die Halle, in der das Reiten weniger der Entspannung diente als vielmehr anstrengende sportliche Betätigung war. Vielleicht gelang es mir ja, Diavolo ganz einfach auf die Funktion eines seelenlosen Sportgerätes zu reduzieren?

***

Zu meinem Erstaunen klopfte mein Herz erwartungsvoll, als ich zum ersten Mal in diesem Jahr in Reithose und Stiefel schlüpfte und den kurzen Weg zum Stall zurücklegte. Als ich aus dem Auto stieg, stieß ich ohne nachzudenken den langgezogenen Pfiff aus, mit dem ich meinem Pferd seit Jahren mein Kommen ankündigte. Es blieb eine Sekunde lang still. Dann ertönte ein schrilles, aufgeregtes und sehr vertrautes Wiehern. Zögernd blieb ich stehen. Sekunden später polterte es mehrfach. Diavolo, der trotz seines gesetzten Alters noch immer recht temperamentvoll war, trat lautstark mit dem Huf gegen die Stalltür.

»Da freut sich aber jemand, dass du endlich wiederkommst!«, lachte mich Ilka an, die gerade über den Hof lief. »Mach mal schnell, bevor der Kerl die ganze Tür zertritt und sich womöglich noch verletzt.«

Diavolo wartete mit gespitzten Ohren auf mich und brummelte zur Begrüßung. Als ich die Box öffnete, trat er ungeduldig einen Schritt vor und blies mir seinen warmen Atem ins Gesicht, bevor er seinen großen Kopf auf meine Schulter legte. Ich konnte nicht anders, als meinem »Sportgerät« minutenlang den Hals und die Nase zu streicheln, was Diavolo mit halb geschlossenen Augen genoss. Und nicht nur er! Ich hatte keine Chance, mich gegen die Rührung zu wehren, die mich bei sechshundert Kilo vierbeiniger Zuneigung überfiel.

Als ich, wesentlich später als vorgesehen, nach Hause fuhr, tat mir alles weh. Ein Jahr ohne Training machte sich bemerkbar, ich spürte Muskeln, von deren Existenz ich keine Ahnung mehr gehabt hatte. Mein Pferd hatte meine volle Konzentration gefordert, und es hatte mehr als eine Stunde gedauert, bis wir gegen Ende endlich zu unserer alten Vertrautheit zurückgefunden hatten. Erst als ich abgestiegen war, war mir aufgefallen, dass seit unzähligen Wochen erstmalig ganze sechzig Minuten hinter mir lagen, in denen ich kein einziges Mal an Peter gedacht hatte. Ich hatte Diavolo sanft in die Nase gekniffen.

»Soll ich das jetzt gut oder schlecht finden?«

Erwartungsgemäß hatte er keine Antwort gegeben, jedoch höchst zufrieden ausgesehen und auf der Suche nach einer Belohnung mit den Zähnen an meiner Jacke gezupft. Er war »nur« ein Tier. Aber dieses Tier hatte mir gerade sehr viel gegeben.

***

»Und wie lange hat dieses gute Gefühl angehalten?«, fragte Frau Reinke, die meiner Schilderung aufmerksam gefolgt war, am darauffolgenden Vormittag.

»Bis ich wieder zu Hause war. Dann schlug es fast sofort ins Gegenteil um. Vielleicht, weil ich mich nach den Stunden im Stall stark genug fühlte, endlich mal in den Ratgebern zur Trauerbewältigung zu blättern, die mir verschiedene Leute geschenkt haben. Aber da finde ich mich einfach nirgendwo wieder, und das ärgert mich. Außerdem verunsichert es mich total. Ich habe beim Lesen andauernd den Eindruck, nicht normal zu sein.«

Sie schmunzelte.

»Weil Sie Ihr Leben im Griff behalten wollen? Weil Sie und Ihre Kinder auch mal ein Lachen zulassen? Was erhoffen Sie sich denn von den Büchern?«

»Konkrete Tipps. Tun Sie das, tun Sie jenes. Machen Sie A, dann werden Sie als Ergebnis B erreichen. Stattdessen stehen da ständig irgendwelche allgemein gehaltenen Aussagen, man solle Geduld mit sich haben, auf die Zeit vertrauen, sich selbst in seiner Trauer ernst nehmen. Wenn ich wenigstens traurig wäre! Irgendwie scheint das die Grundvoraussetzung zu sein. Alle erwarten, dass ich traurig bin. Aber ich habe drei Kinder, die sich an mir orientieren – und weder Zeit noch Lust, heulend in der Ecke zu sitzen und mich um mich selbst und meine nicht vorhandene Trauer zu drehen.«

»Nein. Das merkt man. Sie haben zurzeit einen anderen Weg gewählt. Aber …«

Ich hatte mich in Rage geredet und hörte nicht richtig zu. Es erstaunte mich, wie zornig ich wurde, als ich an die Bücher dachte, die auf meinem Nachtschränkchen lagen.

»Okay, ein paar konkrete Tipps gibt es doch. Aber was für welche! Da schreibt die eine Autorin doch glatt, ich sollte versuchen, die Kleidung des Verstorbenen aus dem Schrank zu räumen«, fiel ich Frau Reinke ins Wort. »Und wenn es mir nicht gelänge, soll ich den Versuch in ein paar Wochen erneut starten. Was erwartet die denn? Ex und hopp? Peter ist tot – und nun hat auch alles zu verschwinden, was ihm persönlich gehörte? Das käme mir ja so vor, als ob ich ihn verraten und aus dem Haus werfen würde! Ich bin durchaus gewillt, mir Rat zu holen. Aber doch nicht so einen Unsinn.«

Ein letzter Rest an Höflichkeit bremste mich, bevor ich vor

Wut mit der Hand auf den Tisch geschlagen, mit dem Fuß aufgestampft oder – noch besser – irgendeinen Gegenstand durch die Gegend gepfeffert hätte.

»Nun beruhigen Sie sich erst mal«, sagte Frau Reinke begütigend, wartete einen Moment, bis meine Atmung wieder gleichmäßiger wurde, und fuhr dann fort: »Sie suchen Rat, finden aber nicht den zu Ihnen passenden. Es wird etliche Menschen in einer vergleichbaren Situation geben, die beispielsweise dem Vorschlag, die Kleidung auszuräumen, folgen werden, weil sie sich danach tatsächlich besser fühlen. Für viele ist es nach dem Tod eines Angehörigen der allererste Schritt, den sie für sich als richtig, als erleichternd empfinden, sich oft noch vor der Beerdigung von dem persönlichen Eigentum des Verstorbenen zu trennen. Sie empfinden diese Dinge als zusätzlich quälenden Ballast.«

»Peters Sachen sind für mich kein Ballast. Mir ist klar, dass ich sie irgendwann sortieren muss. Aber doch noch nicht jetzt. Vielleicht in ein, zwei Jahren oder so.«

»Niemand zwingt Sie. Es ist allein Ihre Entscheidung, einen Rat anzunehmen oder eben nicht. Jeder hat das Recht, sich seinen individuellen Weg zu seiner individuellen Zeit zu suchen. Haben Sie denn überhaupt schon etwas im Haus verändert, seit Ihr Mann nicht mehr da ist?«

»Nein. Oder doch. Ich habe in Absprache mit den Kindern fünf Bilderrahmen gekauft. Drei kleine, zwei größere. Jedes Kind hat nun ein Foto von Peter in seinem Zimmer. Die beiden anderen Rahmen hängen im Flur. In einem ist ebenfalls ein Bild von ihm, in dem anderen der Spruch, der mir so viel Kraft gibt. Sie wissen schon, der, der mit ›Der Tod ist ganz bedeutungslos‹ beginnt. Ich habe ihn abgetippt, ein schönes Schriftbild ausgesucht und das Ganze auf edlem Papier ausgedruckt und gerahmt.«

Sie nickte. »Sie haben bereits erwähnt, dass Sie diesen Spruch in Auszügen für die Danksagungen wählen wollten. Er scheint Ihnen wirklich viel zu geben.«

»Ja. Ich stehe jeden Tag mehrfach davor, seit er da hängt«, gab ich leicht verlegen zu. Dann fiel mir etwas ein. Ich griff in meine Tasche und zog einen Umschlag heraus.

»Apropos Danksagung: Die hier ist für Sie, die hätte ich fast vergessen. Der Rest ist vorgestern in die Post gegangen. Es waren Massen, viel mehr als die Todesanzeigen. Nach der Beerdigung trudelten noch immer unzählige Briefe und Karten ein, mit denen ich niemals gerechnet hätte. Das war echt Arbeit – ich habe fast einen kompletten Tag gebraucht, bis ich sämtliche Briefe gesichtet und alle Adressen geschrieben hatte. Nun hoffe ich mal, dass ich niemanden übersehen habe. Ich bin noch immer ganz platt, wie vielen Menschen Peter etwas bedeutet hat. Manche haben mehrere Seiten geschrieben. Und aus jeder Zeile spricht pure Sympathie.«

Frau Reinke öffnete das Kuvert.

»Sie haben ja die gleiche Karte wie bei der Todesanzeige als Vorlage genommen«, sagte sie überrascht.

»Klar, warum nicht? Eine schönere gibt es aus meiner Sicht nicht. Außerdem gehören die beiden Karten zusammen.«

Die Danksagungen hatten mir viel Kopfzerbrechen bereitet, weshalb ich es lange vor mir hergeschoben hatte, sie zu entwerfen. Wie alles, was sich auch nur im Entferntesten auf meinen Mann bezog, mussten sie einfach so gestaltet sein, dass ich zu hundert Prozent mit ihnen zufrieden war – ohne Standardfloskeln und persönlich auf Peter zugeschnitten. Nebenbei sollten sie auch den Termin für das Sechswochenamt enthalten, das unerbittlich näher rückte, sodass mir vor einigen Tagen nichts anderes übrig geblieben war, als stundenlang über einem passenden Text zu bruten, der all das ausdrückte, was ich empfand. Am Ende hatte ich die Worte gefunden, die sich richtig anfühlten:

Eure überwältigende Anteilnahme, die vielen Worte und Taten der Zuneigung und Freundschaft brachten uns Licht in diese dunkle Zeit und machten Peters Abschied zu einer würdevollen Ehrung eines wunderbaren Menschen. Wir möchten Euch von ganzem Herzen dafür danken.

Auf der Vorderseite prangte der kurze Auszug meines liebsten und immer wieder Mut machenden Zitates:

Der Tod ist ganz bedeutungslos. Ich warte die Pause ab, irgendwo ganz in der Nähe, nur gerade um die nächste Ecke. Es ist alles in Ordnung.

Frau Reinke wirkte angetan. »Sehr schön«, lobte sie mich. »Da ist alles drin, was rein musste.«

»Und ich bin heilfroh, dass es erledigt ist. Jetzt kann ich nach vorn gucken«, sagte ich unüberlegt und hätte mir am liebsten sofort auf die Zunge gebissen. Inzwischen kannte ich Frau Reinke gut genug, um zu wissen, dass sie jede unbedachte Äußerung prompt hinterfragte und mich somit zwang, mich mit meinem eigenen Gerede auseinanderzusetzen. Da kam es auch schon:

»Wie soll dieses Nach-vorn-Gucken denn aussehen? Welche Pläne haben Sie?«

»Pläne? Keine. Ich mache einfach so weiter wie bisher«, antwortete ich schulterzuckend.

»Das glaube ich Ihnen nicht. Sie sind nicht der Typ, der Stillstand lange erträgt. Ich gehe jede Wette ein, dass Sie mir in einer Woche wieder viel zu berichten haben«, provozierte sie mich lächelnd und drückte mir zum Abschied fest die Hand.

Erste Schritte

Pah!, dachte ich rebellisch, als ich nach Hause fuhr, was für Pläne soll ich denn schon haben? Läuft doch alles.

Und Pah!, dachte ich erneut, als ich kurz darauf durch mein Haus lief, um die Betten der Kinder zu machen und jeden Raum akribisch aufzuräumen. Mein drittes Pah! fiel ein wenig unentschlossener aus, denn ich befand mich inzwischen im Schlafzimmer – in genau dem Raum, den ich seit Wochen nach Möglichkeit nur betrat, wenn mir vor Erschöpfung fast die Augen zufielen und ich sicher war, sofort einschlafen zu können. Nicht, weil Peter hier gestorben war. Eher das Gegenteil war der Fall. Hier, in diesem Zimmer, war er noch so lebendig, so spürbar, sodass all die Erinnerungen auf mich einstürmten, die ich ansonsten erfolgreich verdrängte: Erinnerungen an intensive Gespräche. An gelebte Zweisamkeit. An Zärtlichkeit und Nähe. An ... Liebe.

Ich wich diesen Erinnerungen aus, so gut ich konnte, sprang morgens gleich aus dem Bett, hielt die Tür den Tag über geschlossen und öffnete sie nur, wenn ich mich umziehen, putzen oder lüften wollte. Mir fehlte jede Idee, wie sich unser gemeinsames Zimmer jemals zu »meinem« Raum entwickeln sollte. Im Prinzip erging es mir im gesamten Haus ähnlich, wenngleich in abgemilderter Form, und ab und zu kämpfte ich sogar gegen den Impuls, alles zu verkaufen und mir und den Kindern ein neues Umfeld zu suchen, um einen kompletten Neuanfang zu starten. In solchen Momenten hielt meine innere Stimme mit den immer gleichen Argumenten dagegen.

»Das kannst du nicht machen! Du kannst den Kindern nicht zu-

muten, nach ihrem Vater nun auch noch ihr Zuhause zu verlieren. Die Nachbarschaft, die Schulen, die Freunde, die in der Nähe wohnen, und nicht zuletzt ihre eigenen, vertrauten Zimmer geben ihnen Sicherheit. Bitte lass solche spontanen, unüberlegten Aktionen, die du irgendwann bitter bereuen würdest. Das hier ist schließlich auch dein Zuhause.«

»Mein Zuhause? Ich habe kein Zuhause mehr. Nur noch ein Haus, das mir ein Dach über dem Kopf bietet. Mein Zuhause hieß Peter.«

Es klang bitter. Und doch entsprach es exakt dem, was ich empfand. Peters Tod hatte mich heimatlos gemacht. Insofern war es tatsächlich egal, ob ich in meinem Haus wohnen blieb oder nach einem veränderten Umfeld suchte. Auch dort hätte ich keine Wurzeln.

»Nun sei nicht so pessimistisch und nicht so schrecklich ungeduldig. Die Zeit ist deine Freundin, sie wird dir helfen, wieder Fuß in deinem Leben zu fassen und dein Haus wieder als Zuhause anzusehen«, orakelte mein anderes Ich. Ich glaubte ihm kein Wort. »Zeit« war mir ein viel zu abstrakter Begriff, den mir schon etliche Menschen tröstend in Aussicht gestellt hatten. »Die Zeit heilt alle Wunden!«, heißt es. Aha! Folglich setzte ich mich am besten in eine Ecke und verharrte dort in meiner defensiven Rolle, bis diese launische Zicke »Zeit« sich meiner entsann?

Doch ich hatte der Zeit bereits Zeit gegeben, ihre angeblich so heilsamen Kräfte zu entfalten. Nichts war geschehen. Vier Wochen lang hatte sich in meinem Inneren rein gar nichts bewegt. Wie lange brauchte die »Zeit«? Vier Monate? Vier Jahre? Vier Jahrzehnte?

Nein. So viel Geduld würde ich nicht aufbringen. Ich beschloss, der Zeit ein Schnippchen zu schlagen. Genug der emotionalen Passivität! Ab jetzt würde ich der Zeit entgegengehen und aktiv Veränderungen vornehmen. Dieser angeblichen »Freundin« musste ich Beine machen, indem ich nach Wegen suchte, meine offenbar unumgängliche Verarbeitung der Geschehnisse zu beschleunigen. Ab jetzt war ich kein duldsames Schäfchen mehr. Von dieser Minute an konnte diese »Zeit« mich einfach mal!

***

Gedacht, getan. Eine Stunde später befand ich mich in der zweiten Etage eines großen Möbelhauses. Nachdem ich meinen kämpferischen Entschluss gefasst hatte, war ich voller Elan durch mein gesamtes Haus gelaufen, um zu überlegen, was ich alles ändern wollte. Um festzustellen, dass ich mich von keinem einzigen Möbelstück würde trennen können und auch ansonsten nicht das kleinste Teil verrücken, austauschen oder entsorgen könnte. Mit einer Ausnahme: Das Bett musste raus. Sofort! Es war nicht nur zu groß für mich allein, es barg einfach zu viele Dämonen. Ein kleineres musste her, das aber immer noch groß genug für eine weitere Person wäre. Falls eines der Kinder mal krank würde. Falls die Kinder irgendwann wieder kuscheln kämen. Früher war es der sonntägliche Standard gewesen, zu fünft, auf vier Quadratmetern zusammengequetscht, den Tag zu beginnen. Seit Peters Tod schienen die Kinder dieses Ritual zu meiden, was aber durchaus auch daran liegen konnte, dass ich meist vor ihnen auf den Beinen war. Auch sonst waren Zärtlichkeiten rar geworden. David wich ihnen gänzlich aus, Kristin reichte eine kurze Umarmung. Lediglich Sophie kletterte oft auf meinen Schoß und holte sich Nähe, wobei ihr Temperament sie selten mehr als ein oder zwei Minuten zur Ruhe kommen ließ.

Ich entschied mich schnell. Helles Holz, das zur restlichen Möblierung passte, schlicht, aber solide verarbeitet. Jawohl, das würde mein Bett werden, in dem ich auch mal wieder lesen oder einfach tagträumen konnte. Doch als ich den Kaufvertrag unterschrieb, bekam meine Vorfreude einen kleinen Dämpfer:

»Wir liefern dann in ungefähr sechs bis acht Wochen.«

So lange sollte ich warten müssen? Jetzt, wo ich mich entschieden hatte, wollte ich das alte Bett am liebsten sofort austauschen. Ich wäre fast vom Vertrag zurückgetreten und zu IKEA gefahren, aber dieses Möbelstück gefiel mir zu gut, sodass ich mich zähneknirschend damit abfand, noch einige Wochen lang allabendlich Peters leerer Betthälfte den Rücken zuzudrehen. Immerhin, es war ein Lichtblick, eine erste Veränderung war angestoßen.

Als ich den Laden verließ, empfand ich eine Mischung aus Wehmut und Stolz. Es war das erste Mal, dass ich eine solche Entscheidung allein getroffen hatte. Ohne Kompromisse schließen zu müssen, hatte ich etwas gekauft, was nur für mich sein sollte und nur mir gefallen musste. Auch wenn es lediglich ein Bett war – dieser Kauf war richtungsweisend für mein weiteres Leben, in dem ich sämtliche Entscheidungen allein würde treffen müssen. Da konnte ich nur hoffen, dass die nächsten mir ebenso leichtfallen würden wie diese. Ein winziges Gefühl in meinem Innern signalisierte mir allerdings, dass diese Hoffnung trügerisch war.

***

»Kind, wie geht es dir?«

Ich war kaum zu Hause, da klingelte das Telefon. Was es bei Weitem nicht mehr so oft tat wie noch vor zwei Wochen. Der Alltag hatte meinen Freundeskreis wieder eingeholt. Meine engsten Freundinnen meldeten sich zwar regelmäßig, die Abstände waren jedoch größer geworden. Einzig meine Mutter, die seit zwei Jahren Rentnerin war, rief täglich an oder kam vorbei, um sich persönlich von meinem Zustand und dem der Kinder zu überzeugen. So auch jetzt.

»Ich komme gerade von Knuffrath. Hab mir ein neues Bett bestellt. Das wird Mitte April geliefert.«

»Das war eine gute Idee! Schaffst du …« Sie zögerte. »Schaffst du das denn finanziell? Ich meine, du hast ja demnächst weniger Geld …«

»Kein Problem.« Zurzeit landeten hier zwar täglich Rechnungen, aber eben auch die ganzen Unterlagen von den Versicherungen mit den Informationen über meine zukünftigen Einkünfte. Die Papierberge wuchsen in schwindelerregende Höhen, es wurde höchste Zeit, dass ich mich darum kümmerte. »Ein Bett ist nach allem, was ich bisher gesehen habe, auf jeden Fall drin.«

Tatsächlich verging kein Tag, an dem ich nicht mehrere Briefe aus dem Kasten zog. Mein Steuerberater hatte sich emsig gekümmert, sodass auf meinem Konto die ersten Zahlungen eintrudelten. Ich hatte mir angewöhnt, Stapel zu machen: Rentenversicherung. Lebensversicherung. Krankenversicherung. Übrige Versicherungen. Offene Rechnungen. Der blanke Horror für jemanden wie mich, die ich bisher den leidigen Papierkram vertrauensvoll Peter hatte überlassen können. Der hatte zu meiner Verwunderung sogar Spaß daran gehabt, unsere Bürokratie zu managen. Noch fehlte mir jeder Durchblick, und ich schob die konkrete Auseinandersetzung, das Bearbeiten, Sortieren, Beantworten und Abheften, erfolgreich von einem Tag auf den nächsten, was die Stapel immer weiter anwachsen ließ. Wie zur Bestätigung hörte ich das Klappern des Postkastens. Ich seufzte auf. Mit Sicherheit waren es weitere Schreiben. Heute Abend. Spätestens morgen. Allerspätestens übermorgen musste ich mich wirklich kümmern.

»Und sonst? Soll ich kommen? Kann ich was tun?«

»Nein. Ich muss gleich Sophie abholen und kochen. Heute Mittag hat Kristin Reitstunde, David Training und das Küken Chor. Ist alles organisiert.«

»Hast du was von Kathrin gehört? Oder von den anderen?«

»Ja, klar. Die melden sich ein bis zwei Mal pro Woche. Wieso? Wie kommst du jetzt darauf?«

»Nun«, druckste sie herum, »ich mache mir halt Sorgen um dich. Du wirst in Zukunft ja ziemlich allein sein.«

Ich merkte ihr an, dass sie etwas auf dem Herzen hatte. Ein Blick auf die Uhr machte mir jedoch bewusst, dass mir die Zeit für langatmige Ausführungen fehlte.

»Komm mal zum Punkt. Was willst du mir sagen?«, forderte ich sie in etwas zu schroffem Tonfall auf. Ich kannte die Liebe meiner Mutter zu Details, teilte sie allerdings nicht.

»Na ja, ich möchte dich nur vorwarnen. Dein Freundeskreis besteht ja zum großen Teil aus Paaren. Du wirst dich notgedrungen darauf einstellen müssen, dass die sich mit der Zeit zurückziehen werden.«

Jetzt war ich ehrlich erstaunt.

»Warum sollten sie das tun?«

»Kind, überleg doch mal! Paare bleiben lieber unter sich. Eine alleinstehende Frau wird schnell als Bedrohung angesehen.«

Ich verstand nur Bahnhof.

»Bedrohung? Wofür?«

»Na, für die Beziehung. Die Frauen werden Angst davor haben, dass ihre Männer Interesse an dir entwickeln und ...«

Mehr hörte ich nicht, weil mir vor Lachen fast der Hörer aus der Hand gefallen wäre.

»Sag mal, spinnst du?«, prustete ich los. »In welcher Zeit lebst du denn? Und welches Bild hast du von mir beziehungsweise von den anderen Frauen? Ich lach mich kaputt! Als ob ich nichts anderes im Sinn hätte, als meinen Freundinnen die Männer auszuspannen! Und als ob die Männer mich umgekehrt plötzlich als Freiwild ansähen und ihre Partnerinnen mit mir betrügen wollten! Die lieben ihre Frauen, verstehst du?«

Sie war spürbar gekränkt. Schnippisch erwiderte sie:

»Ich meine es nur gut! Früher war das so. Eine Witwe ... ach, ist ja auch egal. Du musst deine eigenen Erfahrungen sammeln. Ich kann dir nur wünschen, dass du recht behältst!«

Noch immer kichernd beendete ich das Gespräch. Doch auf dem Weg zum Kindergarten arbeitete es in meinem Kopf. Wie um alles in der Welt kam meine Mutter auf solch einen Quatsch? Wenn der Mann einer meiner Freundinnen gestorben wäre, hätte ich doch niemals Sorge gehabt, dass sie Trost bei Peter suchen oder gar finden würde. Eine leise Skepsis schlich sich dennoch in meine Gedanken. Wer sagte mir denn, dass Kathrin, Nicole, Rita, Marion und wie sie alle hießen, das genauso sahen? Ich musste das Thema ansprechen. Bald. Die Saat, die meine Mutter gesät hatte, durfte auf keinen Fall keimen.

***

Die Termine rund um die Kinder lenkten mich von meinem Vorsatz ab. Erst am Abend, als im Haus Ruhe eingekehrt war, kam ich dazu, mich mit all meinen aufgeschobenen Gedanken und Ideen zu beschäftigen. Doch zunächst holte ich die vergessene Post herein. Endlich! Der Brief meiner Krankenkasse, in dem sie mit reichlich Verzögerung ihre mündliche Zusage bestätigte, meine Kinder als Familienmitglieder und somit beitragsfrei gesetzlich zu versichern. Bis zu Peters Tod waren er und sie Mitglieder einer privaten Krankenversicherung gewesen. Nun hatten die Kinder dieses Privileg eingebüßt.

Das nächste Schreiben war an Peter adressiert und enthielt eine hohe Rechnung über die letzten Chemotherapien. Ich verzog das Gesicht. Angesichts dieses Betrages sollte ich sie besser nicht unbeachtet zur Seite legen, sondern schnellstmöglich einreichen.

Der letzte Umschlag enthielt ein Schreiben von Peters privater Rentenversicherung.

»Sehr geehrte Frau … bla, bla, bla … übersenden wir Ihnen hiermit Ihren Rentnerausweis, den Sie bitte zukünftig …«

Meinen *was?* Geschockt starrte ich auf die beigefügte Karte.

Tatsächlich. Mein Rentnerausweis. Ich war gerade mal achtunddreißig Jahre jung und hielt einen Rentnerausweis in den Händen, auf dem mein Name stand. So schnell konnte man also altern! Rentnerin. Witwe. Sonst noch was? Ach ja, eine Gefahr für die Partnerschaften meiner Freundinnen. Der Tag hatte es echt in sich!

Mit spitzen Fingern legte ich das Ding beiseite. Ich wusste nicht, ob ich lachen oder heulen sollte. War es komisch oder eher tragisch?

»Ab jetzt kannst du überall verbilligte Seniorentickets kaufen!«, feixte meine innere Stimme vergnügt. *»Und im Bus stehen die jungen Leute unter sechzig für dich auf! Wenigstens können deine Freundinnen aufatmen. Du als strickende Schaukelstuhl-Oma stellst keine Konkurrenz mehr dar.«*

»Dumme Nuss!«, brummte ich griesgrämig.

»Solltest du jemals wieder heiraten, erlischt dein Rentenanspruch. Grund genug, dich in ein paar Jahren auf den Kaffeefahrten mal unter den Achtzigjährigen umzusehen«, alberte es glucksend in mir weiter. Ich konnte nicht anders, als mitzulachen, verbannte den Ausweis jedoch sofort in den hintersten Winkel meines Dokumentenfachs. Rentnerin! Ich! Über dieses Ding würde ich absolutes Stillschweigen bewahren!

»Kathrin, stell dir vor, ich habe vorhin einen Rentnerausweis aus der Post gefischt!«

So viel zum Thema Stillschweigen. Mein Mundwerk war mal wieder schneller als mein Verstand.

Wie erwartet kicherte meine Freundin am Telefon los. Dann sagte sie trocken: »Prima. Da sparst du in den Bonner Museen einen Euro Eintritt! Grund genug, bald herzukommen – nebenbei gibt es in den Restaurants vorzügliche Seniorenmenüs!«

»Danke, du bist eine echte Freundin.«

»Wer den Schaden hat, braucht für den Spott … du weißt

schon! Nein, ernsthaft, sei doch froh darüber. Ohne deine Witwenrente und die Halbwaisenbezüge hättest du mit Sicherheit ein paar Probleme mehr.«

»Ich weiß. Es sieht so aus, dass ich mit meiner Teilzeitstelle finanziell zurechtkommen werde. Dadurch habe ich glücklicherweise mehr Zeit für die Kinder.«

»Und die brauchst du ganz dringend. Also sei froh und dankbar, dass Peter euch abgesichert hat. Was meinst du denn, ab wann du wieder arbeiten gehst?«

»Tja.« Sie hatte ein heikles Thema angesprochen. Wieder arbeiten zu gehen bedeutete, den schützenden Kokon meines Hauses zu verlassen und einen großen Schritt in die »normale« Welt zu tun. In meinem Fall hieß es zusätzlich, dass ich auf all die Kollegen träfe, die Peter gut gekannt hatten. Meine Fantasie gaukelte mir mitleidige Blicke und einen Spießrutenlauf vor, was mir ein flaues Gefühl im Magen bereitete. Außerdem schreckten mich die Patienten ab. Die, die Krebs hatten. Die, die in absehbarer Zeit sterben würden. Die, die nicht wissen konnten, wer sich hinter der MTA verbarg, die Röntgenbilder von ihnen anfertigte.

Kathrin ließ mir Zeit, meine Antwort zu suchen. Sie kannte meine Ängste – und verstand sie.

»Was sagt denn dein Hausarzt?«, fragte sie schließlich behutsam.

»Der hält mich noch nicht für arbeitsfähig. Irgendwie scheint der hinter meine Fassade zu gucken.«

»Dann ist doch alles gut. Nimm dir die Zeit, die du brauchst. Irgendwann wirst du dich auf die Klinik und die Kollegen freuen. Wenn sich zu Hause alles ein bisschen eingespielt hat und dir die Decke auf den Kopf fällt.«

»Ja. Vermutlich. Aktuell habe ich aber ein ganz anderes Problem.«

»Schieß los.«

Ich schluckte. Doch ich hatte mir vorgenommen, offensiv vorzugehen. Also trat ich die Flucht nach vorne an.

»Hast du eigentlich Angst, dass ich als Single eine Gefahr für eure Ehe darstellen könnte?«

Kathrin schien sprachlos. Es dauerte zwei, drei Sekunden, bis sie schallend loslachte.

»Wie kommst du denn darauf? Wer erzählt so einen Quatsch?«

»Meine Mutter. Sie meinte, die Paare würden sich von mir zurückziehen.«

»Und du glaubst das?«

»Eigentlich nicht.«

»Ich auch nicht. Bisher habe ich dich jedenfalls noch nicht als männermordenden Vamp wahrgenommen und kann mir auch nicht vorstellen, dass du plötzlich dazu mutierst. Mensch, mach dir bloß keinen Kopf! Wer weiß, was deine Mutter selbst oder bei anderen miterlebt hat. Sie macht sich sicher Sorgen um dich, sollte dich allerdings besser kennen.«

Der letzte Satz klang leicht verärgert. Ich hatte das Gefühl, meine Mutter verteidigen zu müssen.

»Sie hat es gut gemeint, um mich vor Enttäuschungen zu bewahren.«

»Schon klar. Ihre Denkweise aber wird ein letztes Relikt aus der Nachkriegszeit sein, als es viel mehr Frauen als Männer gab. Das hat sich heute ja zum Glück wieder ausgeglichen. Aber mal ehrlich, du hast zurzeit nun wirklich genügend Belastungen und brauchst dich nicht auch noch mit so überflüssigem Kram herumzuschlagen. Bitte mach dir keine Gedanken. Ich kann mir einfach nicht vorstellen, dass deine übrigen Freundinnen das anders sehen als ich. Insofern: vergiss es! Bernd und ich bleiben dir auch weiterhin als Freunde erhalten.«

»Danke.« Ich war erleichterter, als ich gedacht hätte.

»Im Übrigen soll ich dir etwas ausrichten«, wechselte Kathrin das Thema. »Bernds Mutter arbeitet doch ehrenamtlich im Hospiz. Sie hat mich gebeten, zwei Ideen an dich weiterzuleiten. Ich selbst finde sie ziemlich interessant.«

»Lass hören.«

»Also, erstens gibt es in deiner Nähe auch ein Hospiz, dem eine Kindertrauergruppe angeschlossen ist. Vielleicht erkundigst du dich da mal, ob das nichts für David oder Kristin sein könnte. Es ist bestimmt hilfreich, wenn sie sehen, dass nicht nur sie ein Elternteil verloren haben, und sich unter Anleitung mit Gleichgesinnten austauschen können. Sophie dürfte noch zu klein sein. Was aber auch Vorteile hat.«

»Ich weiß«, seufzte ich. »Wie Peter schon prophezeit hat: Sie wird auf Sicht keine oder nur sehr wenige bewusste Erinnerungen an ihn haben, im Gegenzug aber auch kein so großes Verlustgefühl. Grundsätzlich finde ich die Idee deiner Schwiegermutter im Hinblick auf die Großen sehr gut. Könntest du mir die Adresse mailen?«

»Schon passiert! Ich habe sie dir gerade geschickt.« Ich hätte es mir denken können. Kathrin, die Pragmatische, schob nie etwas auf die lange Bank.

»Außerdem hat sie noch etwas herausgefunden, und das finde ich wirklich spitze! Im Sommer findet in Norddeutschland ein Projekt statt. Ein einwöchiger betreuter Urlaub für verwitwete Elternteile und ihre Kinder. Wird irgendwie von der Kirche gesponsert und ist von daher bezahlbar. Der Haken: Es ist nördlich von Hamburg, da müsstest du einige hundert Kilometer fahren.«

»Das ist ja wohl das geringste Problem. Du weißt doch, wie gern ich Auto fahre. Das klingt echt einfach nur klasse! Wir sind quasi schon angemeldet.«

Ich war sofort Feuer und Flamme, hatte ich doch in den letzten Tagen immer wieder darüber nachgegrübelt, womit ich mir ein Ziel setzen oder gar eine Freude machen könnte. Allzu viel war mir nicht eingefallen. Eventuell irgendwann ein neues Auto, denn mein Van, der Kinderwagen und Fahrräder ebenso locker transportierte wie tonnenweise Einkäufe, riesige Sporttaschen und diverse Gastkinder, war inzwischen in die Jahre gekommen, benötigte in Kürze einige Reparaturen und fraß viel zu viel Benzin. Einen Kinderwagen brauchte ich sowieso nicht mehr, also könnte ich mich problemlos verkleinern. Aber das war allenfalls Zukunftsmusik und derzeit nichts, was mir auch nur den Hauch von Vorfreude bescherte.

Anders sah es mit Urlaub aus. Mal raus aus allem, mich an den gedeckten Tisch setzen können, viel Zeit für die Kinder haben, vielleicht ein paar neue, nette Menschen kennenlernen – das verlockte mich schon eher. Doch der Feigling in mir hatte heftig sein Veto eingelegt:

»Wie willst du das machen? Berge an Gepäck, Pauschalurlaub mit fröhlichen Familien und du mittendrin als einzige alleinerziehende Mutter, die auch noch gleich drei Kinder mit unterschiedlichsten Bedürfnissen bespaßen muss? Das wird keine Erholung, sondern nur noch mehr Stress! Bleib lieber zu Hause.«

Nun bot Kathrin mir die Lösung sozusagen auf dem Silbertablett. Zumal ich mir ohnehin vorgenommen hatte, nach Wegen zu suchen, die mich – und im günstigsten Fall auch die Kinder – bei der Verarbeitung begleiten und unterstützen würden. Was also konnte besser sein, als beide Wünsche zu kombinieren?

»Richte Bernds Mutter bitte meinen ganz herzlichen Dank aus! Sie ist ein Engel.«

»Mache ich. Und ich schicke dir die Unterlagen zu. Ach, bevor ich es vergesse, Bernd und ich wollten dich auch noch etwas fragen. Etwas ganz anderes.«

Sie wirkte auf einmal verlegen.

»Nur zu!«, ermutigte ich sie.

»Wie weit bist du mit der Planung der Grabgestaltung? Sind die Kränze schon abgeräumt?«

»Noch nicht. Die Blumen haben unheimlich lange gehalten,

vermutlich, weil es so kalt ist, aber nicht friert. Ich schätze, diese oder nächste Woche muss ich mir tatsächlich Gedanken machen. Bisher weiß ich nur, dass ich eine von Peters Hortensien aus dem Garten umpflanzen werde, weil er die so mochte.«

»Wenn es dir recht ist, möchten Bernd und ich gern die Grablampe kaufen. Dann ist etwas von uns bei ihm. Oder hast du schon …«

Ich schluckte gerührt.

»Nein, ich habe noch gar nichts. Momentan steht seine blaue Gartenlaterne da, aber ich habe ständig Angst, dass sie geklaut wird. Natürlich dürft ihr die Lampe kaufen, darüber freue ich mich sogar sehr.«

»Wir uns auch. Dann werden wir uns bald auf die Suche machen. Ich nehme an, du wünschst dir etwas möglichst Bombastisches mit vielen Verschnörkelungen.«

»Du alte Hexe!«

Kathrin lachte auf.

»War ein Scherz! Schlicht und schön – wir werden dein Einverständnis einholen, bevor wir sie kaufen, okay?«

»Okay.« Lächelnd legte ich auf. Was für ein ereignisreiches und motivierendes Telefonat! In meinem Bauch war es vor Freude warm.

»Abschied und Neustart«

»Niemals, nicht mit mir.«

Alles in mir sperrte sich, nachdem Lena, die Leiterin des Seminars zur Bewältigung von Lebenskrisen, uns erklärt hatte, was sie mit den zehn Teilnehmern als letzte Übung für dieses Wochenende plante. Wie ferngesteuert stand ich von meinem Bodenkissen auf, zog die Schuhe an und meine Jacke über, griff nach meiner Tasche und öffnete die Tür der kleinen Praxis. In meinem Rücken spürte ich die bohrenden Blicke der anderen. Mir war es egal. Ich wollte nur noch weg. Weg von Lenas komischen Ideen, weg von den emotionsgeladenen Menschen, weg aus einer Umgebung, in die ich überhaupt nicht hineinpasste. Wenn ich bloß nicht so schrecklich erschöpft gewesen wäre!

»Bleib hier! Versuche es doch wenigstens!«, hörte ich Lenas Stimme.

»Ja. Gib doch nicht einfach so auf! Es wird dir helfen«, rauschte es mehrstimmig durch meinen Kopf, den ich vor Entgeisterung nicht mal mehr schütteln konnte. Mühsam schlich ich die Treppe hinunter. Auf dem ersten Absatz holte Jan mich ein und hielt mich energisch am Ärmel zurück.

»Bitte! Wenn du jetzt gehst, nimmst du dir jede Chance, dir selbst zu helfen«, redete er eindringlich auf mich ein. »Du kannst mich als Partner nehmen, wenn du magst. Ich habe das schon ein paar Mal gemacht und weiß, dass es anfangs unglaubliche Überwindung kostet, am Ende aber irre befreiend ist. Ich halte dich. Vertrau mir einfach!«

Mein Fluchtinstinkt erlahmte. Resigniert musterte ich den Mann, den ich erst seit knapp zwei Tagen kannte. Einen guten

Kopf größer als ich, mindestens vierzig Kilo schwerer. Ein Bartträger vom Typ »gemütlicher Teddybär«, der tatsächlich Vertrauen einflößte. Kraftlos trottete ich an seiner Hand die Treppe wieder hinauf. Dann zog ich es halt bis zum Ende durch. Irgendwie würde ich diese abschreckende Übung, die Lena Bonding nannte und als »therapeutisch höchst effektiv« bezeichnete, auch noch überstehen. Immerhin war bereits Sonntag, gleich vierzehn Uhr. In spätestens zwei Stunden war das Ganze hier zu Ende. Nicht zum ersten Mal an diesem Wochenende schwor ich mir, so etwas nie, nie wieder zu tun!

Zehn Minuten später lag ich auf dem Rücken auf einer Matte, über mir ein wildfremder Mann, der mich fest im Arm hielt und mit seiner Körperfülle fast erdrückte. Links von mir schrie Patrick, unter Matthias liegend: »Ich hasse dich! Du hast mein Leben ruiniert.« Von rechts stöhnte Melanie, von Ute umklammert, ähnliche Sätze, die immer wieder von lautem Schluchzen unterbrochen wurden. Im Raum befanden sich elf Personen, zehn davon therapiewillig. Oder eher neun – ich selbst war anscheinend therapieresistent. Lena, die elfte, eine angesehene Psychotherapeutin, schritt zwischen den fünf am Boden liegenden »Paaren« hin und her und feuerte uns an:

»Ja! Sehr gut! Lasst es raus. Weiter so! Nehmt keine Rücksicht. Denkt nicht nach! Lasst einfach all eure Gefühle raus!«

Sie blieb bei mir und Jan stehen.

»Du auch!«, forderte sie mich auf.

»Welche Gefühle?«, hätte ich sie gerne gefragt. Das Einzige, was ich empfand, war ein Lachreiz, dem nachzugeben ich mir aus Höflichkeit mit letzter Kraft verbot. Etwas Skurrileres hatte ich noch nie erlebt. Aber ich war ja selbst schuld.

***

Während ich unter Jans Gewicht zu schwitzen begann und das vierstimmige Gebrüll derjenigen, die bei dieser körpertherapeutischen Übung unter den »Partnern« lagen, immer lauter wurde, entzog ich mich, indem ich die Realität verdrängte und meine Gedanken auf Wanderschaft schickte …

Hinter mir lag eine ereignisreiche Zeit. Ganz allmählich schlich sich so etwas wie Alltagsroutine ein, bei der die Gedanken an Peter nach wie vor fast permanent durch meinen Kopf kreisten. Warme, liebevolle Gedanken, weiterhin ohne jede Spur von Trauer. Meine Kinder empfanden da offenbar anders – Sophie krabbelte in nahezu jeder Nacht zu mir ins Bett, Kristin verzog sich gelegentlich ohne offensichtlichen Grund in ihr Zimmer, um es mit geröteten Augen irgendwann wieder zu verlassen, und David … Ein Seufzer entschlüpfte mir, den Teddybär Jan mit einem aufmunternden »Ja! Mach weiter so!« quittierte. Ich lächelte ihn kurz an – und blendete seine Existenz sofort wieder aus.

David bereitete mir weiterhin die allergrößten Sorgen. Nur wenige Tage nach dem Telefonat mit Kathrin hatte es eine schreckliche Szene gegeben, die mir nachhing, als sei sie gerade eben passiert …

»Ich habe übrigens eine Zwei in Latein«, erzählte er mir, als er aus der Schule kam, und machte dabei ein Gesicht, als ob es eine Fünf wäre. Ich lobte ihn überschwänglich.

»Das ist doch toll! Was meinst du, wie Papa sich darüber gefreut hätte. Und ich erst! Ich bin total stolz auf dich. Komm her, mein Schatz, lass dich mal knuddeln!«

Plötzlich stand in seinem Gesicht die blanke Wut.

»Geh weg! Papa kann sich nicht mehr freuen. Und ob du dich freust, ist mir egal. Du bist doch an allem schuld. Du bist schuld, dass Papa tot ist!«

Mir wurde schlagartig eiskalt. Ich starrte mein Kind an.

»Ich? Wieso ich?«

»Du hast Papa nicht genug geholfen. Du hast zugelassen, dass er stirbt.«

Er stampfte hinauf und warf seine Zimmertür zu. Unmittelbar darauf hörte ich ihn jämmerlich schluchzen. Fassungslos sank ich auf die unterste Stufe der Treppe. Meine Hände zitterten so stark, dass ich sie zwischen meine Knie klemmte, um sie unter Kontrolle zu bekommen. Unter Schock schaukelte ich hin und her, um mich zu beruhigen. Davids Vorwürfe waren haltlos, aber sie taten so entsetzlich weh!

»Er meint es nicht so. Nicht böse sein. Er ist immer noch so schrecklich traurig«, wimmerte es an meinem Ohr. Aus dem Nichts war Kristin aufgetaucht, stand nun kreidebleich neben mir und streichelte hilflos meine Wange. Ich würgte den beißenden Schmerz hinunter und zog sie in den Arm.

»Ich weiß, dass er traurig ist. Und ich bin ganz sicher nicht böse auf ihn. Aber ich würde euch so gern helfen.«

»Aber das tust du doch. Du bist immer für uns da. Trotzdem muss jeder mit seinem eigenen Kummer fertig werden«, sagte sie, für eine gerade Neunjährige viel zu umsichtig und lebensklug.

»Ach, Süße!« Auch wenn ich mich dagegen wehrte, so tauschten wir doch für einen kurzen Augenblick die Rollen. Eigentlich sollte ich ihr Halt geben, doch in diesem Moment war es eher so, dass ich sie brauchte, um Halt zu finden.

Wenig später ging Davids Tür auf. Von meinem Platz auf der Treppe sah ich ihm entgegen. Der Zorn war aus seinem Blick gewichen. Geblieben waren Unsicherheit und Scham.

»Entschuldigung, Mama«, murmelte er und schmiegte sich in meine ausgebreiteten Arme. »Das war unfair. Ich weiß doch, wie viel du für Papa getan hast. Aber …«

»Ist schon gut, Schatz. Wenn man so unglücklich ist, dann sagt man schon mal unfaire Sachen. Doch ich weiß einfach nicht, wie ich dir helfen kann, außer, für dich da zu sein.«

Kathrins Anregung fiel mir ein.

»Möchtet ihr beide vielleicht ein paar andere Kinder kennenlernen, die ebenfalls einen Menschen verloren haben und deswegen traurig sind? Mit denen könntet ihr reden, spielen, vielleicht Ausflüge machen oder so. Dabei würdet ihr feststellen, dass nicht nur ihr so großen Kummer habt.«

Mein Sohn sah mich mit großen Augen an, während Kristin vehement den Kopf schüttelte.

»Es gibt noch andere Kinder, deren Vater tot ist?«, fragte David ungläubig.

»Oder die Mutter.«

Ich konnte zusehen, wie es in ihm arbeitete. Sein ganzes Gesicht war ein einziges Entsetzen.

»Du darfst aber nicht sterben!«, entfuhr es ihm. So fest ich konnte, drückte ich ihn an mich, froh, dass er es endlich wieder zuließ.

»Keine Sorge. So gemein kann Gott einfach nicht sein. Ich bleibe bei euch.«

Es fehlte noch, dass er neue Ängste entwickelte.

»Versprichst du mir, dass du gut auf dich aufpasst? Und nicht immer so schnell Auto fährst?«

»Ich verspreche es«, sagte ich feierlich.

»Dann möchte ich in diese Gruppe«, beschloss er, sichtlich erleichtert.

»Ich nicht«, entschied Kristin. Ihre zusammengepressten Lippen deuteten darauf hin, dass jeder Versuch, sie zu überzeugen, zum Scheitern verurteilt wäre.

Von nun an war ich montags auf die Hilfe meiner Mutter angewiesen, die Kristin und Sophie beaufsichtigte, während ich mit David in die Nachbarstadt fuhr, wo ich ihn im Jugendheim ablieferte. Dort trafen sich die Halbwaisen, um unter der Beobachtung eines erfahrenen Mitarbeiters des Hospizes zu spielen,

Musik zu machen, sich beim Fußball auszutoben – und miteinander zu reden. Meist ging ich in der Zeit einkaufen oder einen Kaffee trinken. Es lohnte sich zeitlich nicht, nach Hause zu fahren. Wenn ich David wieder einsammelte, wirkte er gelöst und fröhlich, berichtete mir jedoch so gut wie nichts über die hinter ihm liegenden Stunden. Aber da er sich schon abends auf den kommenden Montag zu freuen begann, bohrte ich nicht nach.

Auch die übrigen Wochentage waren verplant. Reitstunden, Hockeytraining, Musikschule – eines der Kinder hatte immer einen festen Termin, der meinen Nachmittagen Struktur gab. Am Vormittag erledigte ich die Hausarbeit, fuhr zu Diavolo oder saß bei Frau Reinke – meist nur, um ihr am Anfang des Gesprächs zu berichten, dass es nicht viel zu berichten gab.

»Das sagen Sie immer«, lächelte sie. »Komisch, dass Sie anschließend eine Stunde ohne Punkt und Komma erzählen können.«

»Heute fällt mir echt nichts ein, was interessant sein könnte. Mein Leben verläuft in geordneten Bahnen. Ich habe diesen betreuten Urlaub gebucht, aber der ist noch weit entfernt. Das neue Bett ist noch nicht da. Andere Pläne habe ich nicht.«

»Was machen Sie abends?«

»Telefonieren. Lesen. Vor dem Fernseher oder am Rechner hängen. Ab und zu besucht mich eine Freundin. Ich selbst komme ja nicht weg, weil ich die Kinder nicht allein lassen kann.«

»Sie könnten sich aber sicher hin und wieder einen Babysitter besorgen? Ihre Mutter ist doch bestimmt bereit, mal einen Abend aufzupassen.«

»Ja, schon. Ich werde sie in der nächsten Woche in Anspruch nehmen, weil ich zum Elternabend in die Grundschule muss. Ansonsten habe ich abends ja nichts vor.«

»Aber Sie könnten sich doch etwas vornehmen? Waren Sie schon immer so häuslich?«

Ich? Häuslich? Ganz sicher nicht. Peter und ich hatten immer darauf geachtet, an mindestens einem Abend pro Woche gemeinsam etwas zu unternehmen, uns aber auch gegenseitig Freiräume ermöglicht, mal allein das Haus zu verlassen, um mit einem Freund oder einer Freundin unterwegs zu sein. Rita, Marion und Nicole hatten längst gefragt, ob ich dazu mal wieder Lust hätte, mein Nein jedoch sofort akzeptiert. »Aufgeschoben ist nicht aufgehoben«, hatte Nicole gesagt und mich wie auch sich selbst auf ein unbestimmtes Später vertröstet. Es verwunderte mich selbst, wie gründlich meine frühere Unternehmungslust verschwunden war. Meine kleine, Sicherheit bietende Welt reichte mir aus. Ich war noch nicht so weit, mich der großen zu stellen.

»Es ist ja nicht so, dass ich nur zu Hause hänge. Ich fahre reiten, karre die Kinder durch die Gegend, erledige Einkäufe und notgedrungen den ganzen Kram rund um Banken und Versicherungen. Ein paar Mal pro Woche bin ich auf dem Friedhof. Mehr will und kann ich momentan nicht. Wenn ich fort bin, möchte ich nur noch zurück in meine Festung. In meinem Haus fühle ich mich sicher und geschützt.«

»Geschützt? Wovor?«

Verflixt, sie hinterfragte jedes Wort, das mir unbedacht entschlüpfte. Manchmal könnte ich sie wirklich schütteln. Viel häufiger verspürte ich allerdings den Wunsch, sie zu umarmen.

»Vor der Normalität der anderen. Vor der Selbstverständlichkeit, mit der sie ihr Leben leben. Niemand grenzt mich aus, trotzdem fühle ich mich als Außenseiterin. Ich kann zurzeit einfach nicht irgendwo sitzen, was trinken und über Banalitäten quatschen. Also lasse ich es.«

Sie nickte.

»Folgen Sie Ihrem Gefühl. Es wird Ihnen mitteilen, wann Sie wieder dazu bereit sind. Wie sieht es denn inzwischen auf dem Friedhof aus?«, wechselte sie das Thema.

»Toll!« Jetzt war ich wieder in meinem Element. Euphorisch und stolz gab ich Auskunft.

»Die Kränze sind weg. Ich habe das Grab in Buchsbaumhecken einfassen lassen, eine Hortensie aus unserem Garten und jede Menge Frühblüher gepflanzt. In den nächsten Tagen wird die Lampe geliefert, die Kathrin und Bernd im Internet gefunden haben. Aus Edelstahl mit einem Glaszylinder. Unterscheidet sich komplett von all den anderen und passt in ihrem schlichten, aber edlen Design perfekt zu Peter.«

»Haben Sie schon einen Stein ausgesucht?«

Ich verdrehte genervt die Augen.

»Jetzt fangen Sie auch noch damit an. Nein, habe ich nicht. Meine Schwiegermutter hat mir Geld gegeben, weil es ihr Wunsch ist, den Grabstein zu kaufen. Ich bin ihr echt dankbar, dass sie mir die Auswahl überlässt. Aber alles, was ich bisher gesehen habe, ist schrecklich, und ich weigere mich, auch nur den kleinsten Kompromiss zu machen. Solange ich nicht das finde, wozu mein Bauch Ja sagt, bleibt das Holzkreuz auf dem Grab. Warum meinen alle, dass dieser verdammte Stein so schnell wie möglich angeschafft werden muss?«

»Muss er nicht«, sagte sie sanft. »Wenn Sie keinen Stein finden, dann warten Sie eben, bis der Stein Sie findet.«

»Genau.« Dies war einer der Momente, in denen ich sie gern umarmt hätte.

Warum gingen mir eigentlich alle mit diesem Stein auf den Geist?, fragte ich mich später. Na gut, nicht alle, aber einige, allen voran meine älteren Familienmitglieder. Das verdammte Ding konnte warten – ich hatte weiß Gott andere Prioritäten. Peters Grab war auch so schön und für mich mindestens zwei- bis dreimal pro Woche ein Anlaufpunkt, wo ich Ruhe fand. Vor Peters Tod war ich nur selten, eigentlich sehr selten und wenn, dann auf Drängen meiner Mutter hin, zum Friedhof gegangen.

Inzwischen schenkten mir die Minuten, die ich auf der Bank nahe Peters Grab saß, oftmals neue Kraft. Es war eine Zeit, in der sich die Unruhe, die nach wie vor in mir schwelte, wie von selbst in Ruhe verwandelte.

Ab und zu nahm ich die Kinder mit. Die Mitarbeiter der Gärtnerei Giesing kannten uns inzwischen, denn wir kauften jedes Mal das Gleiche: einen eher mickrigen Strauß, bestehend aus lediglich vier Blumen, die jeder von uns aussuchte. Auch wenn das schrille Pink der von Sophie gewählten Rose in Kombination mit dem Orange von Davids Tulpe in den Augen wehtat, es ging nicht um Geschmack, sondern um die Boten der Liebe, was die Floristin sofort begriff und kommentarlos zu einem Sträußchen band.

So einfach war längst nicht alles, was an neuen Anforderungen in mein Leben drängte. Davids spontane Angst, auch ich könne sterben, beschäftigte mich und lag mir im Magen. Was wäre denn, wenn mir tatsächlich etwas passierte?

»Ich möchte nicht daran denken. Aber wenn, dann ziehe ich selbstverständlich zu den Kindern«, sagte meine Mutter und nahm mir damit einen winzigen Teil meiner Sorgen. Dennoch bat ich einen Versicherungsvertreter um seinen Besuch – und schloss gleich mehrere Verträge ab, die im Fall des Falles zumindest die finanzielle Zukunft meiner Kinder gewährleisten sollten. In meiner Unerfahrenheit dürfte ich für ihn ein purer Glücksgriff gewesen sein und seine Provisionen für die nächsten Monate gesichert haben. Doch die ganzen Versicherungspapiere ließen meinen noch immer nicht bearbeiteten Dokumentenstapel so weit anwachsen, bis der erste umkippte und mich zwang, mich endlich den papiernen Fakten zu stellen.

»Lass es raus!«, raunte eine Männerstimme in mein Ohr. Ach ja. Den Mensch gewordenen Kuschelteddy hätte ich fast vergessen. Indirekt war er das Ergebnis meiner Euphorie, die mich überfiel, nachdem ich eine Woche lang sortiert, kopiert, abgeheftet, überwiesen und Berge von Briefen zur Post gebracht hatte. Beim Zuklappen des letzten Ordners überwältigte mich das Bedürfnis, mich schnellstmöglich für die endlosen Stunden dieser grässlichen Arbeit zu belohnen. Schokolade reichte nicht, es musste etwas Großes, etwas Besonderes sein.

Ich durchforstete das Internet. Durch Zufall landete ich auf einer Website, auf der »Wochenendseminare zur Bewältigung von Lebenskrisen« angeboten wurden. Offenbar genau das Richtige für mich; schließlich behaupteten alle, abgesehen von mir selbst, ich befände mich in einer solchen. Auch der Termin am Wochenende klang verführerisch, denn diese beiden Tage waren die schlimmsten der ganzen Woche. Außer dem samstäglichen Voltigieren der Mädchen und einem gelegentlichen Heimspiel von Davids Mannschaft gab es keine Abwechslung, die Stunden zogen sich oft zäh wie Kaugummi, und ich fieberte bereits am frühen Samstagmorgen dem Montag entgegen.

»Der Trauer die Stirn bieten«, hieß ein Kurs, der allerdings in Bayern stattfand und somit nicht infrage kam. Anders sah es bei »Abschied und Neustart« aus. Dieses Seminar fand ausgerechnet in Bonn statt. Und es war teuer. Ich musste verrückt sein! Aufgeregt rannte ich zum Telefon.

»Kathrin? Könnte ich die Kinder im April für drei Tage bei euch parken? Und selbst bei euch übernachten?«

Zwei Minuten später war alles geklärt. Voller Vorfreude las ich mir noch einmal den Text durch: *Haben Sie einen Menschen verloren, den Sie liebten? Möchten Sie unter Gleichgesinnten lernen, mit diesem Verlust zu leben?*

»Ja!«, entschied ich mich laut und klickte auf »Anmelden«.

Doch zuvor stand noch der alljährliche Geburtstagsmarathon an. Er begann mit dem Ehrentag meiner Mutter, dem ich so schnell wie möglich entfloh. Ich konnte weder die mitleidigen Blicke noch die Fragen der Anwesenden ertragen. Als der Ehemann einer der geladenen Damen diese am späteren Nachmittag abholte, David auf die Schulter klopfte und ihm versicherte, dass er seine Rolle als »Mann im Haus« sicher sehr gut ausfülle, reichte es mir. Wie schon beim Beerdigungskaffee sprühten meine Augen Funken, während ich mich vor meinen Sohn stellte und den mir flüchtig Bekannten scharf zurechtwies.

»Dieser ›Mann‹ wird morgen elf Jahre alt! Ich finde es einfach unmöglich, einem Kind so eine Belastung aufzubürden. Kommt, Kinder, wir fahren nach Hause!«

Es tat mir leid für meine Mutter. Jetzt hatte ich es mir schon mit zwei Personen aus ihrem Bekanntenkreis verdorben. Roswitha hatte mich während der Geburtstagsfeier kaum eines Blickes gewürdigt, und auch ich hatte so getan, als sei sie gar nicht vorhanden. Doch meine Mutter umarmte mich zum Abschied und flüsterte mir ins Ohr: »Richtig so!«, was mich ehrlich freute.

Als die Kinder im Bett waren, schickte ich mich an, Davids Geburtstagskuchen zu backen. Ein Jahr zuvor hatten wir Peters Diagnose erhalten. Er hatte zur weiteren Abklärung im Krankenhaus gelegen, sodass ich mich erstmalig allein den Vorbereitungen für den Ehrentag unseres Erstgeborenen ausgesetzt sah. Und gleichzeitig allein dem Schock der grausamen Prognose ausgeliefert war, die sich komplett erfüllen sollte. Wie unendlich schnell doch dieses Jahr vergangen war, in dem sich Angst, Kummer und Glück in rasantem Tempo abgewechselt hatten. Es war die intensivste Zeit meines Lebens gewesen, in der der Verstand oft nur eine Nebenrolle einnahm. Peters Tod kam einem Umbruch, dem Ende einer emotionalen Achterbahnfahrt gleich. Seitdem agierte ich fast nur rational, die wenigen Restgefühle köchelten auf Sparflamme vor sich hin.

Apropos Köcheln, der Kuchen musste in den Ofen. Die Geschenke wollten verpackt, der Geburtstagstisch gedeckt werden. Je weniger ich grübelte, desto leichter ging mir alles von der Hand.

***

Schreie drangen an meine Ohren. Ich wollte sie nicht hören. Gestern hatten alle Seminarteilnehmer wie wild mit Kochlöffeln auf ein Sofa eingeprügelt, mit hochroten Köpfen ihrer »Wut« Ausdruck verliehen. Lena hatte auch mir so ein Ding in die Hand gedrückt. Nach zwei Sekunden hatte ich es ihr zurückgegeben. Warum sollte ich ein harmloses Sofa verdreschen? Mir fehlte der Zorn, der in den neun anderen offenbar so dicht unter der Oberfläche brodelte, dass sie ihn jederzeit anfachen konnten. So, wie mir auch die Trauer fehlte, die gerade vierstimmig den Raum erfüllte. Erneut ließ ich meinen Körper unter Jan liegen – und flüchtete gedanklich in die jüngste Vergangenheit, zu Davids Geburtstag …

Mein Sohn freute sich verhalten, als er seine Geschenke auspackte. Noch im Vorjahr hatte er die Verpackung vor Aufregung heruntergerissen. Jetzt entfernte er langsam und bedächtig ein Papier nach dem anderen. Dennoch strahlten seine Kinderaugen beim Anblick dessen, was er sich gewünscht hatte.

Nachmittags kam die Familie zum Kaffee; ein paar Nachbarn erschienen, um zu gratulieren, Rita und Christian tauchten auf, um Jonas abzuholen, der bereits seit Schulende bei uns war und beharrlich an Davids Seite blieb. Bei aller Turbulenz verging der Tag auf eine ruhige, harmonische Weise. Es schien mir, als sei Peter in jeder Minute dabei, voller Stolz auf seinen Erstgeborenen, froh über uns alle, die wir dem Kind einen möglichst schönen Geburtstag bescherten.

Am darauffolgenden Nachmittag trafen wir uns in der Mürsener Kirche wieder. Acht Wochen waren vergangen, dennoch feierten wir erst jetzt das Sechswochenamt.

»Es kommt nicht auf ein paar Tage an, auch wenn die Zeitspanne von sechs Wochen natürlich ihren Sinn hat. Sie ist von den vierzig Tagen der Fastenzeit abgeleitet. Aber ob sechs oder acht Wochen, wichtig ist, dass die Familie noch einmal zusammenkommt. Traditionell beendet das Sechswochenamt die erste Trauerphase«, hatte Pfarrer Paulsen mir erklärt. Ich dachte an seine Worte, während ich in der vollen Kirche saß. Zu meiner Verwunderung waren erneut etliche Kollegen und Freunde von Peter gekommen, mit denen ich zu diesem Zeitpunkt nicht mehr gerechnet hätte. Doch Peter war nur einer von mehreren Verstorbenen, an die mit dieser Messe gedacht wurde, sodass auch andere Angehörige die Bänke füllten.

Der Gottesdienst plätscherte an mir vorüber. Er war mir nicht wichtig, lediglich eine Tradition, der ich nicht ausweichen wollte. Ich musste nicht in die Kirche gehen, um an Peter zu denken. Seit acht Wochen hatte es nur sehr seltene Augenblicke ohne Gedanken an ihn gegeben. Nun war also angeblich die »erste Trauerphase« vorbei. Welche Trauerphase?, fragte ich mich mal wieder, ohne auch nur den Ansatz einer Antwort zu finden.

Zwei Tage später feierte ich meinen eigenen Geburtstag. Im Gegensatz zu David hatte ich mich entschieden, ihn mit möglichst allen Freunden zu verbringen. Da es ein Sonntag war, lud ich ab 12.00 Uhr zum »Brunch-Kuchen-Abendessen«, zu dem jeder etwas beisteuern wollte. Je mehr Menschen um mich herum wären und je länger sie blieben, desto weniger Zeit hätte ich, Peter zu vermissen.

Wie schon im vergangenen Jahr weckte Kristin mich. In unserem Wohnzimmer warteten zwei weitere Kinder, meine Mutter, ein gedeckter Frühstückstisch, ein riesiger Blumenstrauß und eine opulente Torte. Nun wusste ich, warum Kristin unbedingt den gestrigen Tag bei »Omi« hatte verbringen wollen. Gemeinsam hatten die beiden ein Kunstwerk aus Nougat und Marzipan gefertigt, es akribisch glasiert und liebevoll verziert.

Meine Mutter zog mich in den Arm und flüsterte: »Sonst hat ja Peter immer Kuchen für dich gebacken. Deine Große wollte es unbedingt an seiner Stelle tun. Sie hat sich wahnsinnig viel Mühe gegeben, um dir eine Freude zu machen. Du kannst stolz auf sie sein.«

Das wäre ich auch ohne den Hinweis gewesen. Und nicht nur auf Kristin. Sophie hatte im Kindergarten ein Bild gemalt und es mithilfe der Erzieherinnen laminiert. David schenkte mir eine blühende Pflanze und das neueste Taschenbuch meiner Lieblingsautorin. So viel Liebe! Ich hatte einen Kloß im Hals, als ich einen nach dem anderen umarmte.

Punkt zwölf begann das Chaos, das mir bis zum späten Abend tatsächlich keine Chance ließ, melancholisch zu werden. Mehr als dreißig Erwachsene brachten ihren Nachwuchs mit, sodass auch meine Kinder Party feierten. Petrus zeigte Einsicht, zog die Wolken ab und stellte uns ein paar Stunden lang Garten und Terrasse bei Sonnenschein zur Verfügung, ansonsten wäre mein Haus aus allen Nähten geplatzt. Ich erhielt Berge von Geschenken, eins liebevoller als das andere. Kathrin und Bernd schossen den Vogel ab. Sie überreichten mir ein Plakat, auf dem neben etlichen kleinen Zeitungsartikeln verschiedene Muscheln, Sand und Vogelfedern klebten. Darüber stand in großen Druckbuchstaben: »Herzlichen Glückwunsch zur Traumreise«.

Es dauerte, bis ich begriff, was ich da in den Händen hielt. Dann stieg heiße Freude in mir auf. Im Oktober würden wir gemeinsam nach Dänemark fahren und dort eine Woche lang in einem Haus mit Sauna und Whirlpool ganz nah am Meer wohnen. Drei Elternteile, sechs Kinder. Ich war so sprachlos, dass ich minutenlang einfach nur still dasaß, eingehüllt in einen unsichtbaren Mantel aus Freundschaft und Empathie.

»Tolle Idee! Aber pass auf, dass du Bernd nicht den Kopf verdrehst!«, kicherte Marion, als wir einen Augenblick allein in der Küche waren. All meine Freundinnen hatten über die These meiner Mutter gelächelt und zogen mich seitdem weidlich damit auf.

»Du bist gemein!«, maulte ich gespielt gekränkt.

***

»Endlich! Jetzt bleib dran. Lass es raus!« Eine Männerstimme drang an mein Ohr. Offenbar hatte ich den letzten Satz laut gedacht. Jan, der Bär, holte mich unerbittlich in die Realität zurück. Bei der Vorstellungsrunde am Freitag hatte er erzählt, dass seine Frau ihn verlassen hatte und er sich von dem Seminar erhoffe, Abschied von seinem Liebeskummer zu nehmen. Auch Melanie, Patrick und die anderen hatten vergleichbare Geschichten. Ich war die Einzige, die einen Menschen an den Tod verloren hatte. Die Einzige, die nicht auf Kommando prügeln, schreien und wüste Beschimpfungen ausspucken konnte. Der einzige Fremdkörper in einer emotionsgeladenen Atmosphäre, die allen anderen viel zu geben schien. Vielleicht könnte ich es ja wenigstens ausprobieren?

Versuchsweise brabbelte ich ein paar unzusammenhängende Sätze. »Peter, ich vermisse dich. Alles hat sich verändert. Und alle erwarten, dass ich traurig bin. Aber ich fühle mich nur leer.«

Verdammt, das klang alles so künstlich! Wie lange ging das hier denn noch? Wann sagte Lena endlich den erlösenden Satz: »Und nun tauschen wir die Rollen«?

Sie sagte etwas anderes. Stand über mir, erwiderte meinen hilfesuchenden Blick mit Missbilligung und tadelte mich:

»Du redest deine Gefühle flach! Ist wohl nichts für dich!«

Ach nee! Für dieses Fazit hatte sie ja lange gebraucht. In mir keimte ein Gefühl von Scham über meine offensichtliche Unfähigkeit auf, das ich erst ablegte, als ich zwei Stunden später wieder bei Kathrin und Bernd in der Wohnküche saß, in deren Gesichtern es bei meiner Schilderung belustigt zuckte.

Kathrin nahm mich in den Arm.

»Es war ein Versuch, der gescheitert ist. Mach dir nichts draus, so etwas kommt vor. Was für andere stimmig ist, muss für dich noch lange nicht passen. Hak es einfach ab.«

Mit einem gelösten Gefühl im Bauch fuhr ich gen Heimat. Ich hatte fantastische Freunde, die mich bei Misserfolgen auffingen und mich auch mochten, obwohl ich nicht auf Knopfdruck so handelte, wie es von mir erwartet wurde. Was sollte mir da noch passieren?

Emotionale Einbrüche

Und dann geschah es doch! Ein Schmerz, so scharf, dass er mir die Luft nahm, mich buchstäblich in die Knie zwang und meine Welt auf den Kopf stellte. Die eingemauerte Raubkatze hatte ihre Chance gewittert – und schlug sofort zu. Es war ein Angriff aus dem Hinterhalt. Unerwartet. Unvorbereitet. Ohne Erbarmen hieb sie ihre Krallen in meine Seele, bis ich mir wünschte, ich dürfe sterben oder wenigstens ohnmächtig werden, um dieser Qual zu entrinnen.

Wie ein hilfloses Neugeborenes lag ich in meinem Garten, gab wimmernde Töne von mir und war zu keiner Bewegung mehr fähig. Einziger Zeuge und gleichzeitig Auslöser des Grauens war ein harmloser, dreißig Zentimeter großer Hase aus Ton, der neben mir ins Gras gefallen war und unbeirrt dümmlich grinste. In Vorbereitung auf das Osterfest hatte ich ihn aus dem Keller geholt und in den Vorgarten stellen wollen. Wie in jedem Jahr, seit Peter ihn mitgebracht hatte.

»Guck mal, Familienzuwachs. An dem Kerlchen haben die Kinder bestimmt Spaß«, hatte er seinen Kauf begründet.

Ich hatte gegrinst und ihn geneckt: »Klar. Nur die Kinder! David, Kristin und Peter.«

»Genau«, hatte er unbekümmert erwidert, über meinen Bauch gestreichelt, sich hinuntergebeugt und meinem T-Shirt erzählt: »Und bald auch du da drinnen.«

NIE WIEDER!

Zum ersten Mal begriff mein Herz, was geschehen war.

NIE WIEDER!

Das Wissen um die Endgültigkeit fiel über mich her.

NIE WIEDER!

Kein Entrinnen, kein Trost, kein Ende in Sicht.

NIE WIEDER!

Ich war unfähig, auch nur einen weiteren Gedanken zu fassen. Alles in mir brannte, schmerzte und schrie. Bis irgendwann eine Träne über mein Gesicht lief. Eine zweite folgte, schließlich gab es kein Halten mehr. All die ungeweinten Tränen der vergangenen Monate drängten hinaus. Ich schluchzte und schluchzte, bis der Tränenstrom nach endloser Zeit nachließ.

Vogelgezwitscher. Leichter Wind, der in dem Ahorn rauschte, den Peter kurz nach unserem Einzug gepflanzt hatte. Weit entfernt startete ein Auto. Und ich lag zusammengekauert im Gras und wusste nicht, wie ich jemals wieder aufstehen könnte. Mein Körper fühlte sich taub an. Verwundet auch ohne offensichtliche Verletzung.

Es kostete mich meine letzte Kraft, mich ins Haus zu schleppen, im Kindergarten anzurufen und Bescheid zu sagen, dass ich Sophie später abholen würde. Dann sank ich auf mein Sofa und schlief augenblicklich ein.

***

»Es war grauenhaft. Und es hängt mir immer noch nach, obwohl es drei Wochen her und in der Zwischenzeit einiges passiert ist.«

Frau Reinke war krank gewesen, sodass ich erst jetzt dazu kam, ihr von dem gespenstischen Vorfall zu berichten. Er hatte sich nicht wiederholt. Dennoch schlummerte seitdem die Angst in mir, und ich tat alles, um einen zweiten emotionalen Einbruch zu verhindern. Sie blickte mich mitleidig an.

»Es wird nicht dabei bleiben. Auch Sie können nicht davonlaufen. Der menschliche Verstand begreift die Geschehnisse sofort, wohingegen das Gefühl zäh und träge hinterherschwappt. Doch irgendwann versteht eben auch die Seele.«

Bei ihren Worten stieg die blanke Panik in mir auf. Meine Stimme war schrill.

»Ich will das nicht mehr. Ich kann das kein zweites Mal aushalten!«

»Sie haben es ein Mal ausgehalten, Sie werden es auch ein zweites und drittes Mal schaffen. Trauer ist unkalkulierbar, bitte machen Sie sich das bewusst.«

Nein. Nein. NEIN! Alles in mir sträubte sich. Sie hatte zwar oft recht, aber in diesem Fall musste sie sich einfach irren. Sogleich suchte ich nach einem neuen Thema, das weniger furchteinflößend war.

»Übrigens war ich vorgestern beim Elternabend der Kindertrauergruppe. Da habe ich etwas erlebt, was ich ganz schrecklich fand. In der Gruppe sind zwei Mädchen, zwölf und vierzehn Jahre alt, deren Mutter vor fünf Jahren tödlich verunglückt ist. Sie hätten mal hören sollen, wie Frank, der Vater, noch heute drauf ist! Nach so langer Zeit ist er immer noch total gefangen in seinem Kummer. Er leidet und lamentiert in einer Tour über die Ungerechtigkeit des Schicksals. Die Kinder werden größtenteils von seiner Schwester aufgezogen, weil er sich nicht in der Lage dazu sieht. Und weil er als Mann sich ja angeblich nicht mit Mädchen auskennt. Die Töchter sind in der Pubertät – und der Vater kneift. Ich habe auch einen Sohn, der demnächst pubertieren wird. Na und? Dann muss ich mich eben mit meinen männlichen Freunden austauschen, um David die richtigen Antworten geben zu können. Aber ich kann doch nicht nach fünf Jahren noch immer permanent jammern und weglaufen.«

»Sie vielleicht nicht – wir werden sehen. Menschen sind unterschiedlich. Viele versuchen, zu verdrängen«, warb sie um Verständnis. Ich schüttelte nur den Kopf. Frank war das wohl abschreckendste Beispiel, das ich mir vorstellen konnte. In fünf langen Jahren wollte ich wieder sicher auf meinen Füßen stehen, würden die Kinder und ich Peters Tod verarbeitet haben. So viel war ja wohl mal klar! Da konnte Frau Reinke noch so skeptisch gucken.

»Was haben Sie denn in den letzten Wochen ansonsten noch erlebt?«

Das war die richtige Frage. Strahlend sprudelte ich los:

»Das neue Bett ist da. Seitdem kann ich weitaus besser schlafen. Außerdem hat meine Schwägerin David und Kristin im Sommer für zwei Wochen in ihr Ferienhaus in Ungarn eingeladen. In der Zeit fliege ich mit Sophie für acht Tage nach Korfu, ist bereits gebucht. So oft wie in diesem Jahr war ich noch nie in Urlaub, und ich freue mich auf jeden einzelnen Tag. Na, und nebenbei habe ich einen Freund verloren.«

Ihr Gesicht war ein einziges Fragezeichen.

»Sie erinnern sich an Tobias, Peters und meinen gemeinsamen Jugendfreund, der mittlerweile in Hessen lebt?«

Auf ihr Nicken hin fuhr ich fort. »Nun, der hatte vor ein paar Tagen Geburtstag. Ich habe ihn morgens auf dem Handy angerufen, ihm gratuliert und ihn gefragt, wie er den Tag verbringt. ›Ich bin in Frankfurt und mache nichts Besonderes, gehe heute Abend nur mit meiner Freundin essen‹, hat er erzählt. Vorgestern habe ich dann durch Zufall erfahren, dass er hier war, recht groß gefeiert hat, unsere gemeinsamen Bekannten aber gebeten hat, mir nichts davon zu sagen.«

»Mit welcher Begründung?«

»Angeblich verkörpere ich das Schwarze im Leben. Tobias schwimmt gerade beruflich auf einer Erfolgswelle. Da passe ich nicht rein, weil ich die Menschen daran erinnere, dass das Leben auch negative Seiten hat.«

»Und Sie, wie gehen Sie damit um?«

Ich zuckte mit den Schultern.

»Erst war ich echt traurig. Indirekt werde ich ja doppelt bestraft. Mein Mann ist tot, und dann verliere ich deswegen auch noch Freunde. Aber später bin ich wütend geworden und habe mir gesagt, dass Tobias die Bezeichnung ›Freund‹ wohl einfach nicht verdient. Nach dem Motto ›Wahre Freunde erkennt man in der Not‹, auch wenn das jetzt platt klingt. Solange es bei Tobias bleibt, kann ich gut damit leben. Ich habe ja noch ein paar andere.«

»Die haben Sie! Zum Glück«, sagte sie warm, bevor sie mich, mal wieder mit dem guten Gefühl, stark zu sein, in meinen Alltag entließ.

***

Der Mai flog an mir vorbei. Es war die letzte Zeit, um mich zu sammeln – und mich für den Wiedereinstieg in meinen Beruf zu wappnen. In den vergangenen Monaten hatte meine Chefin immer mal wieder angerufen und sich vorsichtig erkundigt, wie es mir ginge.

»Am 1. Juni komme ich wieder«, konnte ich ihr Mitte Mai zusichern.

»Wir freuen uns. Und du kannst dich darauf verlassen, dass die Kollegen deine Situation weiterhin mittragen werden. In der ersten Zeit darfst du dir selbst aussuchen, wo ich dich einsetze, damit du dich ganz allmählich wieder an die Arbeit und an die Menschen herantasten kannst.«

Vor Dankbarkeit hatte ich einen Kloß im Hals. Zaghaft keimte eine kleine Vorfreude in mir auf. Eigentlich liebte ich meinen Job. Er war abwechslungsreich, geriet nur selten zur Routine, kam meinem Bewegungsdrang entgegen und verlangte mir Empathie und Flexibilität ab. Wenn bloß nicht so viele Erinnerungen daran hingen!

Doch zunächst trat die Leiterin des Kindergartens mit einer Frage an mich heran, die mich arg in die Bredouille brachte.

»Übernächste Woche findet in unserer Einrichtung der traditionelle Vaterspieltag statt. Gibt es jemanden, der Sophie begleiten kann?«

Mein Magen zog sich zusammen. Als einziges Kind keinen Vater zu haben grenzte Sophie automatisch aus. Ein Ersatz musste her, damit sie Peters Fehlen nicht ganz so schmerzhaft bemerkte. Doch wer?

Ich wusste, dass Bernd, der als Pate mit Gewissheit gern mitgegangen wäre, ausgerechnet an diesem geplanten Samstag auf einer Fortbildung war. Andere Männer standen meinem Kind nicht nah genug. Blieb eine einzige Lösung, gegen die ich mich innerlich wehrte. Genau das wollte ich schließlich vermeiden! Mein Großer sollte niemals den Eindruck haben, in Peters Schuhe schlüpfen und seine Vaterrolle übernehmen zu müssen. Meinem kleinen Mädchen zuliebe überwand ich mich dennoch.

»David? Könntest du dir vorstellen, mit Sophie zum Vaterspieltag zu gehen?«

Er zog ein langes Gesicht.

»Was soll ich denn da? Die sind doch alle erwachsen.«

»Ist gut. Dann bleibt Sophie einfach zu Hause«, antwortete ich mit wehem Herzen, hin- und hergerissen zwischen den Bedürfnissen meiner beiden Kinder. Einen Tag später entschied David sich um. Sophie hatte gar zu traurig ausgesehen.

»Okay, ich mach's! Aber nur dieses eine Mal. Im nächsten Jahr musst du dir jemand anderen suchen«, gab er nach. Seine Schwester flog ihm um den Hals.

»Danke! Dann kriegst du auch ganz viel Kuchen. Bis du platzt!«

Mein Sohn lächelte dünn. An diesem Tag kochte ich sein Lieblingsessen. Und tat am Abend so, als ob ich nicht bemerkte, dass in seinem Zimmer viel länger das Licht brannte, als eigentlich erlaubt war.

***

»Du hast *was?*« Kathrin starrte mich mit offenem Mund an. Ein Tropfen des gerade getrunkenen Kaffees rann aus ihrem Mundwinkel, ohne dass sie es bemerkte. Wir saßen auf ihrer Terrasse in der Sonne und genossen die Ruhe. Unsere sechs Kinder waren zum Spielplatz gezogen, nachdem sie Kathrins Kuchen den Garaus gemacht hatten. Ich lachte beim erwartungsgemäß fassungslosen Anblick meiner Freundin stillvergnügt in mich hinein.

»Ich habe eine Annonce aufgegeben. Rubrik: Bekanntschaften. Unter Chiffre, die Post wird an mich weitergeleitet. Suche keine Beziehung, sondern Menschen für Freizeitgestaltung.«

»Aber warum? Du hast doch jede Menge Freunde.«

»Ja, die habe ich, und glaub mir mal, dass ich darüber wahnsinnig froh bin. Aber es macht mich verrückt, dass alle wissen, was passiert ist, und mich deswegen unter eine Glasglocke stellen. Außerdem: Jeder kannte Peter und nimmt mich ausschließlich in der Rolle als seine Witwe wahr, gar nicht mehr als eigenständige Person. Ich möchte einfach neue Menschen kennenlernen, die mir unvoreingenommen gegenübertreten, ohne ständig Rücksicht auf meine Vorgeschichte zu nehmen.«

»Na, du hast echt Mut.« Sie wischte den Kaffee von ihrem Kinn. »Aber ich glaube, ich weiß, was du meinst. Ich sehe es ja bei mir selbst – ich halte meine Probleme von dir fern, weil du genügend eigene hast. Dafür gibt es allerdings auch einen Grund. Meine Sorgen erscheinen mir im Vergleich zu deinen so nichtig, also belaste ich dich erst gar nicht damit.«

»Tja, so ergeht es offenbar allen. Jeder will mich schonen, aber vielleicht will ich ja gar nicht geschont werden. Immerhin redest du normal mit mir, guckst nicht betreten weg und hörst nicht auf zu lächeln, wenn du mich siehst.« Meine letzten Worte klangen selbst in meinen eigenen Ohren erschreckend bitter. Doch die zaghafte Vorfreude, die ich vor einigen Wochen empfunden hatte, als ich zum ersten Mal seit Peters Tod meinen Arbeitsplatz betreten hatte, war inzwischen verflogen. An ihre

Stelle waren Angst und Unsicherheit getreten. Angst vor dem Spießrutenlauf, dem ich nicht immer ausweichen konnte. Und Unsicherheit, wie ich damit umgehen sollte. Kathrin begriff sofort, worauf ich anspielte.

»Deine Kollegen? So schlimm?«, fragte sie mitfühlend.

»Noch schlimmer! Aber weniger meine direkten Kollegen – die sind lieb und bemühen sich um einen normalen Umgang. Es sind eher die aus den anderen Abteilungen, die ganz plötzlich im Treppenhaus oder im Aufzug verschwinden oder schnell zum Telefon greifen und beschäftigt tun, um ja nicht mit mir reden zu müssen. Lauter kleine Nadelstiche, die mir das Arbeiten nicht gerade leichter machen.«

»Hättest du in umgekehrter Situation keine Berührungsängste?«

»Doch, klar! Deswegen nehme ich das ja niemandem übel. Aber es nervt trotzdem. Inzwischen habe ich Hemmungen, durchs Klinikgelände zu gehen, was ich aber nicht immer verhindern kann.«

»Es wird mit der Zeit besser werden«, tröstete sie mich.

»Ja. Immer die blöde Zeit! Alles wird angeblich mit der Zeit besser werden … Verstehst du jetzt, dass ich nach einer Nische in meinem Leben suche, die nicht von Peters Tod und meiner Vergangenheit bestimmt wird?«

Sie nickte nachdenklich.

»Hast du denn schon Reaktionen?«

»Ein paar. Mal sehen, was ich daraus mache. Die Leute, die bisher geschrieben haben, scheinen alle kinderlos und total flexibel zu sein. Eine Frau hat geschrieben, sie ginge gern mal ins Kino. Eine andere ist aus Sachsen hergezogen und sucht neue Kontakte. Warum nicht? Ist zumindest einen Versuch wert.«

»Und die Herren der Schöpfung?«

Ich musste lachen. »Da hat nur einer geschrieben. Und den Brief habe ich gleich weggeschmissen. Der hatte ganz offensichtlich meinen Text missverstanden und die Formulierung ›keine Beziehung‹ überlesen.«

»Na«, sagte sie lächelnd, »dann halte dich mal an die Damenwelt. Ich wünsche dir auf jeden Fall viel Erfolg. Je länger ich darüber nachdenke, desto plausibler erscheint mir deine Idee. Auch wenn es nur hin und wieder eine kleine Auszeit werden sollte – die hast du dir aus meiner Sicht absolut verdient.«

***

Schon recht bald musste ich einsehen, dass ich mich völlig überschätzt hatte. Es gelang mir zwar, in meiner ehemaligen Putzhilfe eine zuverlässige – und bezahlbare – Babysitterin zu finden, der ich die Kinder guten Gewissens anvertrauen konnte. Dennoch entpuppte sich meine Idee mit der Annonce als totaler Flop. Nach dem dritten Treffen musste ich zähneknirschend akzeptieren, dass ich zwar mit Gewalt Fuß in der »normalen« Welt fassen wollte, diese sich mir aber verschloss. Da konnte ich mir noch so viel Mühe geben, Angelikas Schilderung ihres letzten Urlaubsflirts zu lauschen oder Dagmars Fachsimpelei über Tierschutz zu folgen, ich war einfach noch nicht aufnahmefähig für Dinge, die sich außerhalb meiner Welt ereigneten.

»Hab doch endlich mal Geduld! Du kannst nichts erzwingen«, meckerte meine innere Stimme. *»Konzentriere dich auf das Wichtige: Kinder, Arbeit, Urlaubsvorbereitungen. Damit bist du doch voll ausgelastet.«*

Offenbar nicht. Diese verdammte Zeit, Hoffnungsträgerin auf quasi allen Ebenen, verging einfach nicht schnell genug, obwohl ich an drei Vormittagen pro Woche arbeitete. Sie zu füllen setzte mich unter einen permanenten Druck, der mich nach wie vor ruhelos durch meine meist minutiös verplanten Tage trieb. Nichts zu tun zu haben versetzte mich in Panik, denn sobald ich meinen Gedanken Freiheit gewährte, tauchte ein grinsender Osterhase vor meinem inneren Auge auf. Die Angst vor einer Wiederholung saß nach wie vor tief. Obwohl inzwischen rund drei Monate vergangen waren, hatte die Situation nichts von ihrem Schrecken eingebüßt. Somit war ich froh, als ich mich endlich voller Elan in die Vorbereitungen für den betreuten Urlaub in Norddeutschland stürzen konnte.

Da war ein Tagesausflug an die Ostsee geplant, sodass ich neue Badekleidung, Käppis und Sonnenmilch kaufen musste. Eine ganztägige Wanderung erwartete uns, für die uns das passende Schuhwerk fehlte. Außerdem sollten Mal- und Bastelstunden stattfinden, die mich zur Durchsicht der vorhandenen Utensilien und anschließend in den nächsten Schreibwarenladen zwangen. Mit jedem Kauf stieg meine Vorfreude, gleichzeitig wurde ich innerlich mit jedem Tag, der verging, wieder gelassener. Bei all den zu erwartenden, vielfältigen Eindrücken hätte ich keine Chance, noch einmal in ein solches Loch zu fallen. Folglich konnte ich aufatmen. Wie gut sich diese Ruhe doch anfühlte!

Am Vorabend der Reise, als die Koffer schon gepackt an der Haustür standen und ich gut gelaunt dabei war, den Proviant vorzubereiten, rief Kristin von oben:

»Hast du auch Blasenpflaster eingepackt?«

»Nein«, rief ich zurück, »aber danke für den Tipp!«

In Gedanken schon halb bei der morgigen Fahrt, öffnete ich die oberste Schublade der Kommode, in der so ziemlich alles verschwand, was keinen festen Platz hatte. Ich kramte zwischen Schnürsenkeln und Batterien herum und zog schließlich etwas hervor, das mein Gehirn offenbar nicht sofort zuordnen wollte. Sekundenlang starrte ich auf das Ding in meiner Hand.

Eine Sonnenbrille.

Jedoch nicht irgendeine.

Sondern … Peters … Sonnenbrille, die wir im letzten Jahr vergeblich gesucht und schließlich durch eine neue ersetzt hatten. Diese hier ließ augenblicklich ein Bild in mir entstehen: Sommer. Sonne. Familienurlaub an der holländischen Küste. Ein braungebrannter Peter, der mit unserem Nachwuchs Muscheln sammelte.

Und da war sie – die Lücke in der Mauer, die den Angriff ermöglichte.

NIE WIEDER!

Schlagartig gaben meine Knie nach, ich sank zwischen Kommode und Sofa zu Boden, rang nach Luft, zitterte und wimmerte, schwitzte und fror.

NIE WIEDER!

Alles auf Anfang. Nicht einen Deut besser als beim letzten Mal. Und wie gern wäre ich auch jetzt einfach nur ohnmächtig geworden, um diese Schmerzen nicht aushalten zu müssen. Doch erneut gab es keine Gnade.

NIE WIEDER!

Nach einer quälenden Ewigkeit meldete sich in meinem Hinterkopf ein zartes Stimmchen, das mich vorsichtig an meine Kinder erinnerte. Ein Rest von Mutterinstinkt zwang mich dazu, mich aus dem schockartigen Zustand zu lösen. Getrieben von der Sorge, meine drei könnten mich in einer solch beängstigenden Verfassung vorfinden, gelangte ich halb gehend, halb kriechend in den Waschkeller. Mit letzter Kraft verschloss ich die Tür und kauerte mich neben dem Bügelbrett zusammen.

Es tat so weh. Es tat so irrsinnig weh! Als ob etwas mein Herz zerquetschen wollte. Doch ich hatte keine Wahl. Ich musste es aushalten. Ich hatte es schon einmal ausgehalten. Ja genau! Ich hatte es schon einmal ausgehalten und war wieder aufgestanden! Also würde es auch jetzt wieder vorbeigehen. Und ich würde auch jetzt wieder aufstehen.

Während ich mit den Armen meine Knie umschlingend hin und her schaukelte, klammerte ich mich an diese letzten Gedanken, bis endlich die erlösenden Tränen strömten.

Als es vorbei war, taumelte ich wie betäubt nach oben und schleppte mich zum Sofa, wo ich Schutz unter einer Decke suchte. Jeder einzelne Muskel tat weh, doch diese Schmerzen waren im Vergleich zu den seelischen, die ich in der vergangenen halben Stunde durchgemacht hatte, geradezu wohltuend. Es war keine Sekunde zu früh. Drei Paar Kinderfüße stampften die Treppe hinunter.

»Mama? Wo bleibst du? Wir haben dich schon tausendmal gerufen. Wieso bist du so weiß im Gesicht? Ist dir nicht gut? Hast du Bauchschmerzen?«

David streichelte meine Haare, Kristin mein Gesicht. Sophie zwängte sich unter meine Decke und drückte sich an mich.

»Ich bin Mamas Wärmflasche«, krähte sie stolz. Ich griff die dargebotene Begründung dankbar auf.

»Ich glaube, ich habe mir ein bisschen den Magen verdorben. Deswegen hab ich mich hingelegt – und muss wohl eingeschlafen sein. Bis morgen ist alles wieder okay. Aber es wäre sehr lieb von euch, wenn ihr heute ohne mich ins Bett gehen würdet.«

Sie nickten verständnisvoll und verschwanden schließlich in ihre Zimmer. In der kommenden, fast schlaflosen Nacht reparierte ich die Mauer und verdoppelte die Steine. So etwas wollte ich nie, nie wieder ertragen müssen! Schon beim bloßen Gedanken an eine Wiederholung zitterten meine Hände.

Fortan erklärte ich endgültig alle Gefühle zu meinen Feinden. Nichts und niemand sollte mir noch einmal dermaßen den Boden unter den Füßen wegziehen. Dann war ich lieber nur noch Zaungast in meinem Leben, Zuschauerin meines eigenen Daseins, unbeteiligte Dritte, die Osterhasen, Sonnenbrillen und andere Requisiten meines früheren Glücks missachtete.

Trotz all meiner Bemühungen übersah ich eine Öffnung. Einen winzigen Spalt, durch den auch weiterhin fünf Lebewesen Zugang zu mir finden sollten. David. Kristin. Sophie. Diavolo. Und ... Björn.

Gleichgesinnte

Ich hatte mich nicht besonders ausführlich damit beschäftigt, was uns in Schleswig-Holstein erwartete. Genauer gesagt, eigentlich hatte ich mich überhaupt nicht informiert, sondern blind darauf vertraut, dass das, was Kathrin und Bernd für gut und sinnvoll für mich befanden, auch gut und sinnvoll war. Die Begriffe »Urlaub« und »verwitwete Elternteile und ihre Kinder« waren Grund genug gewesen, mit drei Kindern, einem Dutzend Kuscheltieren und vier vollgepackten Koffern gen Norden zu fahren. Auch die Kinder hatten im Vorfeld kein Interesse an Details gezeigt, was Kristin nach den ersten zurückgelegten Kilometern auffiel und ihre Neugierde weckte.

»Wie sieht es denn da aus, wo wir hinfahren?«

»Schön!«, behauptete ich im Brustton der Überzeugung. »Guck mal, in Gegenrichtung ist ein Stau. Haben wir ein Glück, dass wir da nicht drinstecken.«

Mein Versuch, sie abzulenken, war erfolglos. Nun waren auch die beiden anderen aufmerksam geworden, und sie bombardierten mich mit Fragen, von denen ich keine einzige beantworten konnte.

»Gibt es da auch so einen Pool wie auf Menorca?«

»Und andere Kinder? Und ganz viel Eis? Und Spaghetti?«

»Kann ich da Fußball spielen?«

Ich flüchtete mich in die Offensive, um meine Unwissenheit zu vertuschen.

»Wisst ihr was? Wir sehen das Ganze als Abenteuer an und lassen uns einfach mal überraschen. Es wird bestimmt eine tolle Woche, in der wir jede Menge Spaß haben werden.«

»Boah, Mama, du hast ja echt null Ahnung!« David durchschaute mich prompt. In vorwurfsvollem Tonfall fügte er hinzu: »Papa hätte das bestimmt gewusst.«

Plötzlich erschien mir unser Ausflug nur noch ungewiss und bedrohlich. Was machte ich hier bloß? Fuhr einem unbekannten Ziel entgegen, wollte die Kinder und mich eine Woche lang fremden Menschen ausliefern, die uns »betreuen« sollten. Hoffentlich wurde das nicht auch so eine Pleite wie das Bonner Seminar. Mein mulmiges Gefühl wuchs mit jedem Kilometer, zumal die Fahrt zunehmend anstrengend wurde. Der dichte Verkehr verlangte meine volle Konzentration, gleichzeitig zankten David und Sophie sich hinter mir darum, welche CD ich einlegen sollte, klagte meine Jüngste über Langeweile, mein Sohn über Durst, musste Kristin aufs Klo. Und es gab keinen Peter mehr, der mich am Steuer ablösen oder zumindest die Kinder beschäftigen konnte. Nach dreihundert Kilometern war ich mit den Nerven am Ende und brüllte die Kinder an.

»Jetzt haltet endlich die Klappe! Glaubt ihr, für mich ist das hier so einfach? Meint ihr, es macht Spaß, mich allein um alles zu kümmern? Und dafür ständig euer Gemecker zu hören? Ja, Papa hätte gewusst, wohin wir fahren. Er hätte euch auch die Äpfel schneiden können und ganz sicher an die CD von Bibi Blocksberg gedacht. Aber Papa ist nicht mehr da, und ich muss den ganzen Mist ohne ihn stemmen. Statt ständig zu motzen, solltet ihr mir lieber helfen!«

Sie waren sofort ruhig. Im Rückspiegel sah ich zwei eingeschüchterte Gesichter und ein zorniges. Letzteres gehörte David, der sich mühsam zurückhielt, um nicht zurück zu schreien. Ich bereute meinen Ausbruch schon Sekunden später und ärgerte mich über meine Unbeherrschtheit. Wütend und traurig zugleich trat ich das Gaspedal durch. Schweigend legten wir die letzten hundert Kilometer zurück. Als wir das Ortseingangsschild passierten, durchbrach ich die beklommene Stille.

»Wir sind gleich da. Bitte lasst uns nicht zanken, sondern zusammenhalten und einen schönen Urlaub erleben, okay?«

»Okay«, stimmten die Mädchen zu. David blieb stumm. Mir schwante nichts Gutes.

***

»Das ist ja riesig«, staunte Kristin, als ich den Wagen auf dem Parkplatz des am Ortsrand gelegenen Gebäudes abstellte. »Und hier ist ja gar nichts los. Sind wir die Ersten?«

Ihre Frage war berechtigt. Lediglich eine Handvoll weiterer Fahrzeuge verlor sich auf der weitläufigen Fläche. Das große Haus wirkte unbewohnt. Mein mulmiges Gefühl verstärkte sich.

»Wir lassen die Koffer im Auto und gehen erst mal gucken«, entschied ich, nahm Sophie an die Hand und marschierte auf den Eingang zu. Offensichtlich hatte man unsere Ankunft bemerkt, denn die Tür öffnete sich, bevor wir sie erreichten, und eine sympathisch wirkende Frau blickte uns entgegen.

»Sie müssen die Familie aus Nordrhein-Westfalen sein. Herzlich willkommen! Ich heiße Frauke und leite diese Einrichtung«, stellte sie sich vor und gab jedem von uns die Hand.

»Sind wir die Ersten?«, wiederholte Kristin ihre Frage. Frauke schüttelte den Kopf.

»Nein. Die Letzten. Leider haben sich nur wenige Gäste angemeldet. Wir durften keine Werbung machen, sondern waren auf Mundpropaganda angewiesen. Anscheinend hat sich unser Projekt noch nicht so richtig herumgesprochen. Aber was soll's? Jeder fängt mal klein an«, sagte sie mit einem zuversichtlichen Lachen in der Stimme. »Holt mal eure Koffer. Ich helfe euch mit dem Gepäck und zeige euch eure Zimmer. Anschließend gibt es Mittagessen. Dabei werdet ihr die anderen kennenlernen. Danach machen wir einen Rundgang. Einverstanden?«

Mir blieb nichts anderes übrig, als zu nicken. Du lieber Himmel! In diesem Anwesen fanden doch mit Gewissheit weit über hundert Menschen Platz! Später sollte ich erfahren, dass es eine ehemalige evangelische Akademie war, die nun dem Zweck dienen sollte, Menschen zu helfen, die Angehörige verloren hatten. In mehreren Stockwerken warteten Dutzende schlicht, aber geschmackvoll eingerichtete Zimmer darauf, alleinstehende Eltern und ihre Kinder zu beherbergen. Terrasse und Grillplatz hinter dem Gebäude luden zum gemütlichen Beisammensein ein, der angrenzende Wald zum Spielen und zum Spazierengehen. Momentan wirkte jedoch alles wie ausgestorben.

Verunsichert stapften wir hinter Frauke her, die uns durch verwinkelte Gänge eines Seitenflügels führte und schließlich an drei Türen stoppte.

»Hier sind zwei Einzel- und ein Doppelzimmer«, erklärte sie, schloss die erste Tür auf und wandte sich an mich. »Ich schlage vor, dass Kristin und Sophie sich das Zweibettzimmer teilen und du den mittleren Raum beziehst, der durch Zwischentüren mit den beiden anderen verbunden ist. David nimmt dann das Zimmer daneben.«

»Soll ich nicht besser mit Sophie in ein Zimmer gehen? Die ist doch noch so klein!«, fragte ich erstaunt. Sie schenkte mir ein sehr freundliches Lächeln und erwiderte:

»Nein. Ihr seid hier, um euch von dem, was ihr hinter euch habt, zu erholen. Und um Kraft zu tanken für das, was vor euch liegt. Gerade du als Mutter solltest die Möglichkeiten, die die kommende Woche dir bieten wird, nach Kräften ausnutzen. Dazu gehört auch, dass du ungestört schlafen kannst.«

»Das geht schon, Sophie und ich kriegen das hin«, beteuerte Kristin, die mein immer noch skeptisches Gesicht richtig interpretierte.

»Okay«, gab ich nach. »Ich bin ja direkt neben euch.«

Ich betrat mein zukünftiges Domizil, stellte aufatmend den Koffer ab, ging zum Fenster und öffnete es. Mir bot sich ein herrlicher Ausblick auf den Wald und auf einen kleinen, in der Sonne glitzernden See. Erfreut rief ich:

»Wie schön es hier ist. Guckt mal raus, ihr drei! Vielleicht können wir da auch mal zusammen Boot fahren?«

»Ist geplant«, schmunzelte Frauke. »Aber jetzt macht euch erst mal frisch und kommt runter in den Aufenthaltsraum. Auspacken könnt ihr später. Ich gehe schon mal vor.«

Während Kristin und Sophie nebenan darüber diskutierten, wer welches Bett bekam, blieb ich noch einen Moment lang am Fenster stehen und atmete tief ein und aus. Die Idylle draußen stimmte mich plötzlich wehmütig. Wie gern hätte ich sie gemeinsam mit Peter genossen oder sie ihm zumindest schnellstmöglich geschildert. Doch ich durfte diesen wunderbaren Ausblick, die anstehende Woche Auszeit nur aus einem einzigen Grund erleben: weil es Peter eben nicht mehr gab. Welche Ironie des Schicksals!

Mein Leben war ein einziges Paradoxon geworden, in dem nichts mehr so war, wie ich es mir vor weniger als zwei Jahren gewünscht und vorgestellt hatte. Mit einem tiefen Seufzer wandte ich mich ab. Mir blieb ja keine Wahl. Niemand hatte mir eine Wahl gelassen. Niemand hatte Peter eine Wahl gelassen. Er war tot, und ich musste mich notgedrungen einem Leben stellen, das ich nicht haben wollte. Somit konnte ich entweder resignieren oder dieses ungewollte Los akzeptieren und das Beste daraus machen. Da ich Menschen, die ständig jammerten, nicht unbedingt schätzte, und mich darüber hinaus selbst nicht ausstehen konnte, wenn ich mich bemitleidete, blieb mir nur der zweite Weg.

»Also los«, ermutigte ich mich selbst. »Was auch immer dich in den nächsten Tagen erwartet, du wirst es schon hinkriegen. Und vielleicht wird es ja auch richtig nett.«

Ich glaubte nicht daran. Aber das war eigentlich auch egal.

***

Besser hätte die Konstellation wirklich nicht sein können. Insgesamt waren wir vier Frauen und acht Kinder, die wenig später im gemütlichen Aufenthaltsraum saßen und sich bekannt machten. Eine schon etwas älter wirkende Mutter mit vielen grauen Strähnen in den aschblonden Haaren machte den Anfang.

»Ich heiße Maria, komme aus Bremen, bin einundfünfzig Jahre alt und seit drei Jahren verwitwet. Das hier«, sie strich einem blonden Jungen über den Kopf, »ist mein elfjähriger Sohn Lars.«

Auffordernd sah sie eine zierliche dunkelhaarige Frau an, die leicht errötete, sich dann aber einen Ruck gab, zwei Kinder an sich drückte und mit leiser Stimme sagte:

»Ich bin Daniela. Mein Mann ist vor vier Monaten verstorben. Zu mir gehören diese beiden hier. Felix und Mara, zwölf und neun Jahre alt. Ach ja, ich bin sechsunddreißig, und wir kommen aus Saarbrücken.«

»Dann bin jetzt wohl ich dran«, lächelte eine sehr gepflegt wirkende Brünette, die ein kleines Mädchen auf dem Schoß hielt. »Mein Name ist Cornelia, mein Sohn Julius ist zehn, meine Tochter Lilo vier, ich selbst bin dreiundvierzig. Wir kommen aus Hamburg, und mein Mann ist ebenfalls seit vier Monaten tot.«

Nun war die Reihe an mir. Ich ratterte unsere Namen herunter und freute mich dabei unbändig darüber, dass offenbar jedes meiner Kinder gleichaltrige Spielgefährten finden würde. Sophie und Lilo beäugten sich bereits neugierig, und auch Kristin und Mara suchten den ersten Augenkontakt. Dazu vier Jungen in etwa dem gleichen Alter, da konnte mein Nachwuchs wirklich zufrieden sein.

»Jetzt ist unser Team dran.« Frauke trat aus dem Hintergrund. »Mich kennt ihr schon. Als Psychologin werde ich mich in erster Linie um euch Erwachsene kümmern. Aber keine Sorge, ihr seid nicht hier, um ständig über eure Erlebnisse sprechen zu müssen. Neben den Gesprächskreisen werden wir die Umgebung kennenlernen, Entspannungsübungen machen, viel Zeit mit den Kindern verbringen und hoffentlich eine gemeinsame Woche erleben, die euch Kraft gibt und an die ihr gern zurückdenkt, wenn ihr wieder zu Hause seid.«

Sie wies der Reihe nach auf mehrere Damen und einen Herrn, die nebeneinander an der Wand lehnten. »Das hier ist Brigitte, die sich um eure Kinder kümmern wird, daneben steht Frau Hofer, mit der ihr Kinder euch gut stellen solltet. Sie ist Köchin aus Leidenschaft und freut sich darauf, euch mit gesunder Küche zu verwöhnen, wird aber auch gern eure Sonderwünsche erfüllen. Dann kommt Frau Berg, unsere Hauswirtschafterin, und schließlich, als Vertreter der Männerwelt, Herr Bolduan, Hausmeister und gute Seele des gesamten Anwesens. Bei Fragen könnt ihr euch jederzeit an einen von uns wenden. Aber jetzt gibt es erst einmal Mittagessen.«

Sie grinste. »Frau Hofer scharrt schon mit den Füßen, weil sie Angst hat, dass der Braten verbrutzelt. Wer von euch Kindern hat Hunger?«

Ein achtstimmiges »Ich!« war die Antwort. Sophie löste sich energisch von meiner Hand und schob sich in die Nähe von Lilo. »Sollen wir nebeneinander sitzen?«, hörte ich sie fragen. Die Kleine warf einen Blick auf ihre Mutter, die ihr zunickte. Ich lächelte die Frau an. Wie hieß sie doch gleich? Ach ja, Cornelia. Eine sympathisch, aber distanziert wirkende Person. Zu diesem Zeitpunkt ahnte ich nicht, welch wichtige Rolle sie zukünftig in meinem Leben spielen sollte …

***

Die sieben Tage vergingen wie im Flug. Ehe ich mich versah, saßen wir schon wieder im Auto auf dem Weg in den normalen – und derzeit eher abschreckenden – Alltag. Hinter mir schwatzten und kicherten die Mädchen, während David sich mithilfe seiner Ohrhörer aus dem Gespräch ausklinkte. Die wummernden Bässe drangen bis zu mir nach vorn, und ich dachte mit Besorgnis an die Schäden, die sein Gehör auf längere Sicht nehmen konnte, wenn er weiterhin meine diesbezüglichen Mahnungen und Verbote ignorierte.

»David, stell bitte die Musik leiser!«, forderte ich, doch erwartungsgemäß konnte er mich nicht hören. Also bat ich Kristin, die neben ihm saß.

»Kannst du ihn bitte mal anstupsen?«

»Was ist?«, fragte er genervt, nachdem seine Schwester ihn an der Schulter berührt und er widerwillig ein Ohr vom Kopfhörer befreit hatte.

»Machst du bitte die Musik leiser? Das geht mir auf den Geist! Und schädigt deine Ohren.«

»Nein.« Bockig steckte er das leidige Ding zurück in sein Ohr und schloss demonstrativ die Augen. Stumm zählte ich bis zehn. Am liebsten hätte ich ihm den MP3-Player entrissen und aus dem Fenster geworfen. Doch ich wusste ja jetzt, was ihn bewog, laute und teils recht aggressive Musik zu hören. Unsere Beziehung hatte gerade erst eine heftige Bewährungsprobe überstanden. Ich biss die Zähne zusammen, um sie nicht ein weiteres Mal zu strapazieren, und dachte zurück an die Tage, die hinter uns lagen.

Davids Verhalten, aber auch meine leider oft überzogene Reaktion darauf waren die einzigen Wermutstropfen in einer ansonsten nahezu perfekten Woche. Unser Betreuungsteam hatte tatsächlich alle Register gezogen, seine Schützlinge nach Strich und Faden zu verwöhnen. Wohlüberlegt strukturierten Frauke und Brigitte die Tage; und dennoch blieben genügend Freiräume, um auf eigene Faust kleinere Touren zu machen, sich ins Zimmer zurückzuziehen oder auf der teils überdachten Terrasse zu sitzen, zu quatschen, zu lesen oder einen kurzen Mittagsschlaf zu halten. Die Kinder waren nonstop beschäftigt. Der nahe Wald bot Abenteuer im Überfluss, und der Grillplatz eignete sich hervorragend zum Kicken, woran die vier Jungen hin und wieder auch die Mädchen teilhaben ließen.

Letztere hatten allerdings auch ohne die männliche Großmut genügend Abwechslung. Sie hatten sich paarweise zusammengeschlossen, klauten uns Müttern das spärliche Angebot an Nagellack und Schminke und sorgten mit Modenschauen und den ersten Versuchen, die in Mädchenzeitschriften entdeckten Tipps zur Verschönerung nachzuahmen, für viel kollektives Schmunzeln.

»Wo bleibt da die Emanzipation?«, stöhnte Cornelia belustigt, als Lilo, ganz große Dame, auf von Brigitte geliehenen High Heels an ihr vorbeistakste, während Sophie den grellroten Nagellack trocknen ließ und Mara und Kristin sich gegenseitig aufwendige Frisuren flochten.

»Lass sie! Sie werden schon noch merken, wie übertrieben das Ganze ist«, grinste Daniela, die ungeschminkt im Jogginganzug in ihrem Liegestuhl hing. Wir hatten einen intensiven Vormittag und ein opulentes Mittagessen hinter uns und genossen die Ruhestunde im Schatten des Sonnenschirms. Später war die Bootstour geplant, der die Kinder seit Tagen entgegenfieberten. Im Gegensatz zu unserem energiegeladenen Nachwuchs benötigten wir vier Erwachsenen diese Pause unbedingt. Uns fehlte die kindliche Fähigkeit, die vielfältigen Eindrücke der vormittäglichen Gesprächsrunden einfach abzuschütteln. Sie waren zu eindringlich – und manchmal auch zu schmerzhaft, um sich danach nahtlos ins Vergnügen stürzen zu können.

Nach dem Frühstück und einer kurzen gemeinsamen Morgenmeditation in der wohltuenden Atmosphäre der schmucklosen Kapelle trennten sich Kinder und Erwachsene. Brigitte nahm sich unseres Nachwuchses an, damit Frauke ungestört und konzentriert mit Maria, Daniela, Cornelia und mir »arbeiten« konnte. Auch wenn ich mich gegen diesen Begriff wehrte, so war all das, was in den kommenden drei Stunden folgte, tatsächlich eine anstrengende, erschöpfende Tätigkeit. Obwohl wir uns so gut wie nicht bewegten, war jede von uns vieren anschließend verschwitzt und ausgelaugt. Die seelische »Arbeit« verlangte zumindest mir weit mehr Energie ab, als ich es von kognitiver oder körperlicher Leistung her kannte. Doch nicht nur ich war beim Mittagessen blass, wortkarg und in mich gekehrt. Auch den drei anderen Frauen war der Nachhall der endlich einmal ausgesprochenen Zukunftsängste, der meist schmerzvollen Erinnerungen und der Tränen, die immer wieder flossen, deutlich anzumerken.

Es war Fraukes einfühlsamer Gesprächsführung zu verdanken, dass wir uns nach und nach den anderen öffneten und zunächst widerstrebend, später immer ungezwungener unser Seelenleben bloßlegten. Auf unterschiedlichste Weise – je nach individuellem Charakter, der sich bereits am ersten Morgen herausstellte und die gesamte Woche weitgehend unverändert bleiben sollte.

Nach immerhin drei Jahren blickte Maria mit deutlichem Zeitvorsprung auf ihre Erlebnisse zurück, was ihr half, diese zugleich emotional als auch mit einem spürbaren Abstand zu schildern. Daniela, Cornelia und mir fehlte diese Distanz – der Tod unserer Ehemänner und die erste Zeit danach schienen noch wie gestern, sodass Daniela, offensichtlich nicht nur äußerlich die Zarteste unter uns, immer wieder zu Taschentüchern greifen musste. Ihr Verhalten löste zwiespältige Gefühle in mir aus: Einerseits empfand ich eine Spur von Verachtung für ihre fehlende Selbstbeherrschung, andererseits beneidete ich sie darum, ihrem Kummer so ungehemmt Raum gewähren zu können.

Cornelia hingegen blieb weitgehend in sich gekehrt und reserviert. In klug formulierten Sätzen erzählte sie vom unerwarteten Tod ihres Mannes, legte uns ihre Gedanken und Gefühle sowie ihren Umgang damit dar. Ihre Darstellungsweise befremdete mich, sie wirkte eher so, als ob Cornelia als Außenstehende über eine Freundin berichtete statt über sich selbst. Dennoch bewunderte ich diese Frau. So sprachgewandt und analytisch wäre ich auch gern gewesen! Später sollte ich erfahren, dass sie als Journalistin Dokumentationen schrieb. Jetzt hatte ich die Erklärung, die meine Bewunderung noch weiter steigerte.

Ich selbst stellte das Glücksgefühl, das Peters Tod und die liebevolle Trauerfeier in mir ausgelöst hatten, in den Mittelpunkt. Doch je mehr ich erzählte, desto deutlicher wurde mir, dass diese Empfindung, die mich so lange getragen hatte, an Intensität zu verlieren begann. Es war eine Erkenntnis, die mich entsetzte. Allein dieses Glück war doch die Basis, die mir Kraft für mein weiteres Leben gab. Worauf sonst konnte ich aufbauen als auf dem Wissen, dass Peter am Ende friedlich gestorben war? Dass alles *in Ordnung* war?

Weitaus mühsamer als noch vor wenigen Wochen beschwor ich das Bild von Peters letztem Lächeln herauf, um Halt und Bestätigung zu finden. Ähnlich wie Cornelia war schließlich auch ich eine starke, gefestigte Frau, und somit sollten die anderen mich als eine solche wahrnehmen! Die Risse, die die beiden emotionalen Einbrüche meinem Selbstbild zugefügt hatten, hatte ich doch längst gekittet. Warum um alles in der Welt kam ich mir selbst so unglaubwürdig vor, als ich am Ende meiner Ausführungen im Brustton der Überzeugung behauptete: »Ihr seht, ich habe alles im Griff.«

Meine Zuhörerinnen schienen mir zu glauben. Offenbar hatte ich alles richtig gemacht.

Es war David, der meine Behauptung ad absurdum führte. Bereits am zweiten Tag unseres Aufenthaltes entdeckte ich auf dem

Tisch seines Zimmers die CD eines deutschen Rappers, dessen Lieder er hinter meinem Rücken auf seinen MP3-Player geladen hatte und bei jeder Gelegenheit hörte. Mir wurde heiß und kalt, als ich mir die Texte durchlas. Nichts als Gewalt, Drogen, brutaler Sex und Hoffnungslosigkeit, all das in Begriffen dargestellt, die mir beim Lesen die Röte ins Gesicht trieben. Jede Zeile entsprach dem genauen Gegenteil dessen, was ich meinen Kindern an Werten vermittelte. Fassungslos stellte ich meinen Sohn zur Rede.

»Woher hast du denn diese grässliche Musik?«

»Gekauft«, antwortete er lapidar und sah mich herausfordernd an. In mir stieg Panik auf. Er war doch noch ein Kind! Ein Kind, das bereits zur Genüge erlebt hatte, dass das Leben nicht immer fair, die Welt nicht immer heil war. Ein Kind, das ich schützen musste, das nicht mit gerade mal elf Jahren mit sämtlichen gesellschaftlichen Abgründen konfrontiert werden durfte. Ich fühlte mich ohnmächtig und hilflos – und flüchtete mich in Zorn. Eine Stimme in mir mahnte zu Ruhe und Besonnenheit, doch ich riss die CD vom Tisch und brüllte David an:

»Ich verbiete dir, so etwas zu hören. Du wirst jetzt sofort in meinem Beisein die Lieder löschen! Hast du gehört? Jetzt! Sofort!«

Er wurde blass. Dann rot. Schüttelte den Kopf und zischte mit zusammengepressten Lippen: »Nein. Ich lösche sie nicht.«

»Dann nehme ich dir den MP3-Player weg!«, schrie ich hysterisch. Seine Augen wurden zu schmalen Schlitzen, doch er wagte keinen weiteren Widerspruch.

»Ist ja schon gut. Ich lösche sie. Zufrieden?«, ätzte er, nachdem er sein Vorhaben durchgeführt hatte.

»Wage es nicht, so etwas noch einmal ohne mein Wissen zu kaufen«, setzte ich nach, bevor ich sein Zimmer verließ und die Zwischentür zuknallte. Zitternd sank ich auf die Kante meines Betts und betrachtete angewidert die Hülle der CD. FSK 16! Und das nicht grundlos. Mein Kind war ganze fünf Jahre zu jung. Den Verkäufer sollte man anzeigen! Ihm den Hals umdrehen! Und ihn hinterher vierteilen! Mindestens!

Ich legte mich aufs Bett und starrte an die Decke. Bisher war es leicht gewesen, meine Kinder zu erziehen. Noch waren sie jung genug, die Ideale, die Peter und ich vertraten und von denen ich auch weiterhin nicht abweichen würde, nicht zu hinterfragen. Diese grässliche CD war viel mehr als »nur« der heimliche Kauf einer Sache, die ich nicht guthieß. Was David sehr wohl wusste, ansonsten hätte er sie mir gezeigt. Sie war ein allererster Schritt weg von den elterlichen Regeln, der viel zu frühe Beginn der kindlichen Rebellion, zugleich eine erste Konfrontation mit dem, was in Kürze auf mich zukäme: die Pubertät und die damit verbundenen Konflikte, die unvermeidbar aus der zu erwartenden Auflehnung gegen jede bislang so selbstverständlich akzeptierte elterliche Autorität entstünden. All das erwartete mich in den kommenden Jahren gleich dreifach. Und ich war mutterseelenallein. Ohne Peter, bei dem ich Rat suchen konnte. Der mir den Rücken stärkte. Der seinen Anteil übernahm und ganz sicher nicht herumgebrüllt, sondern ein sachliches Gespräch mit seinem Sohn geführt hätte.

Gestern hatte Daniela von Zukunftsangst gesprochen. Ich hatte sie nicht verstanden, mich überlegen gefühlt und sie insgeheim belächelt. Doch jetzt, ausgelöst durch eine lächerliche CD, kroch diese Angst auch in mir hoch. Gleich bei der ersten echten Herausforderung hatte ich falsch reagiert. Nun saß David trotzig in seinem Zimmer, ich lag frustriert in meinem. Räumlich trennten uns nur ein paar Meter, doch die Kluft, die ich spürte, fühlte sich riesig an. Eine Träne stahl sich aus meinem Auge. In jäh aufloderndem Zorn wischte ich sie weg, sprang auf, zog die CD aus ihrer Hülle, zerbrach sie voller Genugtuung in immer kleinere Teile und pfefferte am Ende die Stücke durchs Zimmer. Nichts und niemand brachte mich zum Weinen! Sicher nicht dieser bescheuerte Rapper. Auch nicht meine Kinder. Am allerwenigsten jedoch ich selbst!

Es blieb niemanden verborgen, dass David und ich am folgenden Tag nur das Nötigste miteinander sprachen. Der Streit lag mir wie Blei im Magen, doch ich fühlte mich im Recht und war unfähig, über meinen Schatten zu springen und auf mein Kind zuzugehen.

»Kann es sein, dass du ziemlich streng bist?«, fragte Brigitte. Sie hatte mich um ein Gespräch unter vier Augen gebeten und sich meine Schilderung der Situation gelassen angehört. Ihre Frage klang mitfühlend, doch ich empfand sie als Angriff. Da konnte ja jeder kommen! Sie mochte noch so sympathisch sein, aber sie war jung, hatte keine Kinder, bezog ihr rein theoretisches Wissen lediglich aus dem, was sie an der Uni gelernt hatte.

»Was heißt denn streng?«, brauste ich sofort auf. »Hast du dir die Texte mal angehört? Kannst du dir auch nur ansatzweise vorstellen, welche Ängste ich als Mutter habe, wenn mein Elfjähriger Lieder über Gewalt, Drogenkonsum und Sex hört? In einem Vokabular, bei dem sich mir die Zehennägel hochrollen?«

»Hast du dich mal gefragt, warum er solche Texte hört?«

Spiel, Satz und Sieg.

»Nein«, gab ich kleinlaut zu.

»Ich aber«, sagte sie ruhig. »Sie helfen ihm, die Wut zu kompensieren, die wegen des Todes seines Vaters in ihm brodelt. Er will sie dir nicht zeigen, deswegen hat er nach einem anderen Weg gesucht, sie zu kanalisieren. Ich kann sehr gut nachvollziehen, dass du wenig begeistert bist. Aber vielleicht hättest du ihm erklären sollen, warum du so entsetzt gewesen bist, und ihn besser gefragt, warum er so etwas hört. Dann hättet ihr Verständnis für den jeweils anderen entwickeln und gemeinsam nach einer Alternative suchen können.«

Ich fühlte mich als jämmerliche Versagerin, als ich kurz darauf zu Davids Zimmer schlich und an der Tür stehen blieb. Er sah mich mit gerunzelter Stirn an.

»Tut mir leid!«, sagte er im gleichen Augenblick wie ich. Wir lächelten uns befreit an und gingen aufeinander zu. Vorsichtig zog ich ihn in den Arm.

»Mama?«

»Ja?«

»Ich fand die Texte ja auch komisch. Hab gar nicht alles verstanden.«

Ein Glück, dachte ich und war für diesen Augenblick immens erleichtert. Doch der Stachel der Angst sollte ebenso bleiben wie Davids teils versteckte, teils offene Rebellion.

Im Lauf der Woche lernte ich etwas schätzen, das ich zuvor nie so bewusst wahrgenommen hatte: Solidarität. Auch wenn Maria, Daniela, Cornelia und ich in vielen Punkten grundverschieden waren, so einte uns doch die Tatsache, dass wir verwitwet waren und viele Jahre vor uns lagen, in denen wir die Kinder ohne ihren Vater aufziehen mussten. Natürlich hatte ich zu Hause Freundinnen, denen ich jederzeit mein Herz ausschütten konnte und die mir nach Kräften halfen, Lösungen für Probleme zu suchen.

Doch das hier war etwas anderes. Wir vier teilten die gleiche Lebenssituation, hatten den gleichen Verlust erlitten, standen vor den gleichen Herausforderungen. Wir mussten uns nicht bemühen, uns in unser Gegenüber hineinzuversetzen – wir wussten es aus eigener Erfahrung. Auf dieser Basis konnten wir uns gegenseitig auffangen, authentische Ratschläge geben oder in stillem Einvernehmen miteinander schweigen. Längst hatte ich zugegeben, dass ich entgegen meiner anfänglichen Behauptung bei Weitem nicht alles im Griff hatte, mich aber an diesen Gedanken klammerte, um keine Schwäche zuzugeben. Frauke hatte mich sehr wohlwollend gelobt:

»Wirklich stark ist derjenige, der seine Schwächen akzeptiert.«

Ich wuchs innerlich um ein paar Zentimeter. Aber nicht nur ich gewann an Selbstvertrauen. Auch Daniela, Maria und Cornelia blickten am Ende des Urlaubs positiver in die Zukunft als noch sieben Tage zuvor. Die vielen Gespräche und die dabei empfundene Empathie hatten uns alle ebenso bestärkt wie die zahlreichen Unternehmungen. Wir waren am Meer gewesen, über den kleinen See gepaddelt, hatten die Karl-May-Festspiele besucht, eine Nachtwanderung durch den Wald gemacht und immer wieder herzhaft gelacht. All das hatte uns eng zusammengeschweißt, sodass wir am letzten Tag schweren Herzens Abschied voneinander nahmen.

Auch den Kindern fiel der Abschied schwer.

»Ihr könnt Mails und Briefe schreiben oder telefonieren. Und vielleicht besuchen wir uns ja mal gegenseitig«, trösteten wir sie und uns selbst, bevor wir die Mitglieder des Teams, das uns so wunderbar betreut und verwöhnt hatte, mit unseren dankbaren Umarmungen fast erstickten. Widerwillig stiegen wir in die Autos und fuhren in verschiedene Richtungen davon.

Noch knapp hundert Kilometer. Hinter mir war alles still. Ich warf einen Blick in den Rückspiegel. Die Mädchen waren eingeschlafen, Kristin war im Schlaf zur Seite gerutscht. Ihr Kopf war auf Davids Schulter gelandet, der die Musik ausgestellt und seine Kopfhörer abgelegt hatte. Er spürte meinen Blick, erwiderte ihn und lächelte mich an. Ich lächelte zurück.

»Wir schaffen das schon«, flüsterte ich. Mein Sohn nickte und hob vorsichtig, um Kristin nicht zu wecken, den rechten Daumen. Gerührt beschloss ich, gleich morgen mit ihm in die Stadt zu fahren und Ersatz für die CD zu besorgen. Vielleicht englischen Rap. Bis er diese Texte übersetzen konnte, war er vermutlich alt genug.

Björn

Ich entdeckte den Brief am späten Abend, nachdem ich ausgepackt, die erste von unendlich vielen Waschmaschinenladungen angeworfen und die Kinder ins Bett geschickt hatte. Er war zwischen Werbeprospekte gerutscht, sodass ich ihn beinahe unbemerkt weggeworfen hätte. Offenbar eine sehr verspätete Rückmeldung auf meine Annonce, die ich längst aus meinem Kopf verbannt hatte.

… habe ich mich nach langem Zögern entschieden, dir doch zu schreiben. Ich habe aus verschiedenen Gründen auf keinen Fall Interesse an einer Beziehung, aber auch keine Lust mehr, ständig zu Hause herumzusitzen. Ein paar erste Infos zu mir: Ich bin 44 Jahre alt, 185 cm groß und Vater zweier lieber, pubertierender Kinder. Was stellst du dir denn unter Freizeitprogramm vor? Mal einen Abend ins Kino? Essen gehen? Gute, nicht so oberflächliche Gespräche führen? Vielleicht mal in die Oper? Da war ich lange nicht mehr … Ich freue mich über eine nette Mail und schreibe auch schnell zurück.
Björn

Das klang nett und weckte meine Neugierde. »Liebe, pubertäre Kinder.« Sehr gut. »Nicht so oberflächliche Gespräche.« Noch besser. »Kein Interesse an einer Beziehung.« Perfekt. »Oper.« Na ja. War dieser Björn etwa so ein Intellektueller, der nur klassische Musik hörte, ausschließlich anspruchsvolle Literatur las, ständig Fremdwörter gebrauchte, zum Lachen jedoch in den Keller ging? Spontan beschloss ich, es in Erfahrung zu bringen, setzte mich trotz meiner Müdigkeit an den PC und schickte ein paar freundliche, aber sehr unverbindliche Zeilen an die angegebene Mailadresse. Anschließend vergaß ich den Fremden gleich wieder und fiel, erschöpft von der langen Fahrt und der bewegenden letzten Woche in Tiefschlaf.

Seine Antwort tauchte am folgenden späten Vormittag auf meinem Rechner auf. Sie war lang. Eine solch ausführliche E-Mail hatte ich noch nie bekommen. Und auch noch nie geschrieben. Hoffentlich ging dieser Björn jetzt nicht davon aus, dass ich stundenlang vor dem Computer hocken und ihm ebenso wortreich antworten konnte.

Ich sollte ihm so schnell wie möglich mitteilen, dass ich drei Kinder und nebenbei noch einen Beruf, einen Haushalt und ein Pferd hatte, damit eigentlich voll ausgelastet war und mehr als ein gelegentliches Treffen auf keinen Fall drin wäre. Weitere Details musste er vorerst sowieso noch nicht wissen.

Ich vertiefte mich in seine Zeilen. Und staunte nicht schlecht. Nach Cornelia war er binnen einer Woche der zweite Mensch, der mich mit seiner Sprachgewandtheit schwer beeindruckte. Da war jedes Wort an der richtigen Stelle, jeder Absatz fein formuliert, dabei aber so unterhaltsam, dass mir die Lachtränen in die Augen stiegen. Im letzten Drittel des endlosen Textes verging mir jedoch das Lachen:

… Es ist klar, dass meine Kinder meiner Krankheit wegen ihr Päckchen mit sich rumschleppen müssen. Dabei traf die Diagnose Krebs zu einem weniger glücklichen Zeitpunkt ein. Damals, vor fast fünf Jahren, hatte Malte, der Jüngere, gerade aufs Gymnasium gewechselt, und meine Ehe mit Silke stand kurz vor dem Aus. Inzwischen hat sich die Situation längst stabilisiert. Ich lebe in meiner eigenen Wohnung, nicht weit entfernt von Silke, Mirko und Malte. Meine Söhne pendeln zwischen den Wohnungen und kommen sehr gut damit zurecht, ein doppeltes Zuhause zu haben. Trotz meiner

Erkrankung geht das Leben weiter, meine Kinder und die vielfältigen Aufgaben rund um meine Schüler geben mir den Impuls, immer wieder neue Herausforderungen anzunehmen, solange das schleichende Fortschreiten der Metastasierung mich lässt. Und ich hoffe, dass das noch eine ganze Weile der Fall sein wird. Aber jetzt weißt du, warum ich auf keinen Fall eine Beziehung will, keine langfristige Bindung …

Ich schluckte. Doch der Kloß im Hals wollte nicht weichen. Mit so etwas hätte ich nie gerechnet – und es war wohl auch das Letzte, was ich in meiner derzeitigen Lebenssituation brauchen konnte. Sehr entschlossen klickte ich auf »Löschen«. Diesen Björn, mochte er noch so sympathisch sein, musste ich so schnell wie möglich vergessen.

***

Ich vergaß ihn nicht. Im Gegenteil, bei allem, was ich an diesem Tag erledigte, schien mich ein unsichtbarer Mann zu begleiten, der nur schemenhafte Konturen hatte. Er ging mit mir und Sophie einkaufen, sah mir beim Kochen über die Schulter, schaute mir beim Reiten zu und schmunzelte über mein Pech beim Kartenspiel mit den Kindern. Am Abend war ich regelrecht entnervt.

»Du könntest ihm ja wenigstens schreiben, dass du kein Interesse an einem Kontakt hast. Ohne Angabe von Gründen, rein der Höflichkeit halber. Dann hast du Ruhe«, legte meine innere Stimme mir nahe. Folgsam startete ich den Rechner, angelte Björns Mail aus den gelöschten Objekten, schob sie in den Posteingang zurück und las sie, eher widerwillig, ein zweites Mal. Dann ein drittes. Bis meine Finger von selbst zu tippen begannen, allerdings etwas gänzlich anderes als die paar Sätze, die ich mir vorgenommen hatte. Hellwach trotz der späten Stunde, hämmerte ich konzen-

triert in die Tasten, bis ich irgendwann weit nach Mitternacht meine E-Mail mit dem Satz »Ich würde mich freuen, von dir zu lesen« enden ließ.

Ohne sie noch einmal zu überfliegen, sandte ich sie ab, fuhr den Rechner herunter und ging mit kurzem Umweg über das Badezimmer schnurstracks ins Bett. Wenn Björn diese längste Mail meines Lebens morgen, nein, heute, las, kannte er mein halbes Leben, vor allem aber meine jüngste Vergangenheit. Und stand vor der gleichen Frage wie ich, der Frage, die ich ihm als Erstes gestellt und obendrein als Betreff der Mail gewählt hatte: Was um alles in der Welt soll ich jetzt tun?

***

»Ich will aber nicht in diese bekloppte Kinderbetreuung! Die sprechen da alle so komisch. Außerdem habe ich Greta versprochen, dass sie auf Nicki reiten darf. Der ihre Mama hat gesagt, dass sie nicht in die Gruppe muss, wenn sie nicht will.« Zur Bekräftigung ihrer Worte stampfte Sophie mit dem Fuß auf und blickte mich finster an.

»Das heißt *deren Mama*, und es ist mir vollkommen egal, was die sagt. Du gehst. Gestern Morgen hat es dir doch so viel Spaß gemacht, obwohl die meisten Kinder Englisch oder Griechisch sprechen.«

»Gestern hatte ich Nicki ja auch noch nicht. Ich habe es Greta doch versprochen! Deren ihre Mama ist echt viel netter als du.«

Eigentor! Auf dem gestrigen Spaziergang in das kleine Dorf, an dessen Randbezirk sich unser Hotel befand, hatte Sophie das riesige aufblasbare Krokodil entdeckt und so lange gebettelt, bis ich es gekauft hatte. Zwei Stunden später war Nicki, wie Sophie das Schwimmtier sofort getauft hatte, der Hit am Kinderpool und meine Jüngste die ungekrönte Königin der zahlreichen Gleichaltrigen, die mit ihren Eltern Urlaub auf Korfu machten.

Ich konnte Sophies Wunsch nachvollziehen und suchte krampfhaft nach einem Anreiz, mit dem ich ihr die Spielgruppe schmackhaft machen konnte. Diese beiden Stunden waren die einzige Zeit des Tages, die ich zur freien Verfügung hatte. Das Sahnehäubchen auf dem ungewohnten Luxus, mal nur mit einem Kind unterwegs zu sein. David und Kristin ließen sich bei Thorsten und Carina von ungarischen Mücken stechen – und ich genoss es aus vollen Zügen, ausgiebig Zeit für mein kleines Mädchen zu haben. Zweiundzwanzig Stunden täglich. Bis auf eben diese beiden, in denen die Animateurinnen mit den jüngsten Gästen spielten. Ich konnte und wollte auf keinen Fall darauf verzichten, schließlich fieberte ich ihnen schon nach dem Aufstehen entgegen.

»Du gehst! Nicht nur du hast Ferien! Auch ich habe ein Recht auf ein wenig freie Zeit, in der ich nicht auf dich aufpassen muss. Anschließend kannst du noch den ganzen Nachmittag mit Greta und Nicki im Pool toben«, entschied ich mit Nachdruck und erntete prompt einen verächtlichen Blick.

Schmollend lief Sophie den bekannten Weg zur Kinderbetreuung. An der Tür erhellten sich ihre Gesichtszüge.

»Kriegt Nicki dann wenigstens auch ein Eis?«, fragte sie mit der Miene eines Unschuldsengels. So ein kleines Biest! Ich konnte mir ein Grinsen nicht verkneifen.

»Und was ist, wenn Krokodile kein Eis mögen?«

»Dann muss ich es wohl essen«, antwortete sie listig und winkte mir zum Abschied zu.

Endlich! Ich eilte an der Rezeption vorbei in den winzigen Nebenraum, setzte mich an einen der beiden Rechner und rief meine Mails ab. Warum dauerte das bloß so lange? Sobald ich wieder zu Hause war, würde ich mir einen Laptop zulegen, für dessen Anschaffung ich bisher zu sparsam gewesen war. Außerdem hatte mein häuslicher PC für die wenigen kurzen Mails, die ich mühsam mit zwei Fingern tippte, bisher völlig ausgereicht.

Doch seit einigen Wochen gab es unverhofft zwei Personen, die mein Leben auf virtuellem Weg bereicherten. Vorbei waren die Abende, die ich vor dem Fernseher verbracht hatte. Sobald die Kinder im Bett lagen, fuhr ich den Rechner hoch und stürzte mich erwartungsvoll auf meinen Posteingang, wo fast immer eine, oft auch zwei Nachrichten auf mich warteten. Binnen kürzester Zeit waren das Lesen und Beantworten zu einer regelrechten Sucht geworden, der ich jedes Buch und jeden Film ohne Zögern opferte.

Und nicht nur das! Während der verregnete Sommer in Deutschland sich gen Ende neigte, ließ ich die einmalige Chance, ungestört unter der griechischen Sonne zu bräunen, allmorgendlich einfach sausen und bevorzugte stattdessen das Halbdunkel der fensterlosen, muffigen sechs Quadratmeter, die das Reiseprospekt als »großzügigen Computerraum« deklariert hatte. Nicht zum ersten Mal verfluchte ich meinen Geiz. Wie schön es doch wäre, jetzt auf der Terrasse unseres Doppelzimmers zu sitzen, meinen Laptop vor mir auf dem Tisch, daneben ein Kaffee …

»Sie haben 31 neue Mitteilungen«, meldete meine Mailbox, nachdem sie meine Geduld auf eine harte Probe gestellt hatte. Ich scrollte die Nachrichten durch. Werbung. Nichts wie weg damit in den virtuellen Papierkorb. Noch mehr Werbung. Ab ins Nirwana. Nach etlichen Klicks tauchte schließlich einer der beiden Namen auf, auf die ich hoffte. Cornelia. Meine Hamburger Freundin, die ich fünf Urlaubstage lang als reserviert und kühl wahrgenommen hatte. Bis wir am sechsten Tag erstmalig die Gelegenheit zu einem Gespräch unter vier Augen gefunden hatten

Binnen weniger Minuten merkte ich damals, dass ich mir vorschnell eine Meinung gebildet hatte. Hinter der Maske aus Distanz verbarg sich eine temperamentvolle Frau, die mich mit ihrem trockenen, feinsinnigen Humor und ihrer Selbstironie immer wieder zum Lachen brachte, gleichzeitig aber auch zum Nachdenken anregte. Das Gefühl der spontanen Sympathie beruhte auf Gegenseitigkeit, denn bereits am Tag nach unserer Rückkehr sandte sie mir die erste E-Mail.

Seitdem tauschten wir uns alle zwei, drei Tage in langen, immer aufrichtigeren Texten aus. In dem, was sie schrieb, entdeckte ich mich selbst und meine eigenen emotionalen Konflikte wieder. Ebenso wie ich war sie gezwungen, einen Spagat zu machen, kämpfte auf der einen Seite mit den Geschehnissen der Vergangenheit, mit Hadern, Trotz, Wut und Kummer, empfand und benannte auf der anderen Seite aber auch eine gehörige Portion Optimismus und den deutlichen Wunsch, nach vorn zu schauen. Heute schrieb sie etwas, das in mir zwiespältige Gefühle hervorrief.

… habe ich vor drei Wochen einen Mann kennengelernt und bisher noch nicht den Mut gefunden, dir davon zu berichten. Nach mehreren Treffen muss ich dir (und mir selbst???) allerdings eingestehen, dass es sich anfühlt, als wäre ich dabei, mich zu verlieben. Doch wie kann so etwas passieren? Habe ich das Recht dazu, nur wenige Monate, nachdem Richard gestorben ist, den ich doch liebte und liebe? Wie kann ich da Herzklopfen haben, wenn ich an einen anderen denke? Muss ich ein schlechtes Gewissen haben, oder darf ich dieses Kribbeln der Vorfreude genießen? Ich kenne mich selbst nicht mehr und bin zutiefst verunsichert, hoffe auf deinen Rat …

Was für eine erstaunliche Duplizität der Ereignisse. Regelrecht erschrocken las ich ihre Mail ein zweites Mal. Sie hatte exakt das in Worte gefasst, was ich gerade selbst erlebte und wogegen ich mich mit Händen und Füßen wehrte. Mit dem Unterschied, dass ich Björn nicht persönlich kannte. Nicht einmal ein Foto von ihm gesehen hatte. Auch er hatte keine Ahnung, wie ich aussah. Zunächst hatte es keine Rolle gespielt, später hatten wir es über der Intensität unseres schriftlichen Austauschs gänzlich vergessen. Nach nur wenigen Wochen hatte sich die Vorfreude auf seine Zeilen verändert, war genau jenes Kribbeln hinzugekommen, das Cornelia beschrieb. Das ich auch jetzt verspürte, als ich in der Liste der ungelesenen Mails Björns Namen entdeckte.

Mein Zeigefinger zuckte. Es wäre ein einziger Klick, um zu seinen Worten zu gelangen. Einem Impuls folgend, ließ ich die Nachricht ungeöffnet, schloss meine Mailbox und verließ den plötzlich eng werdenden Raum. Ich musste erst nachdenken. Mich mit mir selbst auseinandersetzen, all die Gedanken zulassen, die ich bisher wohlweislich verdrängt hatte. Ausgerechnet ich sollte Cornelia einen Rat geben, weil sie »zutiefst verunsichert« war? Noch hatte sie ja keine Ahnung, dass ein ähnliches Chaos unterschwellig in mir brodelte, auch wenn ich es mit aller Kraft ignorierte.

Das Meerwasser umspielte meine Füße. Ich war ein Stück am Strand entlanggelaufen, bis ich an diese Stelle kam, an der Felsbrocken ein Weiterkommen erschwerten. Wer im Sand liegen wollte, war hier am falschen Ort. Doch für mich war es genau der richtige Platz, um mich auf einen mittelgroßen Stein zu setzen, die Beine im Wasser baumeln zu lassen und, inspiriert von Cornelias Mail, meine kreuz und quer laufenden Gedanken zu sortieren. Wie von selbst wanderten sie zu dem Moment vor einigen Wochen zurück, als mir bewusst wurde, dass ich einem Unbekannten auf schriftlichem Weg mein halbes Leben anvertraut hatte … Björn ließ sich einen Tag Zeit, eine Antwort auf meine offenen Zeilen zu formulieren. *Wie peinlich*, dachte ich am nächsten Tag, als ich mein Geschreibsel des Vorabends überflog, und lief voller Scham rot an. Da hatte ich doch glatt einem anonymen Gegenüber mein gesamtes Seelenleben um die Ohren gehauen, hatte ihm Dinge erzählt, die ich selbst vor Frau Reinke verbarg. Hatte einem wildfremden Mann, von dem ich nicht viel mehr wusste als den Namen, einen gewaltigen Vertrauensvorschuss gegeben. Seinen wenigen Informationen konnte ich entnehmen, dass er offenbar Lehrer war. Also doppelt peinlich, denn nicht nur der Inhalt, sondern auch die fehlende Struktur meiner Mail ließen reichlich zu wünschen übrig – von den zahllosen Rechtschreibfehlern ganz zu schweigen.

Was wusste ich sonst noch über ihn? Es gab es zwei Söhne. Und die ebenso abschreckende wie verbindende »Nebensächlichkeit«, dass er krank war. Dass er Krebs hatte. Wie Peter. Vermutlich war es diese Tatsache, die mich meine Hemmungen hatte vergessen lassen. Was würde er nun bloß von mir denken?

»Ist das nicht egal? Er hat doch ebenfalls keine Ahnung, wo du wohnst. Möglicherweise amüsiert er sich jetzt köstlich über dich, doch auch du bist für ihn lediglich eine anonyme Person, die er real nicht finden kann. Also mach dir keinen Kopf! Er wird nicht mehr zurückschreiben, und die Sache ist gegessen«, beschwichtigte mich meine innere Stimme. Halbherzig stimmte ich ihr zu. Doch als ich am späten Abend mit einem flauen Gefühl den Rechner hochfuhr, wartete seine Antwort auf mich. Erneut eine sehr ausführliche Mail, die mich sämtliche Bedenken über Bord werfen ließ.

… Du weißt, dass ich deine Frage, was du denn nun tun sollst, nicht beantworten kann. Deine Frage, ob ich zurückschreibe, steht nicht zur Debatte. Es ist für mich klar, dass ich das will und jetzt ja auch tue. Ich habe eine streckenweise schlaflose Nacht hinter mir. So traurig das alles sein mag, es war schön, einmal wieder so intensiv an jemanden denken zu können. Warum sollte ich dir nicht schreiben wollen?

Und dann:

Ich weiß nicht, welche, aber eine Beziehung haben wir. Ich rede nicht von Liebe, von Bindung, aber irgendwie kann ich mir nicht vorstellen, dass ein Kontakt zwischen uns völlig belanglos wäre. Gelingt es uns, bei unseren Biografien, eine reine »Freizeitgemeinschaft« aufzubauen?

Unwillkürlich schmunzelte ich, als ich jetzt an diese Worte dachte, und setzte mich auf meinem Stein ein wenig bequemer hin. Nein, es war uns nicht gelungen. Im Gegenteil, vom ursprünglich geplanten »Freizeitprogramm« waren wir in etwa so weit entfernt wie Sophie von den ersten grauen Haaren. Dennoch nahm Björn seit einigen Wochen nicht nur meine gesamte freie Zeit, sondern den größten Teil des Tages in Anspruch. Egal, ob ich Röntgenbilder anfertigte oder mich von Diavolo durch den Wald tragen ließ, in Gedanken plante ich Antworten, setzte mich mit den endlosen Denkanstößen, die Björn mir gab, auseinander, sinnierte über das Leben im Allgemeinen und mein eigenes im Besonderen – und fand zunehmend Spaß daran, nach schönen Formulierungen zu suchen, die ich meist abends mit wachsender Geschwindigkeit in den Rechner tippte. Es gab kaum ein Thema, das wir nicht streiften oder ausführlich besprachen. Von der profanen Bügelwäsche bis zur Kindererziehung, von der Suche nach kleinen Glücksmomenten bis hin zur Auseinandersetzung mit dem Tod gab es nichts, was wir ausließen.

Jede seiner Mails war wie ein kleines literarisches Geschenk. Dem jeweiligen Thema entsprechend, modulierte Björn seine Sprache, spielte mit Worten, veränderte den Tonfall – und ließ im nüchternen Schwarz-Weiß seiner Texte die ganze Farbvielfalt des Regenbogens entstehen. Er war ein selbstkritischer Denker, der vor Humor nur so strotzte und sich selbst, zunehmend allerdings auch mich immer wieder kräftig auf die Schippe nahm.

Ich fühle mich so wohl in deinen Zeilen, hatte er kürzlich geschrieben. Damit traf er es auf den Punkt. Auch ich fühlte mich wohl in all dem, was er schrieb. Fühlte mich uneingeschränkt wahrgenommen, ernst genommen – und vor allem so, wie ich wirklich war, authentisch und bar jeder Maske, angenommen.

Wenn nur dieses Kribbeln nicht wäre! Es war nicht zu leugnen – wir hatten begonnen, zwischen den Zeilen auf ganz subtile Weise miteinander zu flirten. Und genau das brachte mich in arge Bedrängnis. Noch immer gab es kaum eine Stunde, in der ich nicht an Peter dachte und mit ihm redete, als stünde er vor mir. Er war allgegenwärtig, wie ein zweites Ich, das liebevoll über mich wachte. Nichts hatte sich an der Verbundenheit, die ich empfand, geändert. Wenn ich von ihm sprach, was ich oft, sogar sehr oft tat, dann sprach ich von »meinem Mann«.

Die Worte »mein verstorbener Mann« wollten mir einfach nicht über die Lippen kommen. Sie fühlten sich falsch an. Peter war und blieb mein Mann. Derjenige, den ich liebte, auch wenn ich diese Liebe nicht mehr leben durfte. Wie also konnte ich da an einen anderen denken? Wieso erhöhte sich meine Pulsfrequenz, wenn ich Björns Namen im Posteingang entdeckte? Und warum schreckte ich so vehement, geradezu panisch davor zurück, ihn endlich persönlich kennenzulernen, da er doch »nur« ein Freizeitpartner werden sollte?

Fand ich in ihm etwas, das ich gar nicht suchte? Nicht suchte, nicht brauchen konnte, nicht wollte? Dessen ich mich gar … schämte?

»Vor wem?«, mischte sich meine innere Stimme so unerwartet in meine Gedanken, dass ich zusammenzuckte und fast ins Wasser gerutscht wäre.

»Vor Peter. Vor meinen Kindern. Und vor meinem Umfeld«, gab ich die Antworten, die mir spontan in den Sinn kamen.

»Ausreden! Nichts als Ausreden. Wenn du ehrlich bist, schämst du dich am meisten vor dir selbst!«

»Das auch«, musste ich zähneknirschend zugeben. »Aber

wenn du sowieso alles besser weißt, dann sag mir doch mal, was mit mir los ist.«

»Ganz einfach. Du bist auf dem besten Weg, dich zu verlieben«, flötete es in mir. Allein der unschuldige Tonfall machte mich zornig, von der Wucht der Aussage ganz zu schweigen. Mit einer hektischen Bewegung schleuderte ich einen kleinen Stein ins Wasser. Dann einen zweiten, schließlich eine ganze Handvoll. Mit einem breiten Grinsen blieb der Begriff »verlieben« am Strand liegen und aalte sich in der Sonne.

»Blödsinn, Blödsinn! Es ist nicht so, weil es nicht sein darf! Erstens liebe ich Peter, zweitens kenne ich Björn nur per Mail, drittens ist er krank, und viertens …« Ein wenig hilflos brach ich ab.

»Und viertens hast du schon davon geträumt, von ihm geküsst zu werden.«

Meine Wangen begannen zu brennen. Es stimmte. Ich hatte mich bereits mehrfach dabei ertappt, morgens im Halbschlaf in Gedanken in Björns Armen zu liegen. Ein fremdes, schemenhaftes Gesicht hatte sich vor Peters vertrautes geschoben. Das Bild hatte mich ins abrupte Wachsein katapultiert. Es waren keine erotischen, dafür aber sehr liebevolle Träume gewesen. Mehr als peinlich berührt, hatte ich jede Erinnerung daran ins Reich der Hirngespinste verbannt, das wenige Nächte später erneut sein Tor geöffnet hatte.

»Du darfst so etwas träumen. Jeder Mensch hat den Wunsch nach Nähe«, sagte meine innere Stimme sanft. Ich schüttelte den Kopf. Ich durfte solche Träume nicht zulassen, denn schließlich liebte ich Peter, nicht Björn. Letzterer war mit Gewissheit ein wertvoller Mensch, der es verdiente, um seiner selbst willen geliebt zu werden, statt als Projektion für unerfüllbare Sehnsüchte und das Bedürfnis nach Geborgenheit herhalten zu müssen.

»Ich sprach von Verlieben, nicht von Liebe. Das ist ein gewaltiger Unterschied«, sagte meine innere Stimme mit Nachdruck. *»Dein*

Unterbewusstsein sehnt sich nach Zärtlichkeit, die Peter dir nicht mehr geben kann. Doch nun existiert, wenn auch bisher nur virtuell, ein Mann, der sich mit jeder Mail als sensibel und empathisch erweist. Der sich auf behutsame Weise mit dir auseinandersetzt. Du fühlst dich ihm näher als all denen, die real um dich herum sind. Was also ist verwerflich daran, von ihm zu träumen?«

»Er ist nicht Peter«, trotzte ich.

»Nein. Aber gerade Peter hat sich gewünscht, dass du wieder glücklich wirst. Wie oder bei wem du dieses Glück findest, bleibt dir überlassen. Björns Mails machen dich glücklich. So glücklich, dass du Angst davor hast, ihn zu treffen. Gesetzt den Fall, ihr stellt fest, dass ihr euch persönlich unsympathisch seid, würdet ihr das Schreiben nämlich bald einstellen. Doch solltet ihr euch mögen …«

»Wird gar nichts passieren!« Entschlossen stand ich auf, ging zum Hotel zurück und schrieb schnell eine Antwort an Cornelia. Viel Zeit blieb mir nicht mehr, bis ein luftgefülltes Krokodil mit Sophies Stimme um ein Eis bitten würde. Björns Nachricht wollte ich schließlich auch noch lesen. Wie sehr ich mich doch darauf freute!

Liebe Cornelia, du hast jedes Recht dieser Welt, dich zu verlieben! Richard ist tot, aber du lebst! Und du darfst, nein, du sollst leben! Sich zu verlieben bedeutet doch nicht, den verstorbenen Partner zu vergessen oder deswegen weniger zu lieben. Es ist ein Schritt nach vorn, einer von vielen, von denen du noch nicht wissen kannst, ob er in die richtige Richtung oder in eine Sackgasse führt. Wem gegenüber hast du ein schlechtes Gewissen? Richard gegenüber? Der wünscht sich mit Gewissheit, dass du wieder glücklich wirst! Deinen Kindern gegenüber? Die werden dir sicher jedes Glück der Welt gönnen, sofern du sie behutsam an die neue Situation heranführst und es dir gelingt, ihnen klarzumachen, dass diese Verliebtheit deine Liebe zu ihrem Vater nicht schmälert.
Oder hast du insgeheim die Sorge, es könne möglicherweise Men-

schen geben, die mit dem Finger auf dich zeigen und hinter deinem Rücken lästern werden? Nach dem Motto »Die kann Richard gar nicht geliebt haben, so schnell, wie die sich getröstet hat«?
Es ist schon merkwürdig, dass so etwas immer nur uns Frauen nachgesagt wird. Männern gegenüber ist die Menschheit weitaus gnädiger. Stirbt eine Frau, heißt es nämlich: »Der sollte so schnell wie möglich eine neue Partnerin finden, damit er und die Kinder versorgt sind.« Warum messen Menschen nur so oft mit zweierlei Maß?
Da heißt es dann, sich ein dickes Fell zuzulegen! Niemand kann sich in dich hineinversetzen, und niemand hat das Recht, über dich zu urteilen. Mit Richards Tod hat unfreiwillig ein neuer Lebensabschnitt begonnen, den du notgedrungen allein gestalten musst. Als deine Freundin freue ich mich jedenfalls für dich! Du hast Schlimmes hinter dir – nun darfst du wieder Schönes erleben!

Als ich meine eigenen Worte noch einmal durchlas, fing ich lauthals an zu lachen. An wen hatte ich sie eigentlich gerichtet? An meine neue Freundin Cornelia? Oder eher an mich selbst?

Zeitverschiebung

Kathrin wischte sich den Schweiß von der Stirn und fächelte sich mit der Hand Luft zu.

»Puh, ist das heiß hier«, stöhnte sie.

»Nun ja«, neckte ich sie, »ich habe mal gehört, das sei der Sinn des Saunagangs. Er bewirkt, dass der Kreislauf angeregt wird und der Mensch Schadstoffe ausschwitzt. Im Whirlpool klappt das nicht ganz so gut.«

»Böses Weib!«, tat sie entrüstet. »Noch höchstens fünf Minuten, länger halte ich das nicht durch. Lenk mich lieber mal ab und erzähl mir, was es Neues gibt. Ich bin aus deinen Andeutungen am Telefon nicht wirklich schlau geworden.«

Zum ersten Mal saßen wir beide ungestört in der kleinen Sauna unseres liebevoll eingerichteten Ferienhauses. Bernd war allein mit allen sechs Kindern sowie unzähligen Eimern, Fischernetzen und Schaufeln zum Strand gezogen.

»Damit ihr beide mal ein paar Stunden in Ruhe quatschen könnt«, hatte er seine heldenhafte Aktion begründet.

Seit drei Tagen löste ich mein Geburtstagsgeschenk ein. Nach einer langen, aber unproblematischen Fahrt mit zwei Autos waren wir in dem kleinen dänischen Küstendorf angekommen, hatten als Erstes den nächstgelegenen Laden halb leer gekauft und verbrachten seitdem die Zeit damit, unseren vor Energie strotzenden Nachwuchs zu bändigen. Zum Baden im Meer war es Mitte Oktober viel zu kalt, was die Kinder allerdings nicht davon abhielt, den ganzen Tag in wasserdichter Kleidung am Strand zu spielen, eimerweise Muscheln zu sammeln, Krebse zu fangen – und regelmäßig ins Wasser zu fallen. Wir Erwachsenen kamen erst abends dazu, mal in Ruhe ein Glas Wein zu trinken und zu reden, waren jedoch regelmäßig so müde, dass es nur noch für ein kurzes Gespräch reichte, ehe wir in unsere Betten fielen.

Dieser Urlaub, so schön er auch war, fiel mir nicht leicht. Peter fehlte mit jedem Atemzug, weitaus mehr noch als zu Hause. Da wir mehrere Urlaube mit unseren Freunden gemeinsam verbracht hatten, spürte ich seine Abwesenheit plötzlich überdeutlich. So sehr ich Kathrin und Bernd auch mochte – sie waren ein Paar, und ich war allein. Was die beiden mich nicht spüren ließen, möglicherweise nicht einmal so empfanden. Doch ich haderte mit mir selbst, kämpfte gegen Erinnerungen, gegen Heimweh, vor allem aber gegen das allgegenwärtige Gefühl des Verlustes.

Besonders der Anblick des Meeres, das Peter so geliebt hatte, stimmte mich traurig. Gleich beim ersten Spaziergang hatte ich mich von den anderen absondern müssen. Es gelang mir nicht, die Tränen zurückzudrängen, als ich die blaue Weite erblickte, die sich am Horizont mit dem Himmel vermischte. Meine Freunde gaben mir die Zeit, die ich brauchte, bis ich mich wieder zu ihnen gesellen konnte. Danach wurde es ein wenig leichter. Wirklich unbeschwert war ich jedoch so gut wie nie. Eine diffuse Traurigkeit begleitete mich überallhin. Hier, Hunderte Kilometer entfernt von zu Hause, holte mich mein altes Leben ein. Das Dreivierteljahr seit Peters Tod verblasste, die Zeiten verschoben sich. Die vielen Schritte, die ich ohne Peter gegangen war, die neuen Freunde, die ich gefunden hatte, all das verlor seinen Wert, erschien mir weit entfernt, nahezu irreal, als hätte ich es nur geträumt. Stattdessen kam es mir so vor, wie gerade erst erlebt, dass Peter und ich Hand in Hand durch unser Leben gegangen waren, dem gemeinsamen Ziel entgegen, miteinander alt zu werden.

Björn, Cornelia sowie all die vielen sympathischen Menschen, die ich bei unserem betreuten Urlaub und auf Korfu kennenlernen durfte, sie wurden zu Statisten in einem Theaterstück, in dem ich seit neun Monaten ungefragt mitwirkte. Alles nur, um

Zeit zu überbrücken, bis ... ja, bis was passierte? Welchen Sinn machte das Ganze? Welches Ziel hatte ich? Wohin führte mein Weg? Und warum sollte ich ihn gehen, obwohl ich mir doch immer etwas ganz anderes gewünscht hatte?

Eine Woge von Selbstmitleid erfasste mich. Ich war die Ärmste der Armen, ausschließlich fremdbestimmt, vom Schicksal dazu gezwungen, meine wertvolle Lebenszeit mit Trauerseminaren, betreuten Urlauben und Psychologen zu verbringen, statt glücklich und zufrieden die Hälfte eines Paares zu sein. Musste die vielen alltäglichen Probleme allein stemmen, statt einen Teil an Peter abgeben zu können. Hatte keine andere Wahl, als Vorbild und Sicherheit für drei Kinder zu sein, obwohl der Boden unter meinen Füßen doch so schwankte.

Obendrein verspürte ich neben dem verhassten Selbstmitleid erstmalig einen Anflug von Neid. Und das ausgerechnet auf die Menschen, die sich so selbstlos um mich kümmerten: auf Kathrin und Bernd. Sie lebten mir genau das vor, was ich früher selbst hatte: eine Ehe, die auf gegenseitiger Wertschätzung, vor allem aber auf Liebe basierte. Zwei Menschen, die sich immer blind aufeinander verlassen konnten. Und die aus ihrer Partnerschaft so viel Kraft gewannen, dass sie diese für andere Menschen einsetzen wollten.

Ich war neidisch, jedoch nicht missgünstig. Gerade diesen beiden Menschen gönnte ich ihr Glück von ganzem Herzen. Dennoch führten sie mir unfreiwillig vor Augen, was ich verloren hatte. Somit war es manchmal schmerzhaft, zuzusehen, mit welch selbstverständlicher Gelassenheit sie in sich und ihrer Beziehung ruhten. Tagsüber bemühte ich mich um ein heiteres Gesicht, um niemandem den Urlaub zu verderben, doch sobald ich im Bett lag, schlugen all die angestauten Gefühle in Wut um. Sie richtete sich gegen denjenigen, der sich nicht mehr verteidigen konnte: gegen Peter!

Auch wenn es noch so unfair war, in Gedanken schrie ich

ihn an, gab ihm die Schuld daran, dass ich allein war, warf ihm vor, er sei zu spät zum Arzt gegangen und habe zu wenig getan, um wieder gesund zu werden. Nur, um mich gleich darauf zu schämen, weil diese Vorwürfe so ungerechtfertigt waren.

Björn, Cornelia – sie waren weit weggerückt. Peter hingegen war allgegenwärtig, sodass ich Kathrins letzte Frage sofort mit ihm verknüpfte.

»Was es Neues gibt? Der Grabstein steht. Endlich! Zwei weiße Stelen aus Marmor. Ganz schlicht, ganz schön. Nun hat das Gequengel meiner Mutter ein Ende, und ich habe meine Ruhe. Ich weiß gar nicht, wie oft ich mir das anhören musste … ›Kind, Tante Herta hat auch schon gefragt, wann du den Grabstein bestellst.‹ Dabei hatte ich mir längst vorgenommen, dass er pünktlich zu unserem Hochzeitstag fertig sein musste. Et voilà, es hat geklappt. Der Stein hat mich rechtzeitig gefunden. Nun steht er auf dem Grab und ist mir quasi von der Seele gefallen.«

Kathrin lachte erheitert auf.

»Das freut mich natürlich. Aber ich meinte eigentlich etwas ganz anderes. Was ist nun mit dir und diesem Björn?«

»Tja«, druckste ich herum, »wenn ich das mal selbst wüsste! Wir … also wir … also ich glaube, wir haben uns tatsächlich ineinander verliebt. Auch wenn ich zugeben muss, dass es mir hier in Dänemark mit der räumlichen Distanz dazwischen irgendwie irrational vorkommt. Björn ist ein wunderbarer Mensch, der sich liebevoll und sachlich mit mir und all meinen Gefühlen und Gedankensprüngen auseinandersetzt, ohne sich selbst dabei aus den Augen zu verlieren.«

Ich blickte sie kläglich an. »Verstehst du? Ich hatte gar keine andere Chance.«

Meine Freundin runzelte die Stirn, stand auf und griff nach ihrem Handtuch. Sie wirkte nachdenklich.

»Lass uns draußen weiterreden! Allmählich qualmt mein Gehirn.«

Wortlos verließen wir die Sauna, duschten und stiegen in den Whirlpool. Ihr Schweigen verunsicherte mich. Angespannt wartete ich auf eine Reaktion.

»Jetzt weiß ich, was du suchst. Du suchst ein Korrektiv«, stellte sie schließlich fest.

»Auch. Aber das ist es nicht alleine. Björn ist mehr. Mein bester Freund, gleichzeitig Mentor und Psychologe in einer Person. Kathrin, ich weiß, wie komisch das klingt. Aber ich habe zu keinem Zeitpunkt das Gefühl, Peter zu betrügen. Im Gegenteil, es kommt mir vor, als ob er mir Björn geschickt hätte und froh sei über dessen Fürsorge.«

»Aber Björn ist krank! Du willst doch nicht ein zweites Mal einen Partner verlieren. Denk doch bitte auch an die Kinder!«

Ich betrachtete die blubbernden Blasen auf der Wasseroberfläche. Kathrin hatte den Finger in meine offene Wunde gelegt. Genau das waren die Gründe, warum ich ein Treffen zwischen Björn und mir wochenlang hinausgeschoben hatte. Als es dann stattfand, bewahrheiteten sich meine – und seine – Befürchtungen. Wir waren uns in unserem Schriftwechsel so nah gekommen, dass es einer Selbstverständlichkeit gleichkam, uns schon bei der zweiten »echten« Begegnung zu küssen. Es war neu und aufregend, zugleich aber warm und vertraut. Wir kannten uns längst – und lernten uns nun endlich kennen.

Seitdem geisterte dann doch das Wort »Partnerschaft« in unserem Sprachschatz herum. Noch kannten meine Kinder ihn lediglich als guten Freund, den sie allerdings spontan ohne Wenn und Aber in ihr Herz geschlossen hatten. Seine warmherzige Art machte es ihnen leicht. Es hatte mir einen Stich mitten ins Herz versetzt, als Sophie auf einem Spaziergang wie selbstverständlich ihre Hand in seine geschoben hatte. Björn hatte einen kaum merklichen Augenblick lang gezögert, sie dann aber genommen. Sofort waren mir Peters Worte wieder durch den Kopf geschossen: »Sophie ist noch so klein. Sie wird mich vergessen.«

Vermutlich hatte er recht gehabt. Wie fast immer. Doch sollte ich mein kleines Mädchen deswegen davon abhalten, Björn ihre kindliche Sympathie zu schenken? Unwillkürlich stieß ich einen tiefen Seufzer aus.

»Ich stimme dir in allen Punkten zu, Kathrin. Und ich habe ausführlich mit Björn darüber diskutiert. Er kennt meine Ängste und teilt sie. Deswegen hat er sich auch vorgenommen, möglichst ein Stück Distanz zu den Kindern zu halten und auf keinen Fall Vaterersatz zu werden. Was die drei ihm allerdings sehr schwer machen.«

»Und du? Wie stellst du dir diese Beziehung vor?«

»Ich plane nichts. Das Leben hat mir schließlich in aller Härte gezeigt, dass es nicht planbar ist. Also lebe ich im Jetzt. Ich bin dankbar dafür, dass es Björn gibt, dass ich sämtlichen seelischen Ballast bei ihm abladen darf, ohne an morgen oder gar an die kommenden Jahre zu denken. Mir ist bewusst, dass er eine Leihgabe für eine begrenzte Zeit ist. Sein Krebs ist sowohl ein verbindendes als auch das trennende Element.«

Sie musterte mich gedankenverloren. Schließlich lächelte sie.

»Er tut dir gut, nicht wahr?« Auf mein Nicken hin fuhr sie fort: »Dann freue ich mich darauf, ihn kennenzulernen. Alles, was dir guttut, ist erlaubt. Du hast genug hinter dir. Aber versprich mir, dass du auf dich und die Kinder aufpasst.«

»Das werde ich wohl müssen. Ich bin da aber optimistisch. Nichts kann jemals schlimmer sein als Peters Tod. Es sei denn, eines der Kinder ... Aber daran will und werde ich nicht denken, sonst mache ich mich noch verrückt.«

Entschlossen kletterte ich aus dem Wasser. In mir war ein Lächeln. Sie freute sich darauf, Björn kennenzulernen. Eine Kathrin sagte so etwas nur, wenn sie es auch so meinte. Die erste Hürde war genommen.

***

Es sollte nicht die letzte sein. Wohl jeder, der im Verlauf der nächsten Monate von Björn Erkrankung erfuhr, reagierte zunächst mit unverhohlener Skepsis.

»Du bist wahnsinnig«, hörte ich ein ums andere Mal. »Peters Tod hat dich offenbar weitaus mehr aus der Bahn geworfen, als du es dir anmerken lässt. Es ist keine Frage, dass ich es dir von ganzem Herzen gönne, dich neu zu verlieben. Auch wenn ich finde, dass es recht schnell geht. Aber das musst du schließlich selbst wissen. Doch muss es unbedingt ein kranker Mann sein? Willst du mit Gewalt ein zweites Mal in so eine Geschichte hineinschlittern, diesmal aber in vollem Bewusstsein?«

Nein, das wollte ich ganz sicher nicht. Doch es war vermutlich das Wissen um diese Krankheit und die damit verbundene Endlichkeit, die aus Björn ebendiesen reflektierten Menschen gemacht hatten, der mir mit jeder Zeile und jedem Satz immer wichtiger wurde. Zwischen uns beiden war sein Krebs längst in den Hintergrund getreten. Er hatte mir auf mein Nachfragen hin sehr ehrlich, aber auch sehr sachlich davon berichtet. Dass es ein langsam wachsender Tumor sei, der leider zu spät entdeckt worden war. Dass die Metastasierung bei dieser Art von Karzinom nur langsam fortschreite, eine Chemotherapie in seinem Fall allerdings nur wenig bis gar keinen Erfolg versprach, sodass er sich dagegen entschieden habe. Dass er stattdessen jedoch als Proband an verschiedenen Studien teilnehme, die zu diesem seltenen Tumor stattfänden. Und dass er nicht beabsichtige, sein Leben der Krankheit unterzuordnen.

»Ich lebe jetzt bereits fünf Jahre damit. Stell dir vor, ich hätte damals beschlossen, mich nur noch darüber zu definieren! Das wäre nicht nur für mich, sondern auch für meine Familie schrecklich gewesen. Mirko und Malte hätten doch irgendwann angefangen, meinen Tod herbeizusehnen, wenn ich sie ständig darauf vorbereitet hätte. Sie wissen, dass ich Krebs habe. Aber sie sehen auch, dass das Leben weitergeht. Wenngleich für mich sicher mit einer kürzeren Perspektive. Doch diese gedenke ich zu nutzen, soweit es in meiner Macht liegt. Allerdings hätte ich nie damit gerechnet, mich noch einmal verlieben zu dürfen. Da kommt neben allem Glück dann doch die Angst auf, dass du mich zu wichtig nimmst.«

»Nicht ›zu‹, nur ›wichtig‹«, hatte ich gekontert. Das war allerdings eine unbestreitbare Tatsache. So souverän ich auch nach außen wirkte, innerlich war ich oft reichlich verunsichert. Die Gespräche mit Björn stärkten mir den Rücken. Insbesondere beim Thema Kindererziehung wurde er zunehmend zu meinem besten Ratgeber, denn vor allem David bereitete mir weiterhin etliche Probleme. Ohne Björns indirekten Einfluss wären zwischen mir und meinem Sohn weitaus häufiger die Fetzen geflogen, als es sowieso schon der Fall war.

Trotz aller guten Vorsätze gelang es mir nämlich nicht immer, gelassen auf Davids gelegentliche offene Provokationen zu reagieren. Auch wenn mein Verstand mir sagte, dass die einer Mischung aus Trauer, Verlustängsten und beginnender Pubertät entsprangen und dass der Tod des Vaters gerade für einen Jungen vermutlich zu keinem schlechteren Zeitpunkt hätte erfolgen können, machten Davids Angriffe auf den familiären Frieden mein Leben nicht einfacher. Björn als Mann und Vater zweier Söhne erklärte mir die Welt der elfjährigen Jungen, warb um Verständnis, um Nachsicht und um die einfachsten Dinge von allen: Liebe und Vertrauen.

»Du darfst deine Sorgen bei mir abladen. Darfst mich stellvertretend für David anmeckern. Ich habe ein dickeres Fell als ein Kind, das durch den Verlust seines Vaters aus der Bahn geworfen wurde und nichts mehr braucht als die Liebe seiner Mutter, auch wenn er es nie zugeben würde«, hatte er mir mit verschmitztem Gesicht nahegelegt und mein Herz dadurch noch ein Stück mehr gewonnen.

Ich weitete sein Angebot auf nahezu alle Bereiche meines Lebens aus, besprach die meisten meiner Entscheidungen mit ihm, traf sie am Ende jedoch selbst. Obwohl wir bei Weitem nicht immer einer Meinung waren, tolerierten und akzeptierten wir unsere unterschiedlichen Ansichten ohne Wenn und Aber. Mehr noch, wir genossen unsere Diskussionen, auch wenn ich mit meiner Impulsivität seinen durchdachten Argumenten gegenüber des Öfteren den Kürzeren zog.

Darüber hinaus hatte ich in Björn endlich wieder jemanden gefunden, mit dem ich stundenlang über Peter reden konnte. Was ich noch immer am allerliebsten voller Enthusiasmus rund um die Uhr getan hätte. Die Skurrilität der Situation wurde mir meist erst bewusst, wenn ich selbst im Spiegel meine Augen sah, die bei all den schönen Erinnerungen nur so leuchteten.

»Bist du eigentlich nicht eifersüchtig, wenn ich dermaßen von Peter schwärme?«, fragte ich ihn, nachdem er mal wieder meinem Monolog gelauscht und ihn nur durch wenige behutsame Zwischenfragen unterbrochen hatte. Er schüttelte nachdrücklich den Kopf.

»Nein. Warum sollte ich? Ich finde es wunderbar, mit welcher Liebe du von deinem Mann sprichst.«

»Na ja«, wand ich mich verlegen, »weil du und ich doch jetzt irgendwie …«

»Deswegen muss ich doch nicht eifersüchtig auf deine Vergangenheit sein! Du hast über zwölf Jahre mit Peter verbracht, den ich, nebenbei bemerkt, ganz sicher gemocht hätte, hätte ich ihn gekannt. Diese Zeit mit ihm hat dich geprägt und dazu beigetragen, dass du die Frau geworden bist, die ich jetzt so sehr mag. Deine Liebe zu ihm besteht doch weiterhin und macht ein Stück von dir aus. Das ist etwas, das jeder neue Partner einfach akzeptieren muss. Wie könnte ich denn den Anspruch haben, dass du Peter plötzlich weniger liebst, weil es nun mich gibt? Das wäre egoistisch und hätte etwas mit Besitzanspruch zu tun. Und dagegen habe ich mich schon immer gewehrt.«

Mir fiel auf die Schnelle keine Antwort ein. Ich musste seine Worte erst überdenken. Später, als wir beim Italiener saßen und er gerade eine Anekdote aus seinem Unterricht erzählte, platzte ich ihm mitten in den Satz.

»Peter war meine große Liebe. Diesen Platz in meinem Herzen kann niemand einnehmen, weil ich mich dadurch, dass er tot ist, nicht entlieben konnte und kann. Und es auch überhaupt nicht will. Aber vielleicht gibt es ja einen neuen Raum, in dem eine neue Liebe Platz findet.«

Björn stutzte. Dann schmunzelte er. »Ich weiß zwar nicht, was Saskias Deutschaufsatz mit Peter zu tun hat, aber allmählich gewöhne ich mich an deine wirren gedanklichen Hopser. Das ist ein schönes und für dich sicher annehmbares Bild, das du da entworfen hast. Das menschliche Herz ist groß. Es hat viele Räume. Der eine ist für Peter reserviert. Dieser Raum bleibt unverändert. Er kann nicht mehr wachsen, aber es gibt aus meiner Sicht auch keinen Grund, ihn zu verkleinern. Daneben schaffst du einen weiteren Raum für mich. Allerdings muss ich dich darum bitten, den auf keinen Fall zu groß werden zu lassen. Doch, je mehr ich darüber nachdenke, desto besser gefällt mir dein Bild.«

Vor Freude stieg mir die Röte ins Gesicht. Ich griff schnell nach meinem Wasserglas. Längst hatten wir auch das in Angriff genommen, was ursprünglich unsere alleinige Absicht war: einen Teil unserer Freizeit gemeinsam zu gestalten. Wenn ich einen Babysitter fand, besuchten wir Ausstellungen, gingen ins Kino, oder, wie an diesem Abend, in ein nettes Restaurant. Inzwischen hatten sich auch unsere Kinder kennengelernt. Trotz des Altersunterschiedes hatten sie sofort zusammengefunden. Björns Söhne, Mirko und Malte, hatten den wesentlich jüngeren David ganz selbstverständlich unter ihre Fittiche genommen, bezogen aber auch Kristin mit ein und hatten einen Heidenspaß an Sophie. Es waren aufgeschlossene, unkomplizierte Teenager, die sich über meine Existenz im Leben ihres Vaters aufrichtig zu freuen schienen.

»Papa ist glücklich mit dir. Er ist richtig aufgeblüht. Und wir sind einfach froh darüber, dass er glücklich ist«, hatte der sechzehnjährige Mirko mir kürzlich anvertraut. Seine offensichtliche und uneigennützige Zuneigung hatte mich schwer beeindruckt. So viel Reife hatte ich in diesem Alter nicht besessen. Minuten später galoppierte der ach so reife Teenager mit Sophie auf dem Rücken wiehernd durchs Wohnzimmer. Björn verdrehte die Augen. Um seine Mundwinkel zuckte es.

»Da fragt man sich, wer das größere Kind von beiden ist«, raunte er mir zu.

»Na, Mirko natürlich. Du siehst doch, wie Sophie ihn in der Hand hat.«

Wir lachten uns an. Der Moment war so leicht. Doch wie so oft verflog die Leichtigkeit genauso schnell, wie sie gekommen war. Es gelang mir einfach nicht, mir diese Unbeschwertheit zuzubilligen. Björn hatte es einmal sehr treffend beschrieben:

»Du lebst mit angezogener Handbremse. Und immer dann, wenn du sie für einen kurzen Moment löst, erschrickst du und ziehst sie voller Panik noch ein bisschen fester an.«

»Ich weiß. Aber immer wenn ich mich unbelastet fühle und den Augenblick genieße, überfällt mich ein schlechtes Gewissen. Wie kann ich so ausgelassen sein, wenn Peter doch sterben musste?«, hatte ich leise erwidert.

»War es nicht Peter, der sich so gewünscht hat, dass du wieder glücklich wirst?«

»Das weiß mein Kopf auch. Mein Bauch spricht da allerdings eine andere Sprache. Vermutlich wird es noch dauern, bis die beiden wieder im Einklang sind. Ich habe es aufgegeben, das erzwingen zu wollen.«

»Du hast es nicht aufgegeben, sondern akzeptiert, dass du in deinem Verarbeitungsprozess rein gar nichts erzwingen kannst. Das ist ein himmelweiter Unterschied. Diese Akzeptanz ist ein Riesenschritt nach vorn. Auch wenn du es nicht bemerkst.«

Frau Reinke hatte exakt das Gleiche gesagt. Und auch Cornelia hatte es in einer ihrer letzten E-Mails ähnlich formuliert:

Seit ich erkannt habe, dass ich Richard nicht vergessen muss, obwohl ich mich wohlfühle, wenn ich mit Udo zusammen bin, geht es mir seelisch deutlich besser. Offenbar muss ich erst lernen, mich selbst so zu akzeptieren, wie ich gerade empfinde. Manchmal zieht die Vergangenheit mich zurück, lähmt mich, nimmt mir den Mut und versperrt den Blick nach vorn. Wenig später ist die Sicht wieder frei, und ich bin optimistisch und voller Energie. Ich übe gerade, diese emotionalen Wechselbäder auszuhalten.

Da übten wir offenbar das Gleiche. Es war ein anstrengender Lernprozess, der sich bei Weitem nicht nur auf Björn bezog. Er erstreckte sich auf alle Bereiche meines Lebens. Dieselben Situationen brachten mich mal zum Lachen, mal stimmten sie mich traurig. Ich konnte mich selbst und meine Reaktionen nicht mehr einschätzen. Meine Gefühle machten mit mir, was sie wollten. Ein unangenehmer Zustand! Oft sehnte ich mich nach den Monaten zurück, in denen ich nahezu gar nichts gefühlt hatte. Bis ich mich irgendwann entschied, dieses Auf und Ab einfach hinzunehmen. Dann hatte ich eben nicht nur über mein Leben, sondern auch über mich selbst die Kontrolle verloren. Irgendwann würde die Fremde, die in meinem Körper herumlief, schon wieder verschwinden. Bis dahin blieb mir keine andere Wahl, als ihre Existenz hinzunehmen. Auch wenn ich sie nicht besonders gut leiden konnte.

Ein Mal durch alles durch

»Mein Gott, Peter, schon ein ganzes Jahr! Es ist kaum zu glauben. Ich bin echt einmal ohne dich durch alles durch.«

Mit klammen Fingern setzte ich die Blumen ins Wasser, zündete das Licht an und tauschte es gegen das niedergebrannte aus. Anschließend kramte ich einen Lappen aus der Tasche, die ich seit Monaten im Auto spazieren fuhr. In ihr befanden sich kleine Gartengeräte, ein Handfeger, eine Rolle Einwegtücher – all das, was ich brauchte, um auch bei einem spontanen Besuch auf dem Friedhof rechen, kehren und säubern zu können. Angewidert entfernte ich die Hinterlassenschaften eines Vogels von dem weiß leuchtenden Stein. Anschließend gab es nichts mehr zu tun. Der Boden war gefroren, die Natur in kahle Winterstarre gefallen.

Der Strauß aus gelben Gerbera und roten Tulpen wirkte wie ein Farbklecks inmitten der ansonsten tristen Anlage. Während ich mir Handschuhe anzog, betrachtete ich das, was im Volksmund so klangvoll »die letzte Ruhestätte« genannt wird. Hier war Peter beerdigt, doch hier fand ich ihn nicht. Für mich waren seine Spuren weiterhin in unserem Haus, wo ich auch nach einem Jahr so gut wie nichts verändert hatte. Entgegen jedem Ratgeber. So ziemlich alles, was ihm gehört hatte, war noch an Ort und Stelle. Und genau so fühlte es sich richtig an.

Dennoch ging ich oft und gern zum Friedhof, veränderte Peters Grab, pflanzte die gleichen Blühpflanzen, die in den Kästen auf meinen Fensterbänken standen, oder stellte die gleichen Blumen in die Vase, die auch mein Wohnzimmer verschönerten.

Anfang Dezember hatte ich mehrere Floristen abgeklappert, bis ich die gleichen Kugeln in kleinem Format fand, die wir seit zehn Jahren an unseren Weihnachtsbaum hängten. Ich hatte ein winziges Tannenbäumchen damit geschmückt und neben das aus Kieselsteinen gebildete Herz gestellt, die Kathrin, Bernd, unsere sechs Kinder und ich an der dänischen Küste für Peter gesammelt hatten. Auf diese Weise kam es mir vor, als könne ich ihn an unserem Leben teilhaben lassen und ihn symbolisch in unseren häuslichen Alltag einbinden. Diese zwei Quadratmeter Fläche waren einerseits statisch, andererseits lebendig, individuell und persönlich. So, wie es Peter gefallen hätte.

Gestern hatten wir sein Jahresgedächtnis gefeiert. Erneut in der vollen Mürsener Kirche, in der sich die Familien mehrerer Verstorbener eingefunden hatten. Zwei Tage zuvor hatte Pfarrer Paulsen mich angerufen und mit der herzlichen Bitte überfallen, eine Ansprache zu halten. Ich könne doch sicher viel darüber berichten, wie man mit dem Tod eines geliebten Menschen fertigwürde. Das wäre doch eine authentische und ermutigende Ergänzung zu dem, was er als Pfarrer predigte …

Ich hatte sofort zugestimmt und in jeder freien Minute an dem Text gefeilt, um am Ende dann eine Mischung aus Rückblick und Zukunftsoptimismus vorzutragen. Es war ein Déjà-vu, am Mikrofon zu stehen. Das Jahr schrumpfte in sich zusammen – und dehnte sich wieder aus, als ich ganz hinten in der Kirche Björn sitzen sah. Er war unauffällig gekommen und ebenso unbemerkt wieder gegangen. Nur ich hatte ihn wahrgenommen, zwei, drei Sekunden lang. Danach gehörte der Gottesdienst wieder ausschließlich Peter. Doch diese winzige Zeitspanne hatte mir die Kraft geschenkt, die ich benötigte, um sie in meine Worte an die Anwesenden zu legen.

»Woher nehmen Sie diese Kraft, die Sie ausstrahlen?«, hatten mich nach der Messe mehrere fremde Menschen gefragt.

Unwillkürlich hatte ich gelächelt und voller Dankbarkeit

geantwortet: »Die geben mir andere Menschen. Meine Kinder, meine Familie und meine Freunde.«

***

Ich fröstelte. »Sei nicht böse, mein Schatz, aber ich muss ins Warme, sonst frieren mir die Füße ein. Außerdem kommen die Kinder gleich nach Hause«, nahm ich Abschied, wandte mich um, ging über die Wiese an der Bank vorbei, auf der ich im Sommer oft gesessen hatte und auf der ich auch in den nächsten Sommern oft sitzen würde. Auf der Fahrt nach Hause ließ ich die vergangenen 365 Tage noch einmal an mir vorbeilaufen. Wie viel doch in dieser kurzen, langen Zeit geschehen war. Neue Orte, neue Menschen, neue Erfahrungen.

Unsere Kinder waren ein Jahr älter geworden. Kristin hatte auf das Gymnasium gewechselt, Freundinnen in der neuen Klasse gefunden, ein erstes kleines Reitturnier bestritten. David hatte seinen kurzen schulischen Einbruch überwunden, sich mit den Jungen aus der Kindertrauergruppe angefreundet und war mit seiner Sportmannschaft erfolgreich gewesen. Küken Sophie war inzwischen ein stolzes Vorschulkind, konnte seit Korfu schwimmen, lernte Blockflöte spielen und klaute ihrer Schwester die Pferdezeitschriften, in denen sie mit den gleichaltrigen Mädchen aus der Nachbarschaft stundenlang blätterte und »Lesen« übte.

Und ich? Ich hatte alles einmal überlebt. Unseren ersten Hochzeitstag, den ich allein verbringen musste. Das erste, sehr ruhige Weihnachtsfest. Den ersten Jahreswechsel. Immer waren Menschen an meiner Seite gewesen, die mir und denen ich Halt gab. Mit Cornelia war eine Freundin in mein Leben getreten, die aufgrund der gleichen Lebenssituation meine unterschiedlichen Gefühle teilte und widerspiegelte. Meine langjährigen Freunde standen fest hinter mir, meine Mutter unterstützte mich, wo sie konnte. Und dann war da noch Björn. Ratgeber, Ruhepol, Motivator und Rückhalt in einer Person. Vorerst.

Was ich mir vor einem Jahr nicht hatte vorstellen können, war eingetreten: Das Leben war weitergegangen. Heute nun hatte ich das Trauerjahr hinter mir. Angeblich war jetzt das Schlimmste vorbei. Zwei Mal hatte mich die emotionale Erkenntnis der Endgültigkeit in die Knie gezwungen. Doch ich war wieder aufgestanden und, schwankend zwar, weitergegangen. Wenn das alles war, dann waren die Kinder und ich glimpflicher davongekommen, als ich gedacht hatte. Wir konnten aufatmen. Mit ein wenig Stolz blickte ich auf das Jahr zurück, das ich trotz allem gemeistert hatte. Ab jetzt würde alles besser werden. Ab morgen durfte ich endlich die Handbremse lösen.

Teil 4

Ein Jahrzehnt: Vorwärts

Zwei Schritte vor, einen zurück.
Erneut zwei nach vorn, doch dann …
… drei zurück.
Alles auf Anfang.

Drei Schritte vor, vier zurück.
Ich falle hin. Stehe auf.
Wieder mal …

Zwei Schritte vor, einen zurück.
Drei nach vorn, drei zurück.
Ein kleiner Fortschritt.
Darf ich … hoffen?

Drei Schritte vor, einen zurück.
Staunend bleibe ich stehen.
Es geht anscheinend
– endlich – vorwärts …?

Dem Leben entgegen.

»Akute Depression«

Ich hatte ein Wunder erwartet. Eine Art Urknall, der mich und die Welt um mich herum veränderte. Warum sonst sprachen oder schrieben alle davon, dass nach dem ersten Jahr alles besser würde? Doch zu meinem Entsetzen erlebte ich das genaue Gegenteil.

»Können Sie konkreter beschreiben, welche plötzlichen Veränderungen Sie sich erhofft hatten?«, fragte Frau Reinke, die ich mittlerweile etwas seltener, aber noch immer regelmäßig und sehr gern aufsuchte.

»Nicht so richtig«, sagte ich resigniert. »Als ich an Peters Todestag ins Bett ging, gaukelte mir meine Fantasie vor, ich würde quasi über Nacht in einem leichteren Leben ankommen. Doch stattdessen ist alles eher problematischer geworden.«

Mein jammernder Tonfall ging mir selbst auf den Geist. Doch ich konnte ihn nicht abstellen. Aktuell gab es in meinem Leben einfach nicht genügend schöne Dinge, die meine Laune hoben. Alles, was ich tat, zehrte an meinen Kräften – und war oft nicht einmal von Erfolg gekrönt.

»Inwiefern ist es schwieriger geworden?«

Ich suchte nach Worten. Dabei stiegen Tränen in meine Augen, die ich unwillig wegwischte. Verdammt, seit wann hatte ich bloß so nah am Wasser gebaut?

»Seit dem ersten Todestag sind schon wieder vier lange Monate vergangen. Und es gibt immer noch keinen Tag, keine Stunde, in der ich nicht an Peter denke. Mit dem Unterschied, dass ich früher irre viel Energie daraus ziehen konnte, dass er am Ende so friedlich gestorben ist. Und dass er mir in der Zeit seiner Erkrankung Mut und Kraft mit auf den Weg gegeben hat. Mittlerweile ist die ganze Energie verpufft. Bis vor wenigen Wochen ging es noch – da habe ich alles geschafft, was ich zu tun hatte. Inzwischen bin ich nur noch müde. Jeder Handgriff erfordert Kraft. Außerdem liege ich im Schnitt alle zwei Wochen für mindestens einen Tag mit Migräne flach. Haben Sie eine Ahnung, wie das ist, stundenlang mit stärksten Schmerzen und schlechtem Gewissen im Bett zu liegen und nicht in der Lage zu sein, Sophie vom Kindergarten abzuholen und für die Kinder zu kochen?«

»Was geschieht in so einer Situation?«

Ich verzog das Gesicht.

»David holt Sophie zu Fuß ab, was ich ihm hoch anrechne, weil der Weg ganz schön weit ist. In der Zwischenzeit bereitet Kristin irgendein Fertigfutter aus der Tüte oder Dose zu. Anschließend bleibt den beiden Großen nichts anderes übrig, als ihre Verabredungen oder Sporttermine abzusagen, um auf Sophie aufzupassen.«

»Könnte Ihre Mutter nicht einspringen?«

Puh, das war nicht gerade mein Lieblingsthema. Meine Mutter und ich kamen in letzter Zeit nicht besonders gut miteinander zurecht. Sie mischte sich für mein Empfinden zu oft in meine Erziehung ein und mäkelte an den Kindern und damit indirekt an mir herum. Das aber war etwas, was ich überhaupt nicht leiden konnte. Auch wenn ich selbst weiß Gott nicht immer glücklich über manche Verhaltensweisen, Aussprüche oder Schulnoten meines Nachwuchses war – niemand außer mir hatte das Recht, die Kinder zu kritisieren. Seit Peters Tod erzog ich sie nun mal alleine. Großeltern und der Rest der Familie standen in zweiter und dritter Reihe. Das hatte, bitte schön, auch meine Mutter zu akzeptieren.

Leider setzte sie sich immer wieder darüber hinweg. Und so, wie sie sich bei mir über patzige Antworten ihrer Enkel und noch einiges mehr beschwerte, ließen auch die Kinder ihren Unmut an mir aus.

»Boah, Mama, du bist ja schon nervig genug. Aber die Omi ist neuerdings noch viel schlimmer. Wir können ihr fast gar nichts mehr recht machen.«

Solche Sätze weckten in mir ein mulmiges Gefühl. Ich war noch viele Jahre auf die Unterstützung meiner Mutter angewiesen und hatte absolut keine Lust, ständig in beide Richtungen zu vermitteln. Da ich mich aber jedes Mal intuitiv auf die Seite meiner Kinder stellte, blieben erst kleinere Diskussionen, inzwischen sogar heftigere Streitgespräche zwischen ihr und mir nicht aus. Ihre Erwartungen an meine Kinder waren hoch. Etwas, das ich aus meiner eigenen Jugend noch gut in allerdings weniger guter Erinnerung hatte. Und selbst wenn ich inzwischen vierzig Jahre alt war, gelang es mir nicht immer, mich von diesen Erwartungen frei zu machen. Doch ich wehrte mich dagegen, dass sie den Druck, den sie mir damals gemacht hatte, jetzt auch noch auf meine Kinder ausübte.

»Ich frage meine Mutter nur in Notfällen. Und davon gibt es weiß Gott noch genügend. Aber sie lässt für meinen Geschmack zu oft durchblicken, dass die Kinder ihre hohen Ansprüche nicht erfüllen. Das nervt meine drei – und setzt mich unter Anspannung, der ich nach Möglichkeit ausweiche.«

»Seit wann ist das so?«

»Aus dem Bauch heraus würde ich sagen, etwa seit dem Beginn des zweiten Jahres. Es betrifft übrigens nicht nur meine Mutter. So ziemlich jeder scheint vorauszusetzen, dass wir alle jetzt, wo das bescheuerte Trauerjahr vorbei ist, wieder Fuß gefasst haben müssten. Das ist aber nicht so. Wir wurschteln uns nach wie vor durch – aber davon, das Leben ohne Peter als normal und unsere Familie als komplett anzusehen, sind David, Kristin und ich noch meilenweit entfernt. Lediglich Sophie lebt munter und fröhlich im Jetzt.«

»Das Trauerjahr hat Sie und die Kinder geschützt. Sie dürfen nicht vergessen, dass ein Jahr ein relativer Zeitbegriff ist. Was sich für Sie kurz anfühlt, ist für die anderen ein langer Zeitraum. Wer keine eigenen vergleichbaren Erfahrungen gemacht hat, muss notgedrungen davon ausgehen, dass Sie und die Kinder Zeit und Gelegenheit genug hatten, gesichert in Ihrem neuen Leben anzukommen.«

»Das war ja irgendwie auch meine Hoffnung«, gab ich unwillig zu und musste schon wieder zum Taschentuch greifen.

»Was zieht Sie denn so runter? So wie heute kenne ich Sie gar nicht. Sie wirken erschreckend mutlos. Das kann doch nicht allein an den Meinungsverschiedenheiten mit Ihrer Mutter liegen. Auch die gehäuften Migräneattacken kommen nicht einfach so. Im ersten Jahr …«

»… war ich kerngesund. So fit, dass ich mich schon selbst gewundert habe. Aber der ganze Elan ist weg. Es kann doch nicht der Sinn meines Lebens sein, von morgens bis abends zu schuften. Alle Fäden laufen bei mir zusammen. Ich bin Putzfrau, Köchin, Krankenschwester, Ersatzlehrerin, Chauffeurin, Streitschlichterin, Pferdebesitzerin, Mutter und Tochter in einer Person. Und ständig passiert irgendwas, das ich nicht planen konnte. Ein krankes Kind, das nicht in die Schule kann und dauernd ›Mama‹ ruft. Eine kaputte Waschmaschine, die repariert werden muss und meinen Zeit- und Finanzplan komplett durcheinanderbringt. Seit April kommt auch wieder die ganze Gartenarbeit hinzu, die über den Winter wenigstens entfallen war. Im Job steigen die Anforderungen, das Geld wird knapper – ach, ich mag einfach nicht mehr!«

»Es wird Ihnen nichts anderes übrig bleiben, als Aufgaben zu delegieren. Und zu lernen, auch mal fünf gerade sein zu lassen. Es muss nicht alles perfekt sein. Das erwartet doch niemand von Ihnen. Legen Sie sich lieber in den Garten, statt aus ihm ein Ausstellungsstück zu machen.«

»Dass das nie der Fall sein wird, dafür sorgen schon die Kinder«, knurrte ich.

Mir war sehr wohl bewusst, was Frau Reinke mir sagen wollte. Ebenso bemerkte ich die Warnsignale, die mein Körper mir sandte. Jeder Migräneanfall bremste mich aus und zwang mich zum Ausruhen oder Schlafen. Doch ich war nicht bereit, auf diese Signale zu hören.

Also biss ich die Zähne zusammen und trieb mich weiter. Und immer weiter.

Bis einige Wochen später von einem Moment auf den anderen gar nichts mehr ging.

***

Zwei fast zeitgleiche Anlässe gaben den Ausschlag. Am Vorabend hatten Björn und ich uns in seiner Wohnung zum ersten Mal wirklich ernsthaft gestritten. Unsere Beziehung, seine unerschütterliche Zuneigung, er selbst waren in den vergangenen Monaten zu der wohl wichtigsten Insel in meinem Leben geworden. Wir trafen uns höchstens ein- bis zweimal pro Woche, telefonierten oder schrieben uns jedoch täglich.

»Ich komme mir vor wie ein Boot auf rauer See«, hatte ich kürzlich geklagt, und er hatte trocken erwidert: »Kein Wunder, bei den Wellen, die du machst.«

Bisher hatte er meine unberechenbaren Stimmungsschwankungen mit einer Engelsgeduld ertragen. Gestern jedoch hatte er sich vehement und am Ende sogar untypisch lautstark dagegen gewehrt.

»Ich bin nicht dein Punchingball, sondern ein Mensch mit Gefühlen. Und die verletzt du immer wieder, ohne es zu bemerken. Du bist nicht der einzige Mensch auf der Welt, der Probleme hat.«

Na toll! Noch einer, der mich kritisierte. Dabei ackerte ich doch von früh bis spät, um es allen recht zu machen. Wütend war ich nach Hause abgerauscht und hatte meiner inneren Stimme, die Björn zu hundert Prozent zustimmte, einen Fausthieb verpasst. Wenn sie mir schon nicht den Rücken stärkte, sollte sie bitte schön wenigstens die Klappe halten!

Heute war dann eine E-Mail aus Berlin gekommen, die mir den Rest gab. Nicole, die sich in den vergangenen Wochen deutlich rarer gemacht hatte, schrieb:

... habe ich Schwierigkeiten, mit dir umzugehen. Ich schaffe es nicht, dein Verhalten nachzuvollziehen. Bitte sei mir nicht böse, wenn ich mich ein Stück zurückziehe. Zurzeit ist auch bei mir beruflich und privat Land unter. Dadurch fehlt mir die Kraft, die ich als deine Freundin brauche. Es tut mir leid! Ich melde mich bei dir.
Deine Nicole

Als Erstes erstickte ich den zaghaften Versuch meiner inneren Stimme, Nicoles Beweggründe zu erläutern, mit einem weiteren Faustschlag und besiegte mein Gewissen endgültig durch K. O. Nein, ich wollte nichts davon hören, dass ich unsere Freundschaft belastet, möglicherweise überstrapaziert hatte. Auch nichts davon, dass Nicole zur Abwechslung vielleicht mal meine Hilfe benötigte. Ich kannte ihre diversen Baustellen, hatte sie meinen gegenüber aber immer als eher nichtig empfunden und ihnen dementsprechend wenig Bedeutung beigemessen. Was war schon ein wagemutiger Jobwechsel gegen den Tod des Partners? Was eine problematische Beziehung gegen den anstrengenden Alltag einer alleinerziehenden, berufstätigen Dreifachmutter?

Der Streit mit Björn und Nicoles Zurückweisung nagten den ganzen Tag an mir. Zwei oder drei Mal griff ich zum Hörer, doch ich fand einfach keine Kraft, einen versöhnlichen Anruf zu tätigen oder eine rettende Mail zu schreiben. Nachdem die Kinder im Bett lagen, begann ich, mechanisch die Küche aufzuräumen.

Doch mittendrin brach ich ab, sank auf einen Stuhl und starrte dumpf auf das benutzte Geschirr, das noch auf der Spülmaschine stand. In mir herrschte plötzlich völlige Leere. Meine Gedanken kreisten ununterbrochen um ein einziges Thema: Ich konnte und wollte nicht mehr!

Alles, was mir wichtig war, entglitt mir. Alles, was ich machte, war falsch. Oder zu wenig. Oder egoistisch. Oder überflüssig. So überflüssig wie mein ganzes Dasein. Offenbar war ich einer dieser Menschen, die ihrem Umfeld nur Probleme bereiteten. Ohne mich ginge es mit Gewissheit allen besser.

Ich stützte den Kopf in die Hände. In diesem Moment hätte ich gern mal ein wenig geheult. Doch selbst zum Weinen war ich zu ausgebrannt.

Mein Leben war mir noch nie so düster und perspektivlos erschienen. Wenn ich dem Ganzen ein Ende setzte, wären alle besser dran. Die Kinder, die keine »nervige« Mutter mehr hatten. Meine Mutter, die sich nicht mehr über ihre »rebellische« Tochter aufregen musste. Björn, der seine letzten Jahre nicht als »Punchingball« verbringen musste. Meine Freunde, die kein Verständnis mehr aufbringen, die Kollegen, die keine Rücksicht mehr nehmen mussten. Unterm Strich: wirklich alle!

Was hatte Peter am Tag der Diagnose, aus dem ersten Schock heraus, gesagt? »Am besten, ich fahre gleich mit dem Auto vor einen Baum. Dann habe ich sofort Ruhe.« Ich hatte ihn und seine Ängste so gut verstanden, ihm dennoch vehement widersprochen.

»Tu es nicht! Nicht, bevor du weißt, ob es noch eine Chance gibt.«

Doch welch eine gute Idee. Nein, welch eine fantastische Idee. Dem Ganzen ein schnelles Ende bereiten. Nie wieder traurig sein. Nie wieder Verantwortung tragen müssen. Endlich Ruhe finden. Ich sehnte mich doch so sehr nach Schlaf. Nach Vergessen. Nach Frieden.

Wie in Trance rappelte ich mich auf, zog Jacke und Schuhe an und griff zum Autoschlüssel. Doch dann zögerte ich jäh. Was, wenn ich nicht tot wäre, sondern nur schwer verletzt? Diese Lösung war einfach zu unsicher. Wenn, dann musste es einen anderen, einen hundertprozentigen Weg geben.

Ich zog die Jacke wieder aus, ließ sie achtlos auf den Boden fallen und schleppte mich zurück an den Küchentisch. Äußerst konzentriert ging ich alle Möglichkeiten durch, die mir als Alternative einfielen. In meinem Nachtschrank lag noch immer eine angebrochene Packung Valium. Reichte die aus? Eher nicht. Hätte ich damals doch bloß nicht sämtliche Medikamente von Peter entsorgt.

Was gab es noch, um möglichst schmerzfrei aus dem Leben zu scheiden? Pulsadern aufschneiden? Das war alles andere als schmerzfrei. Ertrinken? Bei der bloßen Vorstellung, in der Dunkelheit in irgendein Baggerloch oder den Rhein zu steigen, schüttelte ich mich.

Blieb der Sprung in die Tiefe. Dafür war mein Haus nicht hoch genug. Aber es gab doch den Aussichtsturm, der auf einer Anhöhe am Stadtrand stand. Oder das Hochhaus, von dem sich schon andere in den sicheren Tod gestürzt hatten.

»ES REICHT!«, donnerte mein inneres Ich. *»Setz die verdammten Scheuklappen ab! Du bist ja vollkommen irre! Es gibt niemanden, hörst du:* niemanden, *der deinen Tod gutheißen oder davon profitieren würde!«*

»Doch. Jeder. Und außerdem wäre ich wieder bei Peter«, spielte ich voller Sehnsucht meinen letzten Triumph aus. »Wenigstens der hat mich so geliebt, wie ich bin. Ohne dauernd an mir herumzumäkeln.«

»Der hat dich so geliebt, wie du bist, da stimme ich dir zu. Alles andere ist Schwachsinn.« Die Stimme meines Gewissens überschlug sich fast. *»Rede dir doch nicht ein, Peter hätte dich nie kritisiert. Ihr hattet eine tolle Ehe, aber auch da gab es Meinungsverschiedenheiten*

und Streit. Das gehört doch dazu! Peter war ein wunderbarer Mensch, aber kein Engel. Und das bist du ebenfalls nicht. Das ist niemand. Mal abgesehen davon, dass Peter dir vermutlich eine runterhauen würde, wenn du seine Kinder im Stich lassen würdest. Und das absolut zu Recht!«

»Aber was soll ich denn tun? Ich kann nicht mehr! Ich kann einfach nicht mehr!«, schrie ich. »Und ich will so auch nicht mehr«, fügte ich leise hinzu.

Über mir öffnete sich eine Tür.

»Mama? Was ist? Mit wem schreist du so rum?« Davids Stimme klang schlaftrunken. Ich schrak zusammen.

»Es ist nichts. Alles in Ordnung. Schlaf weiter«, rief ich halblaut zurück.

»Okay, gute Nacht, Mama. Ich hab dich lieb!«, hörte ich, bevor David seine Tür zuzog.

Die letzten vier Worte brachen den Bann. Was war denn nur plötzlich mit mir los? Hatte ich tatsächlich gerade ernsthaft darüber nachgedacht, meine Kinder allein zu lassen? Wie war ich nur in diesen Zustand gerutscht, der mich die drei wichtigsten Menschen der Welt hatte vergessen lassen? Auch wenn sie mich tausendmal als »nervig« bezeichneten, sie liebten mich. Und ich liebte sie. Liebe schloss nun mal nicht aus, dass man sich hin und wieder mächtig auf die Nerven fiel.

»Das ist dein erster vernünftiger Gedanke.« Täuschte ich mich, oder hatte mein Gewissen noch nie so erleichtert geklungen? *»Dein Tunnelblick hat mich ganz schön erschreckt. Es kann nicht sein, dass du dir so ernsthaft ausmalst, wie du dein Leben beenden kannst. Du brauchst Hilfe. Dringend und sofort!«*

»Klar. Ich schnippe mit den Fingern, und zack! – steht eine gute Fee vor der Tür. Weil das Leben ja so ein Märchen ist«, sagte ich zynisch und dachte doch noch einmal sehnsüchtig daran, wie einfach es doch wäre: Eine kurze Autofahrt, die siebzig Stufen des Aussichtsturmes hinauf, und dann … Ruhe!

»Du bist ein beschissener Feigling«, echauffierte sich mein zweites Ich erneut. *»Du bist zu feige, dich dem Leben zu stellen. Zu feige, zuzugeben, dass du inzwischen nicht mehr die starke Frau bist, die du allen vorgespielt hast. Zu feige, dein selbst aufgelegtes Hamsterrad zu verlassen. Und viel zu feige, dir Hilfe zu holen. Es muss ja keine Märchenfee sein. Ein echter Mensch würde reichen.«*

Ein, zwei Lebensgeister kehrten zurück. Man konnte mir ja vieles vorwerfen, aber feige war ich noch nie gewesen.

»Du elende Klugscheißerin! Es ist mitten in der Nacht. Wo, meinst du, kann ich mir jetzt Hilfe bei einem echten Menschen holen?«

»Ganz einfach! Guck mal nach rechts oben!«

Unwillkürlich drehte ich den Kopf. Mein Blick fiel auf die große Pinnwand. In dem Gewühl aus Stundenplänen, Postkarten und Fotos stach mir ein Wort auf einem kleinen Kärtchen ins Auge: »Krisenhilfe«.

Vor etlichen Monaten hatte ich einen Stapel dieser Kärtchen in einer Arztpraxis liegen sehen. Obwohl ich mir eigentlich sicher gewesen war, niemals in eine echte Krise zu geraten, hatte ich das oberste Kärtchen eingesteckt und später an die Pinnwand gehängt. Nun zog es mich geradezu magnetisch an. Wie ferngesteuert stand ich auf, nahm es ab und studierte den Text.

»In Krisensituationen sind wir Tag und Nacht für Sie da.«

»Los! Ruf da an. Jetzt sofort!«, drängelte es in mir. Ich war zu erschöpft, um mich zu wehren, holte das Telefon aus dem Wohnzimmer und wählte die angegebene Nummer. Dabei keimte ein Fünkchen Hoffnung in mir auf: Vielleicht sah die Welt ja bald schon wieder zumindest ein bisschen rosiger aus. Und wenn nicht ... Dann befand sich der Aussichtsturm ja auch in der nächsten Woche noch am selben Platz.

Meine »gute Fee« hatte eine sehr männliche Stimme.

»Krisenhilfe, mein Name ist Harald Sommer. Wie kann ich Ihnen helfen?«

»Das weiß ich nicht. Ich merke nur, dass ich anscheinend dringend Hilfe brauche. Vorhin bin ich in ein tiefes seelisches Loch gefallen und hatte ernsthafte Suizidgedanken, weil mir mein Leben über den Kopf wächst. Es erschreckt mich selbst, wie intensiv der Wunsch auf einmal war, nicht mehr da zu sein. Aber das geht nicht. Ich muss wieder auf die Beine kommen. Über mir schlafen drei Kinder zwischen fünf und zwölf Jahren, die mich brauchen.«

»Erzählen Sie! Und nehmen Sie sich die Zeit, die Sie benötigen«, forderte mein telefonisches Gegenüber mich in ruhigem Tonfall auf. Ich holte tief Luft – und begann.

Fast drei Stunden, etliche Zigaretten und mehrere Tassen Kaffee später schlich ich in mein Bett. Mir blieb nicht mehr viel Zeit, bis ich wieder aufstehen musste. Um neun Uhr hatte ich einen Termin bei einer nahe gelegenen psychologischen Notfallstelle. Meine männliche Fee hatte nichts bagatellisiert und nichts infrage gestellt. Herr Sommer hatte mir lediglich das Versprechen abgenommen, noch ein paar Tage durchzuhalten und auf meine Mitmenschen zu vertrauen. Dann hatte er ohne Zögern gehandelt und mich gleich am kommenden Tag in geschulte Hände vermittelt. Nach dem langen Gespräch mit ihm ging es mir bereits ein wenig besser. Irgendwo am Ende des Tunnels tat sich ein winziges Licht auf. Ich konnte zwar niemandem erklären, wieso ich ohne Vorwarnung so entsetzlich tief gefallen war, denn objektiv gesehen war nichts wirklich Dramatisches passiert. Abgesehen von einer Aufsummierung kleinerer, aber zahlreicher Negativerlebnisse, denen das positive Gegengewicht fehlte. Und der Tatsache, dass ich seit mehr als zwei Jahren unter seelischem und körperlichem Dauerstress stand. Mein Akku war offenbar komplett leer. Anders als noch vor wenigen Stunden wuchs jedoch meine Bereitschaft, ihn wieder aufzuladen. Schließlich hatte ich dreimal ein Neugeborenes im Arm gehalten und ihm dasselbe Versprechen gegeben: es zu begleiten und zu beschützen, bis es erwachsen und selbstständig wäre. Bis ich dieses Versprechen bei Sophie erfüllt hatte, musste der Turm wohl noch etliche Jahre auf mich warten.

»Dann bist du zu alt, die ganzen Treppen hochzuklettern!« Leise kichernd duckte mein Gewissen sich vor meiner erhobenen Hand weg.

»Na warte«, drohte ich ihm, musste aber widerwillig lächeln. Mir war schon etwas leichter zumute. Die Entscheidung, mir auf welche Weise auch immer helfen zu lassen, hatte meinen verloren gegangenen Optimismus reaktiviert. Schlimmer konnte es nicht mehr werden. Morgen sah die Welt bestimmt schon wieder viel besser aus.

***

»Sie haben eine akute Depression.« Frau Dr. Thielen stellte das so gelassen fest, als habe sie soeben einen Schnupfen diagnostiziert. Ich schluckte.

»Aber ich war eigentlich noch nie depressiv«, wandte ich ein.

»Es gibt einen Unterschied zwischen chronischer Depressivität, die eine Langzeitbehandlung erfordert, und dem eher plötzlich auftretenden akuten Zustand, bei dem schnell und intensiv interveniert werden muss. Letzterer tritt oft bei Menschen wie Ihnen auf, die einen herben Verlust erlitten haben und danach weitermachen, ohne auf die Signale der Seele zu achten. Über der Fürsorge für Ihre Kinder haben Sie die Fürsorge für sich selbst vergessen. Nun präsentiert Ihnen Ihr Körper die Quittung.«

Ich verspürte das Bedürfnis, mich zu verteidigen. »Was hätte ich denn tun sollen? Meine Kinder haben ihren Vater verloren.

Sie brauchten doch eine Mutter, die ihnen Sicherheit bietet. Und nebenbei gehe ich regelmäßig zu einer hervorragenden Kinder- und Jugendpsychologin, die mir mit jedem Gespräch den Rücken stärkt.«

»Und ohne die Sie vermutlich schon viel früher in dieses Loch gefallen wären. So, wie Sie mir die zweieinhalb Jahre seit Beginn der Erkrankung Ihres Mannes geschildert haben, haben Sie in erster Linie für andere funktioniert. Nun ist Ihr Tank leer. Und zwar leer bis auf den allerletzten Tropfen. Ich sehe Ihre Situation sogar als ziemlich kritisch an. Wenn Sie jetzt nicht gegensteuern, laufen Sie Gefahr, aus dem akuten in den chronischen Zustand zu rutschen.«

Mein Widerstand brach in sich zusammen. Ich hatte mich selten so hilflos gefühlt. Und mich selten so geschämt. Depressionen! Ich! Das war ja … das war ja einfach nur schrecklich.

Die Psychiaterin nahm meine Hand.

»Hören Sie, Depressionen, weder akute noch chronische, sind keine Schande. Wichtig ist, dass die Betroffenen sich helfen lassen. Sie haben den ersten, wichtigen und absolut richtigen Schritt getan, indem Sie heute Nacht die Telefonnummer der Krisenhilfe gewählt haben. Aber gehen Sie diesen angefangenen Weg nun auch bitte weiter. Für Ihre Kinder, die eine gesunde Mutter brauchen, vor allem aber für sich selbst. Ich kann Sie zu nichts zwingen, rate Ihnen aber zu einer Akuttherapie für die Dauer von mindestens vier Wochen.«

Vier Wochen? Wie sollte das denn gehen? Hilflos fragte ich:

»Wie und wo soll die stattfinden? Ich kann und will nicht vier Wochen in irgendeine Klinik gehen! Meine Kinder …«

»Das müssen Sie auch nicht. Wir bieten Menschen wie Ihnen die Möglichkeit einer teilstationären Behandlung an. Dabei verbringen Sie den Tag in der Klinik, fahren am Nachmittag aber nach Hause und schlafen auch dort. Unsere Mitarbeiter werden Sie in Ihrem häuslichen Umfeld aufsuchen und vor Ort mit Ihnen nach Möglichkeiten der Entlastung suchen. Für diese Zeit sind Sie natürlich krankgeschrieben.«

Wenn sich mein Kopf doch bloß nicht so schrecklich leer anfühlen würde. Bei ihren Worten war erneut etwas in mir zusammengebrochen. Aber vielleicht war das, was sie vorschlug, ja gar nicht so schlecht. Mal passiv zu sein, mal andere zumindest teilweise über mich entscheiden zu lassen und Verantwortung abzugeben erschien mir ganz plötzlich als überaus verheißungsvoll. Der Aussichtsturm war die wohl schlechteste Lösung – ich wollte, nein, ich *musste* wieder aus diesem Loch heraus, in das ich so unerwartet gefallen war.

»Gut«, stimmte ich zu, »dann nehme ich Ihren Vorschlag an. Wann soll ich anfangen?«

»Morgen früh. Sie sind ein echter Notfall«, antwortete sie so energisch, dass mir jeder Protest auf der Zunge erstarb.

Gelassenheit

Es war geradezu belustigend, wie unterschiedlich meine Umgebung auf den Begriff »Depression« reagierte. Mit meiner Ankündigung, zukünftig ambulante Patientin einer psychiatrischen Klinik zu sein, sorgte ich für Verwirrung, in einigen Fällen gar für Entsetzen, erfuhr von anderen Seiten aber auch größtes Verständnis und Lob.

»Ich hatte gedacht, nach über einem Jahr … Aber du wirkst doch immer so stark. Habe ich etwas versäumt? Hätten wir dich mehr unterstützen müssen?« Meine Chefin war sichtlich bestürzt. Ihr Verhalten rührte mich.

»Nein, mach dir bloß keinen Kopf. Ihr habt mich weit mehr unterstützt, als ich gedacht hätte. Ich weiß ja selbst nicht, was plötzlich mit mir los ist«, beruhigte ich sie.

»Dann wünsche ich dir, dass du schnell wieder auf die Beine kommst. Ein Glück, dass du dir Hilfe gesucht hast. Und wenn du mich brauchst, dann melde dich bitte.«

»Was erwartest du dir denn von … also, davon?«, fragte meine Mutter gedehnt. »Und wie bist du überhaupt auf so eine Idee gekommen? Du bist doch nicht krank. Lass dir das von denen bloß nicht einreden. Du hast schließlich Aufgaben, vor denen du dich wohl kaum drücken kannst.«

»Ich will mich nicht drücken. Im Gegenteil, mir wächst nur alles über den Kopf. Es ist momentan zu viel, verstehst du?«

»Wenn ich ehrlich sein soll: nein! Nein, das verstehe ich nicht. Ich dachte immer, dass du stark genug bist, deinen Verpflichtungen nachzugehen. So habe ich dich schließlich erzogen. Bisher hast du das doch immer geschafft.«

»Jetzt aber eben nicht mehr. Und man kann ein Kind wohl kaum dazu erziehen, den Tod des Partners mal so eben stemmen zu können«, sagte ich patzig. Ihr Unverständnis betrübte mich. Ich hatte allerdings keine andere Reaktion erwartet. Meine Mutter hielt nicht viel von Psychologen – und auch nicht von Menschen, die sich bei ihnen Rat suchten. Ihre eigene Devise, der sie ihr Leben lang gefolgt war, hieß »Augen zu und durch«.

»Kind, Peters Tod ist fast anderthalb Jahre her. Inzwischen solltest du damit zurechtkommen.«

Ich gab es auf. Sie konnte mich nicht verstehen. Was ich ihr nicht übel nahm. Niemand kam aus seiner eigenen Haut – und die ihre bestand in erster Linie aus Pflichtgefühl, Verantwortungsbewusstsein und dem Verdrängen all dessen, was ihre Seele belastete. Möglicherweise entsprang diese Diskussion einem weiteren Generationenproblem, worüber wir ja nicht zum ersten Mal stolperten.

Glücklicherweise gab es Björn, Kathrin und etliche andere, die sich erleichtert zeigten.

»Ich habe das kommen sehen. Vielleicht nicht in diesem Ausmaß, aber dass du irgendwann zusammenklappst, wundert mich nicht. Ich wünsche dir, dass du viele neue Denkanstöße mitnimmst – und dir selbst gegenüber etwas gelassener wirst. Du stehst seit Peters Tod rund um die Uhr unter Strom. Das konnte auf Dauer nicht gut gehen.«

Es steckten kein Triumph, keine Abwertung und kein mahnend erhobener Zeigefinger hinter diesen Sätzen. Nur Zuneigung und besorgtes Interesse. Dadurch gestärkt, setzte ich am darauffolgenden Tag zum ersten Mal in meinem Leben einen Fuß über die Schwelle einer psychiatrischen Klinik. Mit ein wenig Herzklopfen. Aber auch voller Zuversicht!

***

»Aus neurologischer Sicht sind Sie vollkommen unauffällig.« Nachdem ich mit geschlossenen Augen rückwärts gelaufen war sowie auf einem Bein gestanden und mir mit dem Zeigefinger auf die Nase getippt hatte, klopfte der Neurologe mit seinem Reflexhammer auf mir herum. Meine Arme und Beine schienen zum rechten Zeitpunkt zu zucken, denn schließlich richtete er sich auf und lachte mich an.

»Wunderbar, Patientinnen wie Sie machen meine Arbeit leicht. Da rückt das Feierabendbierchen doch in greifbare Nähe.«

Es war gerade mal halb zehn. Wir mussten beide lachen.

»Und die Migräneanfälle?«, wandte ich ein.

»Sind vielfach durch Stress ausgelöst. Schalten Sie mal einen Gang runter, und seien Sie nachsichtiger mit sich selbst. Ein bisschen mehr Gelassenheit, dann wird das schon wieder«, gab er mir mit auf den Weg, bevor er mich in die Obhut seines psychiatrischen Kollegen Dr. von Korf entließ.

Dieser konstatierte jovial gegen Ende des ersten Gesprächs:

»Na klar, das Leben ist mit Ihnen ganz schön Schlitten gefahren. Und schon sitzen Sie bei mir. Da wollen wir doch mal schauen, was wir da machen können.«

Ich hatte diesen Dr. von Korf vom ersten Moment an intuitiv abgelehnt. Warum, konnte ich nicht sagen. Vielleicht war es sein arroganter Blick aus kalten Augen, mit dem er mich abschätzig von oben bis unten musterte. Möglicherweise auch sein plump-vertrauliches »Na, wen haben wir denn da?«, mit dem er mich begrüßte und an das er ein »Wo drückt uns denn der Schuh?« hängte, bevor er mit einer knappen Handbewegung auf den Stuhl vor seinem überladenen Schreibtisch wies. Alles in mir sträubte sich, diesem unsympathischen Mann meine Geschichte zu erzählen oder ihm gar meine Gefühle anzuvertrauen. So wurde es nur ein knapper, distanzierter Bericht, der so gut wie nichts von meinem Seelenleben preisgab. Während ich erzählte, spielte er mit seinem Kugelschreiber herum, rückte die auf dem

Tisch liegenden Papiere von links nach rechts und machte ein gelangweiltes Gesicht.

»Ich rate Ihnen zu Medikamenten. Eine kleine Pille morgens, eine abends – und schon werden wir gelassener. In ein paar Monaten, wenn Sie die Kurve bekommen haben, können wir die Dinger wieder absetzen.«

»Nein, danke. Ich habe bisher keine Psychopharmaka geschluckt, ich werde es auch weiterhin nicht tun. Ich habe Angst vor diesen Tabletten«, wehrte ich entsetzt ab.

Kurz blitzte Zorn in seinen Augen auf. Dann sagte er in dem nachsichtigen Tonfall, mit dem manche Menschen zu kleinen Kindern sprechen: »Ja, aber was sollen wir denn sonst machen? Wir wollen doch schnell wieder auf die Beine kommen, oder?«

Meine Hände begannen zu zittern. Der hatte ja wohl überhaupt nichts verstanden. Und so was wurde auf die seelisch angeschlagene Menschheit losgelassen? Wollte der mich jetzt zum unmündigen Kleinkind degradieren?

»*Wir* wollen gar nichts«, giftete ich ihn an. »Aber wissen Sie was? Ich komme schneller, als Sie denken, wieder auf die Beine. Genau die werden mich nämlich jetzt schnurstracks aus diesem Raum tragen.«

Gesagt, getan. »Na hören Sie mal«, rief er entrüstet, während ich die Tür hinter mir zuwarf und den Flur entlangjagte. Ich wollte nur noch nach Hause, am besten in mein Bett, um mir die Decke über den Kopf zu ziehen und diesen merkwürdigen Arzt so schnell wie möglich zu vergessen.

Wieso sah das hier bloß überall so gleich aus? Nirgendwo ein Hinweisschild, nur kahle Flure und unzählige, ebenfalls gleich aussehende geschlossene Türen. Ich hatte jede Orientierung verloren und stürmte blindlings durch die Gänge. Irgendwo in dem Labyrinth musste doch der verdammte Ausgang sein. Vielleicht da vorne links?

Ich schoss um die Ecke, konnte nicht mehr bremsen und prallte gegen einen Mann, der mich festhalten musste, ansonsten wäre ich gestürzt. Als ich mein Gleichgewicht wiedergefunden hatte, ließ er mich los und trat einen Schritt zurück.

»Na, aber hallo! Wohin so schnell des Weges?«, fragte er mit einem verschmitzten Lächeln, bei dem sich sein ganzes Gesicht unter den kurzen, grau melierten Haaren in Falten legte.

»Raus hier. Ich muss raus hier! Bitte zeigen Sie mir den Weg zum Ausgang! Ich will sofort nach Hause!«, schrie ich ihn hysterisch an.

»Nun mal langsam. Was ist denn passiert? Was regt Sie so auf? Sie zittern ja richtig. Warten Sie«, er öffnete eine Tür, neben der auf einem Schild »Dr. Hornung« stand, und bat mich mit einer Geste einzutreten. »Jetzt setzen Sie sich erst mal hin. Ich bringe Ihnen ein Glas Wasser, und dann erzählen Sie mir, was los ist.«

Zögernd folgte ich seiner Aufforderung. Was blieb mir auch anderes übrig? Immerhin wirkte er weitaus vertrauenerweckender als dieser ignorante Pillenverschreiber.

Auf irgendeine Weise schien Dr. Hornung aus meinem nun folgenden, unzusammenhängenden Gestammel schlau zu werden. Denn als ich mit den schrill klingenden Worten »Ich will keine Tabletten! Ich habe Angst davor!« endete, überlegte er einen Augenblick und sagte dann begütigend: »Der Kollege von Korf ist ein ganz spezieller Fall. Manche Patienten schwören auf ihn, andere kommen mit seiner Art überhaupt nicht zurecht. Natürlich wird Sie niemand zwingen, gegen Ihren Willen Medikamente zu nehmen. Ich mache Ihnen einen Vorschlag. Ab morgen könnte ich Ihre Behandlung übernehmen. Ich schließe heute Nachmittag eine Therapie ab, hätte also Kapazitäten. Jetzt fahren Sie erst mal nach Hause, und morgen fangen wir ganz von vorne an. Wäre das was?«

»Ja, das wäre was«, erwiderte ich dankbar und wischte eine

Träne der Erleichterung weg. »Wenn Sie mir dann bitte noch den Weg zum Ausgang zeigen könnten?«

Er lächelte sein sympathisches Lächeln. »Na, dann wollen wir mal!«, sagte er mit Betonung auf dem »Wir« – und blickte mich gespielt unschuldig an. Ich hatte keine andere Chance, als zaghaft zurückzulächeln.

***

Das Stichwort der kommenden Wochen hieß in meinem Fall »Gelassenheit«.

»Da sollten Sie wirklich an sich arbeiten. Es ist keine Frage, dass Sie viel erlebt haben und viel leisten mussten und müssen. Sowohl körperlich als auch seelisch. Ich vermute, dass Sie sich keine Zeit zum Trauern gegönnt haben. Nun zieht Ihre Seele die Notbremse. Wir, und in diesem Fall sage ich das ›Wir‹ ganz bewusst«, Dr. Hornung grinste, als er auf mein Erlebnis mit seinem Kollegen anspielte, »wir werden uns gemeinsam überlegen, wie Sie lernen können, dem Leben gelassener entgegenzutreten. Damit Sie nicht in einem Jahr wieder bei mir sitzen.«

Er verordnete mir Entspannungsübungen und Ergotherapie. Also lag ich jeden zweiten Tag neben einigen anderen Patienten auf meiner Matte, ließ mich vom Klang fließenden Wassers oder von Vogelgezwitscher berieseln und spürte in meinen Körper hinein. An den anderen Tagen malte ich wirre Bilder oder knetete Figuren, die allesamt gleich – und gleich bescheuert – aussahen.

Verschwendete Zeit, dachte ich in der ersten Woche. Doch bereits in der zweiten begann ich, mich auf diese ruhigen Stunden zu freuen. Mit jedem Tag kehrte ein Teil meiner Energie zurück. Gleichzeitig merkte ich, dass mich die alltäglichen Anforderungen, die Kinder und Haushalt an mich stellten, weniger stressten. Was sich sofort auf meine Sprösslinge übertrug. Sie stritten seltener miteinander und suchten häufiger meine Nähe.

Als wir uns nach langer Zeit endlich mal wieder zu viert auf dem Sofa knubbelten und kichernd einen Film anschauten, atmete ich auf. Wie glücklich ich doch sein konnte, diese drei Menschen zu haben. Und wie verblendet musste ich gewesen sein, das aufs Spiel setzen zu wollen.

***

»Und, was hat dir das Ganze jetzt gebracht?«, fragte meine Mutter am Ende der vierwöchigen Therapie. Ihr offensichtliches Misstrauen sorgte dafür, dass ich schmunzeln musste.

Vergnügt antwortete ich: »Viel. Ich fühle mich wieder deutlich fitter. Und nun hoffe ich, dass ich wenigstens einen Teil der Strategien, die ich in den Gesprächen mit Dr. Hornung erarbeitet habe, umsetzen kann.«

»Aha. Und was sollen das für Strategien sein?«

»Zusammengefasst: gelassener zu werden, mit meinen Kräften hauszuhalten, mehr an mich zu denken und vor allem auch mal Nein zu sagen. Er hat mir klargemacht, dass ich allein nicht die Arbeit für zwei erledigen kann, was ich bisher negiert hatte. Ich wollte immer Peters Anteil mit übernehmen. Dieses Bestreben hat mich unter zu großen Druck gesetzt.«

Sie blieb skeptisch. »Also hat er dich mehr oder weniger dazu aufgefordert, egoistischer zu werden?«

»Wenn du es unbedingt so sehen willst, ja!«

Sie wirkte bekümmert und murmelte: »Dachte ich es mir doch.« Ich nahm sie kurz in den Arm.

»Mami, ich spreche jetzt von einem gesunden Egoismus, nicht davon, mich nur noch um mich selbst zu drehen. Ich will und werde weder die Kinder vernachlässigen noch meinen Haushalt oder den Job schleifen lassen. Aber ich werde bewusster nach Auszeiten suchen, nach Energietankstellen und schönen Momenten. Es muss nicht nur den Kindern gut gehen. Auch ich habe das Recht auf Zufriedenheit und ein bisschen Glück. Das kommt doch auch wieder den Kindern zugute. Sie haben wesentlich mehr von einer halbwegs zufriedenen Mutter als von einer, die ständig am Limit ist.«

»Da hast du recht«, stimmte sie mir unerwartet zu. Ich freute mich aufrichtig. Die gehäuften Diskussionen mit ihr hatten mir ziemlich zugesetzt. Unter Umständen würde es mir ja gelingen, einen Teil meiner neu gewonnenen Einsichten an sie weiterzugeben.

»Solange du es mit deinen Auszeiten nicht übertreibst«, setzte sie nach. Erst wollte ich aufbrausen, doch dann verdrehte ich erheitert die Augen. Wie war das mit der Gelassenheit? Die konnte ich in diesem Augenblick geradezu wunderbar üben.

Ein vertrauter Geruch

Ich hatte meiner Mutter längst nicht alles erzählt. Neben all den Erkenntnissen, die mich selbst und meine Verhaltensmuster betrafen, gab es noch ein weiteres Thema zwischen Dr. Hornung und mir, das niemanden sonst etwas anging: Peter – oder besser, Peters persönliche Dinge, die auch nach über anderthalb Jahren noch immer in Schränken und Kommoden lagen, als warteten sie darauf, dass er jeden Augenblick nach Hause käme. Bis jetzt war das tröstlich gewesen. Doch so ganz allmählich erwachte der Wunsch in mir, »unser« Schlafzimmer zu meinem persönlichen Raum zu machen.

Allerdings graute mir bei der Vorstellung, alles in Säcke zu füllen und in Altkleidercontainer zu entsorgen. Wusste ich denn, ob David nicht vielleicht irgendwann mal einen der Anzüge oder Pullover tragen wollte? Eine Zwischenlösung musste her, und die fand ich im IKEA-Katalog.

»Kann mir mal jemand helfen?«

Ich war zwar nicht untrainiert, was den Aufbau der »dreidimensionalen Möbelpuzzles« betraf. Doch der neue Schrank, den ich am Vortag gekauft, im Karton zerlegt ins Auto und später dann gemeinsam mit einem Nachbarn die Treppe hinuntergewuchtet hatte, reichte bis knapp unter die Kellerdecke. Somit konnte ich ihn nicht liegend aufbauen, sodass zumindest zwei weitere helfende Hände vonnöten waren, um die langen Bretter in der Senkrechten zu halten, damit ich die zahlreichen Schrauben eindrehen konnte.

»Was wird das denn?« Kritisch beäugte Kristin das Durcheinander, das ich wohlsortiert auf dem Boden verteilt hatte.

»Ein neuer Schrank.«

»Noch einer? Wofür brauchst du denn den schon wieder? Wozu kaufst du noch so einen doofen Schrank, wenn wir doch viel lieber einen cooleren Fernseher hätten?«, maulte David, half allerdings bereitwillig beim Aufbau mit. Zunächst blieb ich ihm die Antwort schuldig. Doch mein Sohn hatte ein gutes Gedächtnis.

»Du hast meine Frage noch nicht beantwortet. Wozu brauchen wir noch so ein Ungetüm?«, insistierte er, nachdem ich das letzte Schräubchen angebracht hatte.

»Um Papas Klamotten darin unterzubringen. Ich glaube, nach über anderthalb Jahren ist es allmählich an der Zeit, sie aus dem Schlafzimmer zu holen.«

David kniff die Augen zusammen.

»Aber du schmeißt nichts davon weg?«, vergewisserte er sich mit drohendem Unterton.

»Nein, vorerst nicht.«

»Dann ist es ja gut.«

Kristin nickte bekräftigend zu seinen Worten und folgte ihm, als er den Keller verließ.

»Wir gehen mit Sophie zu Leonie und Dominik rüber. Die machen Stockbrot im Garten«, riefen sie mir noch zu. Das kam mir sehr gelegen. Bei dem, was ich vorhatte, wollte ich nach Möglichkeit allein und ungestört sein. Ich sammelte die Pappe ein, verstaute Akkuschrauber und Inbusschlüssel, griff nach allen Wäschekörben, die ich besaß, und machte mich mit einem flauen Gefühl im Magen an mein schwieriges Werk.

***

Eigentlich hatte ich mir vorgenommen, die Stapel an T-Shirts und Pullovern so zu belassen, wie sie in den Regalen lagen. Sie im Ganzen zu nehmen, in die Körbe umzufüllen und zwei Etagen tiefer wieder einzuräumen. Ohne weiter darüber nachzudenken, was ich da tat. Dafür hatte ich etwa eine halbe Stunde einkalkuliert und eine weitere, um die nunmehr leeren Fächer mit meiner eigenen Kleidung zu befüllen. So hätte ich endlich mal wieder eine Übersicht über meine Klamotten – und Ordnung in das schleichende Chaos gebracht. Kathrin und auch Björn hatten angeboten, mir zu helfen. Doch ich hatte abgelehnt. Ich wollte, nein, ich musste bei diesem weiteren Schritt des Abschieds allein sein, hatte mir jedoch fest vorgenommen, so zügig wie möglich zu arbeiten, um erst gar keine Sentimentalität aufkommen zu lassen.

Es kostete mich Überwindung, den ersten Stapel aus dem Schrank zu ziehen. Als ich ihn endlich in den Händen hielt, vergaß ich meinen Vorsatz. Stattdessen setzte ich mich aufs Bett, legte die T-Shirts neben mich auf die Matratze, griff nach dem obersten und hielt es ausgebreitet vor mich. Wann hatte ich es wohl zuletzt gewaschen und gebügelt? Auf jeden Fall zu einer Zeit, als Peter noch lebte. Und das sollte tatsächlich mehr als anderthalb Jahre her sein? Plötzlich kam es mir vor, als wäre es gestern gewesen.

Ich hob das rote Kleidungsstück hoch und drückte meine Nase hinein. Es roch noch immer frisch; in den kaum noch wahrnehmbaren Duft nach dem vertrauten Waschmittel hatte sich der Geruch nach Holz gemischt. Mit langsamen Bewegungen legte ich es wieder zusammen. Nahm das nächste. Hellblaue und zartgelbe Streifen. Auch das breitete ich aus. Tauchte meine Nase hinein. Und wurde erneut enttäuscht. Keine Spur von Peters typischem Geruch.

Dafür entstanden schlagartig zwei Bilder in meinem Kopf: Peter in seinem letzten Sommer, braun gebrannt auf unserer Terrasse, die Pastelltöne dieses Shirts hatten seine gesunde Hautfarbe betont. Und nochmals Peter, etliche Monate später, blass und deutlich dünner, der dieses T-Shirt anstelle eines Pyjamas trug, als er für einige Tage im Krankenhaus lag. Wie viele Erinnerungen doch in diesem gestreiften Stück Stoff steckten.

Ich biss die Zähne zusammen, drängte die Tränen weg, faltete das Kleidungsstück liebevoll zusammen und griff nach dem nächsten. Neue Bilder: Peter am holländischen Strand, mit kindlichem Vergnügen eine Sandburg bauend, die ich kurz darauf zum Einsturz brachte. Und derselbe Peter, der sich nach der morgendlichen Dusche anzog. Mit grauem Gesicht und kranken Augen. Derselbe Mann, dasselbe Shirt. Und doch, binnen weniger Monate, alles anders.

»Wir sind wieder da, Mama! Bist du fertig geworden?« Kristins Stimme riss mich aus meiner Versunkenheit. Erschrocken warf ich einen Blick auf die Uhr: Mehr als drei Stunden waren verflogen. Ich war vollkommen in die Vergangenheit eingetaucht – und hatte es in der langen Zeitspanne nicht einmal geschafft, ein komplettes Fach auszuräumen. Vermutlich war es gut, dass die Kinder mich zu einer Pause zwangen. Als ich aufstand, bemerkte ich, wie unglaublich müde ich war. Meine Beine zitterten vor Erschöpfung, sodass ich mich auf dem Weg nach unten am Geländer festhalten musste. Die Kinder musterten mich kritisch, als ich ins Wohnzimmer trat.

»Wie siehst du denn aus? Hast du geweint?«

Das hatte ich tatsächlich. Bei so ziemlich jedem zweiten Kleidungsstück. Es waren viele Tränen gewesen, die zwar schmerzten, gleichzeitig aber wie eine Befreiung wirkten.

»Ein bisschen«, gab ich zu. Kristin kam zu mir und nahm meine Hand.

»Komm mal mit«, forderte sie und zog mich energisch hinter sich her in den Flur. Dort wies sie auf den Rahmen, in dem mein »Trostspruch« hing.

»Lies! Das hast du selbst da hingehängt. Und das nicht ohne Grund.«

»Ach, Maus.« Ich war schwer gerührt. »Es ist doch nicht

schlimm, wenn ich mal heulen muss. Das geht auch wieder vorbei.«

»Ich meine ja nur. Da steht: ›Es ist alles in Ordnung.‹ Wenn du so was schon aufhängst, dann halte dich doch bitte selbst daran.«

»Ja, Süße. Das will ich, und das werde ich. Manchmal ist es ganz einfach, und hin und wieder gibt es Momente, wo es eben nicht so einfach ist. Das kennst du doch auch, oder?«

Sie errötete leicht. Dann nickte sie und antwortete leise: »Ja, das kenne ich.«

Als sie zu ihren Geschwistern zurücklief, sah ich ihr nach. Wann war mein kleines Mädchen eigentlich so groß geworden?

***

Es kostete mich zwei weitere Tage, bis mein Schrank endlich nur noch meine eigenen Sachen enthielt, die sich um drei von Peters Sweatshirts vermehrt hatten. Auch wenn sie mir zu groß waren, kuschelte ich mich zukünftig immer dann hinein, wenn ich innerlich fror. Es waren Tage, an denen ich mich, von den Kindern abgesehen, von allen zurückzog. Nachts schlief ich auf dem Sofa im Wohnzimmer. Ich wollte und konnte diesen Prozess des Abschiednehmens nicht unterbrechen oder abkürzen. Jedes einzelne Kleidungsstück wanderte durch meine Hände und weckte gleichermaßen liebevolle wie auch schmerzliche Erinnerungen. Auch wenn ich viel weinte, so fühlte ich mich doch stark genug, den Schmerz auszuhalten. Es waren reinigende Tränen, die den Knoten in meiner Brust, der mich schon so lange knebelte, verkleinerten.

Nach dem großen Schrank nahm ich mir die Kommodenschubladen vor. Und hier fand ich endlich das, wonach ich unbewusst die ganze Zeit gesucht hatte: Peters Geruch! Er hatte sie ungenutzt zwischen Fachzeitschriften und persönliche Erinnerungen aus seiner Jugend geräumt: die Flasche seines liebsten Rasierwassers, die ich ihm zum letzten Weihnachtsfest geschenkt hatte.

Der Duft, der ihr nach dem Öffnen entströmte, war so nah und vertraut, dass ich für einen kurzen Moment wie paralysiert war. Eine Gänsehaut kroch über meinen Körper, und in meinem Kopf explodierte eine Bilderflut, die wie ein warmer Regen auf mich einprasselte, in den sich vereinzelte Eiskristalle mischten.

Ich wappnete mich. Nun würde mich wohl gleich eine Welle aus Kummer überfluten. Doch auch die hielt ich aus, denn ich hatte begriffen, dass die Trauer mich nicht zerbrach, sondern eher die zerbrochenen Teile wieder zusammenfügte.

Zu meiner Verwunderung fühlte ich keinen Schmerz. Stattdessen empfand ich … Geborgenheit. Eingehüllt in Peters vertrauten Geruch, saß ich minutenlang einfach nur still da, ließ die Erinnerungen an mir vorbeiziehen und löste die »Handbremse« ein weiteres Stück. Kaum etwas hatte mir bisher so viel Trost und Zuversicht gegeben wie dieser Duft. Ein unsichtbarer Peter stand hinter mir, fasste mich an den Schultern – und schob mich sanft vorwärts, den nächsten Monaten entgegen.

Alleinverantwortung

»Sie müssen kommen! Schnell! Sophie hatte einen Unfall. Sie ist mit dem Kopf auf einen Stein gestürzt. Das Einzige, was sie sagt, ist ›Mama‹. Immer wieder nur Mama. Es ist herzzerreißend!«

Frau Grüner, Sophies neue Grundschullehrerin, erwischte mich zum Glück zu Hause. Ich ließ alles fallen, suchte mit zitternden Händen meinen Schlüssel, hetzte zum Auto und raste los. Es war nicht nur die Panik in der Stimme der ansonsten so besonnenen Lehrerin, die mir die Kehle zuschnürte. Weitaus besorgniserregender war die Schilderung von Sophies Verhalten. Dass meine inzwischen Achtjährige nach mir rief, ließ alle Alarmglocken in mir schrillen. Mein jüngstes Kind war in den vergangenen Jahren immer selbstbewusster geworden. Ihr liebster Ausspruch lautete: »Ich schaffe das alleine!« Erst wenn sie wirklich nicht mehr weiterwusste, erlaubte sie mir gnädig, einzugreifen.

Meist betrieb ich in solchen Fällen Schadensbegrenzung, die mich bereits etliche Nerven und einiges an Geld gekostet hatte. Wenn nun gerade dieses Kind nichts anderes als »Mama« sagte, war Alarmstufe Rot angesagt. Ungeachtet des Tempolimits jagte ich die kurze Strecke über die glücklicherweise freie Straße, bremste mit quietschenden Reifen, sprang aus dem Wagen und stürmte auf den Schulhof.

»Sophie liegt in der Ganztagsbetreuung«, rief mir eine Lehrerin zu. Ich rannte die letzten Meter, bis ich endlich bei meinem Kind war, das auf einer Matratze auf dem Boden lag.

»Sophie! Kleines! Was hast du gemacht?«

»Mama«, wimmerte sie in meinem Arm. »Ich weiß nicht, was

passiert ist. Aber mein Kopf tut so weh. Und mir ist so wahnsinnig schlecht.«

Wir kamen gerade eben noch nach Hause. Kaum hatten wir das Haus betreten, erbrach sich Sophie. Ich hielt sie fest und fühlte mich in diesem Moment einfach nur unendlich hilflos und allein.

»Die Kinder haben Fangen gespielt. Dabei sind Sophie und Jannik mit einer solchen Wucht zusammengeprallt, dass Sophie hintenübergefallen ist. Genau auf die Steine«, hatte die Lehrerin mir noch geschildert.

Während mein Kind würgte, tastete ich behutsam den Hinterkopf ab. Keine Stufe im Knochen. Also zumindest kein spürbarer Bruch. Dass das nicht unbedingt Entwarnung bedeutete, wusste ich von den unzähligen computertomografischen Untersuchungen und Röntgenbildern, die ich selbst angefertigt hatte. Feine Risse im Schädelknochen ließen sich nicht tasten.

Nachdem ich Sophie aufs Sofa gebettet hatte, rief ich Bernd in seiner Praxis an. Als Kinderarzt wüsste er, was zu tun war.

»Kann sie sich an den Unfall erinnern?«

»Nein.«

»Dann muss sie auf jeden Fall ins Krankenhaus. So, wie du es schilderst, hat sie eine schwere Gehirnerschütterung. Sie muss unter medizinische Beobachtung.«

Krankenhaus! Ausgerechnet heute!

»Das geht nicht. Die werden sie dabehalten wollen. Ich kann David und Kristin aber noch nicht über Nacht unbeaufsichtigt lassen. Dafür sind sie noch zu klein. Und ebenso wenig kann ich Sophie mit acht Jahren allein im Krankenhaus lassen. Ausgerechnet jetzt ist meine Mutter im Urlaub«, sagte ich verzweifelt.

»Hör zu!« Bernd wurde energisch. »Ich verstehe dein Dilemma. Allerdings können wir dir leider heute nicht helfen, denn Kathrin liegt mit einer ordentlichen Grippe im Bett. Wir machen es so: Du kontrollierst stündlich Sophies Reflexe. Leuchte ihr mit einer Taschenlampe in die Augen und guck, ob die Pupillen sich zusammenziehen. Und frag sie, wie sie heißt. Sollte sie wirre Antworten geben, musst du den Notarzt rufen. Sofort, hörst du? Ansonsten kannst du mich jederzeit anrufen, falls du noch Fragen hast. Zum Glück verläuft eine Gehirnerschütterung in den meisten Fällen glimpflich.«

»Danke!« Ich musste auflegen, weil Sophie mich rief. Sekunden später hing sie erneut mit dem Kopf über einem Eimer. Nicht zum letzten Mal an diesem Tag. Zwischen den Übelkeitsattacken schlief sie. David und Kristin schlichen besorgt um sie herum.

»Das wird schon. Morgen geht es unserem Küken wieder besser«, beruhigte ich sie. Doch meine Sicherheit war nur gespielt. Die Angst um mein jüngstes Kind und das bohrende Gefühl, Fehler zu machen und dieser übergroßen Verantwortung nicht gewachsen zu sein, schnürten mir die Kehle zu. Selten war ich so auf mich allein gestellt gewesen.

Björn konnte ich nicht mehr um Hilfe bitten. Ebenso unerwartet, wie er in meinem Leben aufgetaucht war, hatte er es wieder verlassen. Drei Jahre lang hatte er mich begleitet und mich dabei unterstützt, in meinem Dasein ohne Peter Fuß zu fassen. Hatte das Auf und Ab miterlebt, mich immer wieder ermutigt, die Leichtigkeit vieler Augenblicke ebenso anzunehmen wie die Schwere manch anderer. Hatte sich im gleichen Maße, in dem ich immer fester auf beiden Beinen stand, behutsam zurückgezogen. »Ich will keine Lücke in deinem Leben oder dem der Kinder hinterlassen. Ihr sollt so etwas kein zweites Mal mitmachen«, hatte er sich vorgenommen – und diesen Vorsatz eingehalten. Sein Gesundheitszustand hatte sich schleichend verschlechtert. Dennoch kam sein Tod für jeden, auch für ihn selbst, vollkommen überraschend. Morgens hatten wir noch telefoniert. Am Nachmittag rief seine geschiedene Frau mich an: »Björn ist tot.«

Natürlich war ich sehr traurig gewesen. Dennoch fühlte es sich gänzlich anders an. Milder. Annehmbarer. Runder.

Vielleicht, weil ich mir immer bewusst gewesen war, dass Björn nur eine Leihgabe war? Das zwar größte Geschenk, welches das Schicksal mir nach Peters Tod hatte machen können, aber eben ein Geschenk auf Zeit. Vielleicht, weil wir nie zusammengelebt, nichts miteinander aufgebaut hatten? Vielleicht aber auch, weil ich immer darauf geachtet hatte, dass der Raum, den er in meinem Herzen besetzt hatte, nie zu groß geworden war?

Peter, dachte ich niedergeschlagen, *bitte hilf mir!*

***

»Ich heiße Sophie, bin acht Jahre alt, und meine Geschwister heißen David und Kristin«, brabbelte meine Tochter, drehte sich zur Wand und schlief sofort wieder ein. Leise schloss ich die Tür ihres Zimmers und schlich die Treppe hinunter.

Es war zwei Uhr nachts, und ich war so unglaublich müde. Doch ich durfte nicht schlafen. Seit Stunden hielt ich mich mithilfe unzähliger Tassen starken Kaffees wach. Noch bis zum späten Abend hatte Sophie immer wieder erbrochen und über Schmerzen geklagt. Seit sie in ihrem Bett schlief, weckte ich sie stündlich, kontrollierte ihre Pupillen und stellte ihr Fragen, die sie glücklicherweise richtig beantwortete. So wie auch jetzt. Schnell kippte ich einen weiteren Kaffee in mich hinein, der jedoch wirkungslos blieb. Um irgendwie wach zu bleiben, setzte ich mich auf die Terrasse.

Die kühle Luft der Mainacht belebte mich ein wenig. Ich hob den Kopf und blickte in den Himmel. Irgendwo dort oben war Peter. Zumindest hoffte ich das. Eigentlich hatte er es verdammt gut! Saß da auf seinem Stern und musste sich nicht mit den ständigen Aufregungen herumschlagen, von denen ich immer wieder überfallen wurde.

»Du hast die größere Arschkarte gezogen, denn du musst zukünftig allein drei Kinder großziehen«, hatte er einige Wochen vor seinem Tod gesagt. Mit welcher Vehemenz ich ihm damals widersprochen hatte. Schließlich durfte ich leben, wohingegen er sterben musste. Somit war doch wohl ganz klar er es, der die größere Arschkarte gezogen hatte.

Und heute? Würde ich ihm heute, mit dem Rückblick auf die vergangenen Jahre, noch immer so überzeugt widersprechen? Die Frage beschäftigte mich. In diesem Augenblick konnte ich sie jedenfalls nicht eindeutig bejahen.

Ich fröstelte. Doch der tote Punkt schien überwunden, mein Kopf war wieder klarer und mein Körper weniger schlapp. Mit einem weiteren Kaffee, Schokolade und einer Decke machte ich es mir im Liegestuhl bequem und stellte sicherheitshalber den Wecker meines Handys. In einer Stunde stand die nächste Kontrolle an. Sollte Sophie mich vorher rufen, konnte ich sie durch die geöffnete Terrassentür hören. Mit dem Blick auf den wolkenlosen Himmel ließ ich die Gedanken in die Vergangenheit schweifen.

Zwei weitere, abwechslungsreiche Jahre lagen hinter mir, seit ich Peters Kleidung in den Keller geräumt hatte. Zwei Jahre, in denen ich Dr. Hornungs Rat befolgt und jede Möglichkeit genutzt hatte, nach Auszeiten zu suchen, um »Energie zu tanken«. Anfangs war es mir entsetzlich schwergefallen, mir zuzugestehen, dass ich mich an oder über irgendetwas freute. So ziemlich jedes laute Lachen endete mit einem schlechten Gewissen: Wie konnte ich, wenn doch Peter …

»*Du kannst! Und du darfst!*«, hielt meine innere Stimme beharrlich dagegen. Tatsächlich wurde es allmählich leichter. Irgendwann ertappte ich mich dabei, beim Autofahren das Lied, das gerade im Radio lief, lauthals mitzugrölen. Wenige Tage später galoppierte ich auf Diavolo durch den Wald und empfand nichts als pure Lebensfreude und Lebenslust.

»*Na also!*«, klopfte mein zweites Ich mir wohlwollend auf die Schulter. Ich zwinkerte ihm zu, während mein Pferd unter mir einen kleinen, vergnügten Bocksprung machte. Mehr gab sein gehobenes Alter nicht mehr her. Doch wie so oft hatte sich meine Stimmung auf das Tier übertragen. Wie hatte Frau Reinke es damals genannt? Meinen »besten Psychologen«.

»Na, dann komm, du oller Superpsychologe. Zeig mir mal, was du noch draufhast«, rief ich übermütig und ließ die Zügel ein Stück länger. Als hätte er nur darauf gewartet, erhöhte Diavolo das Tempo. Wir flogen den Weg entlang. Der scharfe Gegenwind trieb mir Tränen in die Augen. Glückstränen der Freiheit – wie unglaublich schön das Leben doch sein konnte!

Es war kein dauerhaftes Gefühl. Und doch stellte es sich immer wieder ein. Dann, wenn alles glattlief. Bei drei Kindern war das allerdings eher der Ausnahmezustand. Nahezu jedes Mal, wenn ich mich sicher wähnte, alles im Griff zu haben, geschah etwas Unvorhersehbares.

David brach sich in der Breakdance-AG die Nase. Kristin flog vom Einrad und brach sich einen Schneidezahn ab. Sophie fiel vom Pony und brach sich das Handgelenk. Drei Mal musste ich einen oder mehrere Kinderköpfe von Läusen befreien – und alles in Waschmaschine, Trockner oder Gefriertruhe stecken, was mit ihnen in Berührung gekommen war. Nahezu jede Woche passierte irgendetwas, das mich zu spontanem Handeln und zur Änderung meiner kompletten Planung zwang. In all diesen Situationen dachte ich voller Kummer daran, um wie viel einfacher es doch wäre, die Sorgen, aber auch die enorme zusätzliche Arbeit mit Peter zu teilen. Die Last der Alleinverantwortung lag schwer auf meiner Seele. Natürlich gab es nach wie vor Freunde, die ich um Rat fragen oder bei denen ich einfach mal meinen Frust abladen konnte. Doch Entscheidungen treffen und diese ausbaden musste ich allein. Vor die bislang schwierigste, die mir noch immer im Magen lag, hatte mich Sophie vor zwei Jahren gestellt.

Ein knappes halbes Jahr nach ihrem ersten Schultag stürmte sie durch die Tür und überfiel mich mit der Neuigkeit:

»Frau Neustein möchte, dass ich eine Klasse überspringe, weil ich so schnell lerne. Ist das nicht toll? Und da ja die ersten beiden Klassen zusammen unterrichtet werden, ist das alles gar kein Problem. Ich wechsle einfach nur die Gruppe.«

Ihre Augen strahlten vor Stolz. Meine weniger. Meine kleine Miss Neugier war schon mit fünf Jahren eingeschult worden, ein Jahr früher als eigentlich vorgesehen. Schnell rechnete ich nach: Dann käme sie mit acht Jahren aufs Gymnasium. Hätte mit sechzehn ihr Abi in der Tasche. Und wäre immer und überall die Jüngste. Wäre noch ein Kind, wenn die anderen bereits in die Pubertät kämen. Müsste früh zu Hause sein, wenn ihre Klassenkameraden Feten feierten. Und säße eventuell in der Uni, wenn die Gleichaltrigen gerade mal die ersten Punkte für das Abitur sammelten? Was war denn wichtiger: so früh wie möglich die Schule zu beenden oder eine fröhliche Jugend unter Freunden zu erleben?

»Nein, kommt nicht infrage«, entschied ich aus dem Bauch heraus. Das Leuchten in Sophies Augen erlosch. Sie gab ihrem Tornister einen Tritt, murmelte: »Das werden wir ja noch sehen!«, und verschwand in ihrem Zimmer. In Gedanken würgte ich ihre Klassenlehrerin und die Mitarbeiter unseres reformwütigen Schulministeriums. Nichts gegen Neuerungen, aber warum musste ausgerechnet meine Tochter die Erste sein, die am »klassenübergreifenden Unterricht« teilnahm?

»Das ist doch toll! Du kannst stolz auf dein Kind sein. Leg Sophie auf keinen Fall Steine in den Weg«, rieten die einen.

»Bloß nicht! Lass das Kind so lange wie möglich Kind sein«, meinten die anderen.

Und ich? Ich schlief schlecht, grübelte halbe Nächte und

haderte wie so oft mit meinem Leben. Wie gut hatten es doch all die Paare, die »nur« geschieden waren. Trennung hin oder her, jede andere alleinerziehende Mutter, die ich kannte, hatte in sämtlichen Fragen, die die Kinder betrafen, einen dazugehörigen Vater, der mit entschied und mit verantwortete. Niemand, von Cornelia abgesehen, stand so allein vor all den vielfältigen Entscheidungen wie ich. Das Teufelchen Neid suhlte sich in seinem Dasein. Und ich mich in meinem Selbstmitleid.

Gerade mal vier Wochen später flog die Haustür auf, und Sophie stürmte in die Küche.

»So«, sagte sie zufrieden, »ab Montag kann ich in die zweite Klasse springen. Ist schon alles geklärt. Frau Neustein meint, ich hätte den Anschluss prima geschafft.«

Meine Gesichtszüge entgleisten.

»Ich dachte, das sei vom Tisch«, protestierte ich. »Da habe ich ja wohl auch noch ein Wörtchen mitzureden.«

Mein Kind stemmte die Hände in die Seiten und blickte mich triumphierend an.

»Du kannst gar nichts mehr machen! Oder glaubst du, ich hätte umsonst so viel gelernt? Frau Neustein …«

»Frau Neustein, Frau Neustein. Immer Frau Neustein.« Aktuell hätte ich die junge, übermotivierte Lehrerin mit dem allergrößten Vergnügen kaltblütig ermorden können. Ich hatte ihr klar und deutlich mitgeteilt, dass ich das Überspringen einer Klasse nicht wünschte. Mit welchem Recht setzte sie sich so dreist über meine Wünsche hinweg? Was hätte Peter wohl dazu gesagt?

Da ich mir keinen Rat mehr wusste, saß ich zwei Tage darauf beim Schulpsychologen, der meine Bedenken teilte.

»Aber es wird Ihnen zum jetzigen Zeitpunkt nichts anderes übrig bleiben, als die Faust in der Tasche zu ballen. Wenn Sie Ihre Tochter zwingen, in der ersten Klasse zu verbleiben, treibt das nicht nur einen Keil zwischen Sie und Ihr Kind – Sophie könnte auch die Freude am Lernen verlieren. Beobachten Sie sie, und wenn Sie merken, dass es Schwierigkeiten gibt, dann lassen Sie sie eine Klasse wiederholen.«

Ich war alles andere als glücklich, als ich das Schulamt verließ. Im Gegensatz zu meinem Töchterlein. Das hüpfte auf dem Weg zum Auto wie ein Gummiball über den Bürgersteig ...

Schwierigkeiten gab es in den folgenden Jahren keine, doch meine Skepsis hielt an. Inzwischen hatte Frau Neustein die Schule verlassen und war durch Frau Grüner ersetzt worden, mit der ich als Mutter weitaus besser zurechtkam. Der in diesem Sommer anstehende Wechsel aufs Gymnasium würde wohl endgültig zeigen, ob mein warnendes Bauchgefühl recht behielt.

***

Mein Wecker klingelte. Ich schälte mich aus der Decke, stapfte zum gefühlt zwanzigsten Mal die Treppe hinauf und weckte Sophie.

»Ich heiße Sophie, bin acht Jahre alt, und meine Geschwister heißen David und Kristin«, murmelte sie müde.

»Hast du noch Kopfschmerzen? Oder ist dir noch schlecht?«

»Nein.« Als ich den Raum verließ, schlief sie schon wieder.

Erneut nahm ich meine gemütliche Position im Liegestuhl ein. Noch vier Stunden, dann wäre auch diese Nacht überstanden. Nach wie vor hatte ich keine endgültige Antwort gefunden. Hatte Peter die »größere Arschkarte« gezogen? Oder hatte er es nicht vielleicht doch besser als ich? Saß er tatsächlich dort oben auf einem Stern, einer Wolke oder seinem eigenen kleinen Planeten und hielt seine schützende Hand über die Kinder und mich?

Ich liebte diese Vorstellung. Alles in mir wehrte sich dagegen, den irdischen Tod als absolutes Ende anzusehen. Ich war mir sicher, dass von jedem Menschen irgendetwas blieb. Zumindest so lange, wie dieser Mensch noch in den Gedanken der Lebenden wichtig war. Nichts war tröstlicher als der Glaube daran, dass es eine andere Form der Existenz gab. Und, vielleicht, ein Wiedersehen. Irgendwann und irgendwo. Die Hoffnung darauf war mein Antrieb. Ein Antrieb neben den Kindern und den kleinen und großen Augenblicken des Glücks, die ich seit dem Beginn von Peters Erkrankung bis heute mit verschärften Sinnen wahrnahm.

»*Du bist heute aber philosophisch*«, meldete sich meine innere Stimme staunend.

»Ach, weißt du, ich musste heute mal wieder durch eine solche emotionale Berg-und-Tal-Fahrt durch, da bleibt das nicht aus. Hast du eine Ahnung, welche Angst ich um Sophie hatte?«

»*Ja. Seit Peters Tod hast du enorme Verlustängste, die du vorher nicht kanntest. Zumindest, was die Kinder betrifft.*«

Das stimmte. Früher war ich diejenige gewesen, die einen kühlen Kopf behielt, wenn eines der Kinder sich verletzt hatte. Das hatte sich geändert. Auch wenn ich nach außen ruhig und überlegt wirkte, stieg die Angst in mir hoch, sobald eines der Kinder nicht pünktlich nach Hause kam oder eine der Telefonnummern der Schulen auf dem Display meines Telefons auftauchte. Auch während der Arbeit überfiel mich sofort ein Anflug von Panik, wenn die Feuerwehr den Unfall eines Kindes ankündigte, das in wenigen Minuten in den Schockraum gebracht würde. Was, wenn David, Kristin oder Sophie im Rettungswagen lägen? Jedes Mal entstanden Horrorszenarien in meinem Kopf, und jedes Mal war ich erleichtert, wenn das verletzte Kind mir unbekannt war. Auch wenn ich mit Mitgefühl an die Eltern dachte.

Doch ich selbst hätte nicht gewusst, woher ich die Kraft nehmen sollte, mit einer solchen Situation umzugehen. Die früher nie gekannten, irrationalen Ängste davor, noch ein weiteres Mal einen Menschen zu verlieren, den ich innig liebte, ließen sich nicht über den Verstand steuern. Also musste ich akzeptieren, dass ich dünnhäutig geworden war. Und inständig darauf hoffen, dass meine Ängste sich niemals mehr bewahrheiteten.

***

Donnergrollen riss mich aus meinen Gedanken. Gleichzeitig fiel ein Regentropfen auf meine Wange. Ich warf einen verwirrten Blick auf mein Handy: noch zehn Minuten, bis ich zu Sophie musste. Offenbar war ich eingenickt, denn ich hatte nichts davon bemerkt, dass der Himmel sich zugezogen hatte und ein Gewitter im Anmarsch war. Ich floh ins Haus, gerade noch rechtzeitig, bevor der Himmel seine Schleusen öffnete.

»Sophie, Schatz, du musst wach werden. Mach mal deine Augen auf. Weißt du, wie du heißt?«

Ich hatte mich auf die Bettkante gesetzt und Sophie sanft über den Kopf gestreichelt. Nun schob sie meine Hand energisch weg.

»Ich heiße Sophie, bin acht Jahre alt, und meine Geschwister heißen David und Kristin. Und jetzt lass mich endlich in Ruhe schlafen«, motzte sie mich an.

Mir wurde warm vor Freude und Erleichterung. Ihr Schimpfen war das Schönste, was ich seit dem gestrigen Tag gehört hatte. Mein Mädchen war über den Berg, und ich die glücklichste Mutter der Welt! Voller Dankbarkeit betrachtete ich das Kind, das ich so sehr liebte. Nach wie vor teilte Sophie ihr Kissen mit einem großen Stoffpony. Am Kopfende lagen weitere Kuscheltiere. Und ein geblümtes halbes Herz.

Danke, Peter!, dachte ich voller Inbrunst, bevor ich mich ins eigene Bett legte. Draußen wechselten sich Blitze und Donner in schneller Reihenfolge ab. Mein persönliches Gewitter war vorbeigezogen. Dieser eine, unendlich glückliche Augenblick am Bett meiner ungnädigen Tochter hatte mir die Antwort auf meine nächtliche Frage gegeben: Ich hatte es besser als Peter. Nicht ich, sondern er hatte die größere Arschkarte gezogen. Ausnahmsweise hatte er einmal unrecht gehabt.

Das liebe Geld

»Ich denke nicht daran! Entweder du wartest, bis ich Lust habe, oder du mähst deinen Scheißrasen selber!«

David knallte seine Zimmertür so laut zu, dass ich um die Zarge fürchtete. Wutentbrannt schoss ich in den Garten. In der nächsten Stunde tobte ich meinen Frust am Rasenmäher aus, riss Unkraut aus den Beeten und schmiss Kristins Fahrrad, das mal wieder nicht weggeräumt war, in den Schuppen.

Es ließ sich nicht leugnen: Quasi über Nacht waren zwei meiner bezaubernden Kinder in die Pubertät gekommen und hatten sich in weniger bezaubernde Teenager verwandelt. Seitdem kämpfte ich oft auf verlorenem Posten. Sie wussten alles besser, kritisierten und provozierten mich, stritten miteinander oder verbarrikadierten sich stundenlang in ihren Zimmern. Statt zu Kindergeburtstagen wurden sie zu LAN-Partys oder DVD-Abenden eingeladen, und Kristin erkannte ich oftmals erst auf den zweiten Blick unter ihrem viel zu dick aufgetragenen Make-up.

»David ist ja so hilfsbereit«, schwärmte die Mutter eines Freundes auf einem Elternabend. »Wie kriegst du das nur hin? Matthias macht freiwillig keinen einzigen Handschlag mehr.«

Ich stutzte. Zu Hause war David alles andere als hilfsbereit, wohingegen Matthias noch vor zwei Tagen zu Besuch gewesen war und von sich aus das komplette Geschirr in die Spülmaschine geräumt hatte. Merkwürdig.

»Deine Kristin ist die beste Babysitterin, die ich je hatte. Es ist unglaublich, wie geduldig sie mit kleineren Kindern umgeht«, begeisterte sich eine Bekannte, in deren Haushalt Kristin ihr Taschengeld aufbesserte. Nun ja, wenn sie meinte. Sophie gegenüber ließ Kristins Geduld jedenfalls oft genug zu wünschen übrig. Leider!

»Das ist normal. Bei uns fliegen auch die Fetzen. Ich bin froh, dass ich Bernd habe. Dem gelingt es besser als mir, die Wogen zu glätten.« Kathrins Worte waren tröstlich gemeint. Aber ich hatte nun mal keinen Bernd. Und keinen Peter. Ich besaß lediglich zwei prall gefüllte Ordner mit E-Mails, die Björn und ich uns geschrieben hatten und die ich sicherheitshalber ausgedruckt hatte, falls mich die Technik mal im Stich lassen sollte. Wohlüberlegte und gut begründete Lebensweisheiten eines klugen Menschen, die mir auch weiterhin zu vielen Themen Denkanstöße gaben, wenn ich mal wieder festgefahren war. In seinen Zeilen konnte ich mir einen kleinen Ersatz für den Rat holen, den Kathrin von Bernd bekam.

Aber nicht nur das – dank Björn hatte ich mein neues Hobby entdeckt: das Schreiben. Stift und Papier oder Tastatur und Monitor offenbarten mir neue, spannende Welten, die ich begeistert mit Cornelia teilte. Auch sie liebte es, ihre Fantasien und Gefühle in Geschichten auszuleben. Ein reger Austausch entstand, der uns beide inspirierte und zum Nachdenken, oft genug aber auch zum Lachen brachte. Eine Oase im Alltag, die wir beide dringend benötigten. Um Kraft zu schöpfen, uns den täglichen Anforderungen zu stellen. Um gelassener zu bleiben, wenn unsere Kinder rebellierten. Und um Sorgen abzuladen. Denn davon gab es nach wie vor genügend.

***

… haben wir nach eingehender Prüfung festgestellt, dass für Ihre Kinder aufgrund ihrer Halbwaisenbezüge kein Anspruch auf eine beitragsfreie Familienversicherung besteht. Somit steht rückwirkend ein Betrag von 10800,54 Euro aus, der im folgenden Monat von Ihrem Konto abgebucht wird. Der zukünftige Beitrag für die freiwillige

gesetzliche Kranken- und Pflegeversicherung beläuft sich monatlich für jedes Kind auf 168,32 Euro.
Mit freundlichen Grüßen
Ihre gesetzliche Krankenversicherung

Wie bitte?

Ich starrte auf das Schreiben, das ich gerade aus dem Briefkasten geholt hatte. Las sicherheitshalber ein zweites und drittes Mal. Da konnte ja nur ein Irrtum vorliegen. Den sollte ich allerdings schleunigst aufklären.

»Es ist kein Irrtum. Wir haben den Anspruch Ihrer Kinder auf beitragsfreie Mitgliedschaft geprüft und dabei festgestellt, dass sie Einkünfte haben, die den maximal erlaubten Satz um etwa zwanzig Euro überschreiten«, erklärte der Sachbearbeiter mit provozierender Gelassenheit.

Von einem Augenblick auf den nächsten brach mir der Schweiß aus. Mit zitternden Knien ließ ich mich auf den nächsten Stuhl sinken, den ich fand. Das war jetzt aber ein ganz schlechter Film!

»Hallo, sind Sie noch da?«, tönte es aus dem Hörer.

»Ja, bin ich. Und jetzt? Woher soll ich so viel Geld nehmen?«, schrie ich ins Telefon.

»Das ist nun Ihr Problem. Sie können ja einen Antrag auf Ratenzahlung stellen.«

»Was hilft mir das? Das darf doch alles nicht wahr sein. Hören Sie, ich bin verwitwet und ziehe drei Kinder groß. Da habe ich wohl kaum mal eben zehntausendachthundert Euro übrig. Weder im Ganzen noch in Raten. Die vierundfünfzig Cent können Sie allerdings gern sofort haben.« Meine Nerven waren am Ende, und ich flüchtete mich in beißenden Sarkasmus.

»Tja, da haben Sie wohl Pech gehabt«, antwortete er in geschäftsmäßigem Tonfall.

Mir war kalt. Nein, ich zitterte regelrecht vor Kälte. Pech gehabt? Hatte ich nicht schon genügend »Pech gehabt«? Ich brachte gerade noch ein »Sie hören von mir« heraus, dann drückte ich das Gespräch weg. Anschließend stand ich minutenlang wie erstarrt auf einem Fleck. Und jetzt? Was sollte ich jetzt machen?

»Bezahlen! Es wird Ihnen nichts anderes übrig bleiben. Dem Gesetz nach gelten Rentenbezüge tatsächlich als Einkommen. Und die Ihrer Kinder überschreiten den Freibetrag, den ein beitragsfreies Familienmitglied verdienen darf, um ein paar Euro.«

Ich hatte einen Tag benötigt, um den Schock zu verdauen. War wie eine Furie durch mein Haus gelaufen, hatte geheult, getobt und am Ende zum Telefon gegriffen. Meine Freunde zeigten sich betroffen, doch niemand hatte eine Idee, was ich tun sollte. Außer schnellstmöglich einen Anwalt für Sozialrecht aufzusuchen.

Dem saß ich nun gegenüber. Nachdem er meine Unterlagen sorgfältig geprüft hatte, blickte er mich so mitleidig an, dass seine niederschmetternde Auskunft mich kaum noch überraschte.

»Aber das ist unfair. Von der astronomischen Höhe des Forderungsbetrages mal abgesehen, den ich sowieso nicht habe, soll ich zukünftig mehr als ein Drittel der Halbwaisenrenten für die Scheiß-Krankenversicherung bezahlen? Wieso so viel?«

»Weil es einen Basisbetrag gibt, der als Minimaleinkommen veranschlagt wird. Auch wenn die Bezüge der Kinder weit darunter liegen, wird er zur Bemessung angesetzt, sodass sich diese hohe monatliche Summe ergibt. Sie haben tatsächlich ein riesiges Pech. Ein paar Euro weniger an Rente, und Sie hätten paradoxerweise weitaus mehr Geld zur Verfügung. Es tut mir aufrichtig leid, dass ich Ihnen keine erfreulichere Auskunft geben kann.«

»Mein Mann ist mit dem Gefühl gestorben, uns so gut versorgt zu hinterlassen, dass wir halbwegs sorgenfrei leben können«, sagte ich voll Bitterkeit. »Das dachte ich jedenfalls bisher.

Wären wir geschieden, würde er Unterhalt bezahlen. Und der Unterhalt, egal, wie hoch, wäre der Krankenkasse …«

»… vollkommen egal. Ich gebe Ihnen recht, es ist unfair. Aber leider vom Gesetzgeber so vorgesehen.«

Ich bedankte mich und wankte zum Auto. Auf der Rückfahrt stieg Wut in mir hoch. Ebenso wie der Unterhalt geschiedener Väter sollten Halbwaisenbezüge zumindest die Grundversorgung eines Kindes gewährleisten. Nach Abzug der zukünftigen Zahlungen an die Krankenkasse wäre in unserem Fall davon keine Rede mehr. Mal abgesehen davon, dass ich keine Ahnung hatte, wie ich die fünfstelligen Schulden, die ich plötzlich hatte, begleichen sollte. Nach Peters Tod hatte ich der Sachbearbeiterin der Krankenversicherung all unsere Finanzen offengelegt. Insofern hätte es zu diesen Schulden erst gar nicht kommen dürfen. Was konnte ich denn dafür, wenn die unfähige Person damals nicht korrekt gearbeitet hatte?

In meiner Verzweiflung durchforstete ich das Internet. Am Ende schrieb ich einen Brief an das Bundesversicherungsamt. Es war ein letzter Strohhalm, an den ich mich klammerte. Parallel dazu sprach ich mit meiner Bank. Es blieb mir offenbar nichts anderes übrig, als die Hypothek auf mein Haus zu erhöhen. Zwei Wochen lang lief ich wie betäubt durch die Gegend, konnte mich auf nichts konzentrieren, fühlte die Spitze des Damoklesschwerts Geldsorgen an meinem Hals. Grübelte, rechnete, überprüfte unsere Ausgaben und kam immer nur zu ein und demselben Ergebnis: Ich würde mehr arbeiten müssen. Oder den einzigen wirklichen Luxus, den ich besaß, abschaffen müssen: Diavolo. Mein vierbeiniger Freund, dem ich so viel verdankte, würde Opfer einer Gesetzgebung werden, die nicht nur aus meiner Sicht unfair war. Auch wenn der Stall, in dem er stand, recht preiswert war, könnte ich mir selbst den zukünftig nicht mehr leisten. Und da mein Pferd inzwischen weit über zwanzig Jahre alt war, würde vermutlich niemand es mehr übernehmen wollen. Blieben der Tierarzt und seine tödliche Spritze. Noch ein Verlust! Ein weiterer Abschied. Neue Tränen, die schon bei der bloßen Vorstellung zu fließen begannen. Ich schlug die Hände vors Gesicht und schluchzte.

»Mama?« Eine Hand berührte meine Schulter. Alle drei Kinder hatten sich um mich geschart. Und alle drei sahen sehr entschlossen aus.

»Wir haben uns Gedanken gemacht. Du kannst unsere Sparbücher haben. Außerdem werde ich mir einen Nebenjob suchen. Ich werde bald fünfzehn, da finde ich schon was. Von dem, was ich verdiene, gebe ich dir die Hälfte ab«, informierte mich David.

Kristin hielt mir einige Geldscheine hin. »Hier ist das, was ich vom Babysitten gespart habe. Ist nicht viel, aber wenigstens ein bisschen.«

»Ich kann noch nicht arbeiten, aber in meiner Spardose ist auch Geld. Das kannst du haben. Also, nicht alles. Aber zwanzig Euro oder so«, ergänzte Sophie.

Mir fehlten die Worte. »Ihr ... ihr seid ...« Ich heulte schon wieder. Dann umarmte ich ein Kind nach dem anderen. Sie waren zu groß geworden, um sie alle auf einmal in die Arme zu ziehen.

»Ihr seid die tollsten Kinder, die eine Mutter haben kann«, schniefte ich gerührt. Meine drei! Gerade noch bockig, egoistisch und ignorant, und jetzt ein solcher Vorschlag. »Und es kommt nicht infrage, dass ich eure Sparbücher plündere oder an euer hart erspartes Geld gehe. Irgendwie wird es gehen. Irgendwie ist es immer gegangen. Doch ich danke euch für eure Überlegungen und eure Bereitschaft, mir zu helfen. Unser Zusammenhalt ist mir viel mehr wert als jedes Geld dieser verdammten, ungerechten Welt.«

Am nächsten Tag lag ein Schreiben meiner Krankenkasse im Briefkasten:

... erreichte uns die Aufforderung des Bundesversicherungsamtes, Ihr Anliegen zu überprüfen. Da wir Ihnen keine Versäumnisse anlasten können, sondern der ausstehende Betrag von 10800,54 Euro aufgrund des Fehlers eines Sachbearbeiters entstanden ist, verzichten wir auf unsere rückwirkende Forderung. Somit endet die Familienversicherung Ihrer Kinder mit sofortiger Wirkung, und wir bitten darum, uns die beiliegende Einzugsermächtigung für die nunmehr freiwillige gesetzliche Krankenversicherung ausgefüllt zuzusenden.
Mit freundlichen Grüßen,
Ihre gesetzliche Krankenversicherung

Mir fiel ein Stein vom Herzen, wenn auch nur ein halber. Nun hatte ich zumindest keine belastenden Schulden mehr, jedoch auch nicht den Ansatz einer Idee, wie um alles in der Welt ich zukünftig monatlich rund 500 Euro einsparen sollte.

Endlich wieder ein Zuhause

Eva wippte unternehmungslustig auf den Füßen. »Lass uns Fahrräder mieten und an den westlichen Zipfel der Insel fahren. Da soll es ein gutes Café geben. Ich frage mal in die Runde, ob noch jemand Lust hat, mitzukommen.«

»Woher nimmst du bloß die ganze Energie?« Wir waren gerade erst über eine Stunde im Fitnessraum gewesen und hatten vorher noch bei der Wassergymnastik mitgemacht. »Darf ich mich bitte wenigstens mal ein paar Minuten ausruhen?«, protestierte ich halbherzig.

»Ausruhen kannst du dich, wenn du alt bist«, sagte Eva mitleidslos. »Komm, wir strampeln die lächerlichen zehn Kilometer, dann darfst du dich meinetwegen den ganzen restlichen Nachmittag an deinem Milchkaffee festhalten und das Meer bewundern. Das Wetter ist viel zu schön, um im Haus zu hocken.«

»Du Witzbold! Und der Rückweg?«

»Bis dahin bist du wieder fit. Los, komm in die Puschen. Schal, Mütze, Handschuhe – und auf geht's!«

»Sklaventreiberin! Ich bin zur Erholung hier«, murmelte ich vor mich hin, während ich in meinem Zimmer nach möglichst vielen wärmenden Kleidungsstücken suchte. Es war elendig kalt, obwohl die Sonne vom nahezu wolkenlosen Himmel strahlte. Doch Anfang Februar fehlte ihr noch jede Kraft. Außerdem blies permanent ein eisiger Wind über die kleine Nordseeinsel. Dennoch war es herrlich draußen – sofern man sich mit mehreren Stoffschichten vermummte. Eva hatte recht, ausruhen konnte ich mich später.

Sie und ich hatten uns vor einer Woche um sechs Uhr früh

im Zug kennengelernt. Mit unzähligen Gepäckstücken beladen, hatte sich eine fremde Frau mir gegenüber auf den Sitz des Abteils fallen lassen, in das wir beide in Münster umgestiegen waren.

»Fahren Sie zufällig auch nach Juist ins Mütter-Kurheim?«, hatte sie mich angesprochen.

»Äh, zufällig ja. Wie kommen Sie darauf?«

»Keine Ahnung. Intuition? Vielleicht weil du genauso fertig aussiehst wie ich«, hatte sie gemeint und war damit sogleich zum Du übergegangen. »Und wer steigt sonst schon freiwillig um diese Uhrzeit in den Zug, wenn er nicht die Fähre kriegen muss? Da dachte ich, möglicherweise hat man dich ja auch zu einer Kur verdonnert.«

Sie hatte unbewusst eine Strähne ihrer dunklen Haare hinter die Ohren geschoben, eine Geste, die ich inzwischen hundertmal beobachtet hatte. Denn aus der spontanen Sympathie war binnen kürzester Zeit Freundschaft geworden. Schon auf der Zugfahrt hatten wir so vertraut miteinander gequatscht, als würden wir uns ewig kennen. Auf der schwankenden Überfahrt nach Juist war Eva übel geworden, und ich hatte mit Tabletten ausgeholfen.

»Was machst du eigentlich beruflich?«, hatte ich mich kurz vor dem Anlegen der Fähre bei ihr erkundigt, nachdem ihr Gesicht endlich wieder Farbe bekommen hatte.

Kichernd hatte sie mir gestanden: »Ist gerade echt beschämend, aber … ich bin Ärztin. Allgemeinmedizinerin.«

Ich hatte losgeprustet.

»Aha, und da hast du natürlich nichts gegen Reiseübelkeit dabei.«

»Nein, die Packung liegt zu Hause. Falls dem Hund mal schlecht wird«, hatte sie trocken entgegnet.

Am frühen Morgen noch hatte ich der vor mir liegenden Zeit ein wenig ängstlich entgegengeblickt. Inzwischen hatte ich begonnen, mich darauf zu freuen. Drei Wochen ohne jede Verpflichtung. Ohne jede Verantwortung. In einem eigenen Zimmer mit eigenem Bad, das andere für mich säuberten. Mit Mahlzeiten, die andere für mich kochten. Und mit »individuell geplanten Therapien«, die meine Rückenschmerzen und die immer öfter auftretende Migräne lindern sollten. Dazu noch eine solch sympathische, neue Bekannte. Womit hatte ich diesen puren Luxus nur verdient?

***

Ich verdankte ihn meinem Hausarzt Dr. Wolfer, den ich im November aufgesucht hatte.

»Sie waren doch erst vor sechs Wochen hier. Wieso sind die Medikamente, die ich Ihnen verschrieben hatte, schon wieder aufgebraucht?«, fragte er mich streng.

»Weil ich inzwischen etwa jeden dritten Tag mit Kopfschmerzen wach werde. Und spätestens ab nachmittags sind die Rückenschmerzen so stark, dass sie bis in die Beine ziehen. Dann nehme ich meist eine Tablette, um weitermachen zu können.«

»So geht das nicht. Sie sind nicht mal Mitte vierzig. Wie soll das erst in zehn Jahren werden? Was haben Sie denn alles zu tun? Und wo könnten Sie kürzertreten?«

»Kürzertreten? Sie machen Witze«, winkte ich ab. »Es kommt doch nur immer mehr hinzu.«

»Ich kann mir vorstellen, dass es viel Arbeit ist, drei Kinder allein großzuziehen. Ich sehe ja, wie viel meine Frau leistet, und wir haben nur zwei Kinder. Außerdem bin ich ja auch noch da, um sie zu unterstützen. Aber haben Sie denn nicht beispielsweise die Möglichkeit, sich ein paar Stunden die Woche eine Putzhilfe zu leisten?«

Ich senkte den Kopf und starrte auf meine Hände. Die Wahrheit war mir peinlich. Kaum jemand wusste davon.

»Im Gegenteil. Seit dieser leidigen Geschichte mit der Krankenkasse gehe ich doch selbst putzen. Zwei Straßen weiter wohnt ein alleinstehender Mann. Ich halte sein Haus in Schuss und mache seine Wäsche. Nur so kann ich mein Pferd behalten«, erzählte ich meinen Fingerspitzen. »Einen Teil der Arbeit erledige ich nachts, da der Mann beruflich oft tagelang unterwegs ist. Dann merken die Kinder nicht so viel davon. Die Alternative wäre, meine Teilzeitstelle aufzustocken. Aber erstens ist zurzeit nichts frei, und zweitens hätte ich dann tagsüber zu wenig Zeit für die Belange der Kinder. Und die brauchen mich noch, auch wenn sie allmählich selbstständiger werden.«

Dr. Wolfer seufzte und schüttelte den Kopf. »Das habe ich jetzt nicht gehört. Sie überfordern sich total. Aber da ich Sie inzwischen gut genug kenne, weiß ich, dass Sie sowieso nicht auf mich hören, wenn ich Ihnen aus ärztlicher Sicht rate, Ihre körperliche Belastung zu reduzieren. Also bleibt mir nur eins: Ich schicke Sie für drei Wochen in Kur.«

Ich fuhr hoch. »Das geht nicht! Die Kinder …«

»… bleiben zu Hause. Die werden es überleben, mal drei Wochen von ihrer Großmutter versorgt zu werden.« Er grinste breit. »Vergessen Sie nicht, dass ich Ihre Mutter kenne. Und die ist mit Gewissheit bereit einzuspringen. Außerdem gibt es Nachbarn und Freunde. Und so klein sind Ihre drei ja nun auch nicht mehr. Sie müssten doch inzwischen …« Er überlegte einen Moment, dann fuhr er fast triumphierend fort: »… fünfzehn, dreizehn und neun Jahre alt sein.«

»Stimmt genau«, sagte ich beeindruckt, »aber …«

Dr. Wolfer ließ mich nicht ausreden.

»Nein, keine Diskussion! Wir werden jetzt einen Antrag ausfüllen, und dann wird man Sie möglichst schnell wieder auf die Beine stellen. Wenn Sie jetzt nicht vorbeugen, werden Sie irgendwann zur Schmerzpatientin. Wollen Sie das? Oder glauben Sie, Ihr Mann hätte das gewollt?«

Das letzte Argument überzeugte mich. Zumal mein »innerer Peter« mich schon des Öfteren gemahnt hatte, mehr auf die Warnsignale meines Körpers zu hören.

»Nein, das will ich nicht. Dann füllen Sie in Gottes Namen die Papiere aus.«

»Es geht doch nichts über fügsame Patientinnen«, sagte er schmunzelnd und griff zum Stift.

***

»Ich kann nicht mehr. Puh, ist mir warm«, japste Eva, als wir endlich unser Ziel erreicht hatten. Sie warf ihr Fahrrad ins Dünengras und riss sich den Schal vom Hals. »Den verflixten Gegenwind hatte ich total unterschätzt. Ich muss mich ausruhen.«

»Och«, sagte ich scheinheilig, »ich dachte, du wolltest heute Abend noch ein Stündchen auf den Cross-Trainer. Ausruhen kannst du dich schließlich, wenn du alt bist.« Auch mir zitterten vor Erschöpfung die Beine, als ich vom Rad stieg. Doch trotz der Anstrengung hatte ich es keine Sekunde lang bereut, Evas Vorschlag gefolgt zu sein. Es war herrlich gewesen, durch die Dünen zu radeln, hin und wieder anzuhalten und mit Blick auf das Meer die unglaubliche Ruhe zu genießen. Einen einzigen Wanderer hatten wir überholt. Ansonsten gab es nur Natur, das Rauschen der Brandung und die Schreie der Möwen.

»Die anderen haben ja keine Ahnung, was sie verpassen.« Eva hatte sich erstaunlich schnell regeneriert und steuerte auf den Eingang des Cafés zu. »Los, ich kann die Apfeltorte bis hierher riechen. Die haben wir uns echt verdient.«

»Aber bitte mit Sahne!«, sang ich lauthals. Eva hielt sich die Ohren zu.

»Hör auf! Mit deinem Gejaule erschreckst du die Wattwürmer.« Ich bückte mich und warf eine Handvoll Sand in ihre Richtung. Lachend floh sie ins Innere.

Minuten später saßen wir auf der windgeschützten Terrasse. Evas angebliche Apfeltorte hatte sich als Käsesahne entpuppt.

»Zurzeit haben wir kaum Auswahl. Es ist außerhalb der Saison«, meinte die Bedienung bedauernd.

»Egal, momentan würde ich auch trockene Haferflockenkekse essen, so ausgehungert, wie ich bin.« Meine Freundin hatte das erste Stück im Rekordtempo verputzt. Mit einem behaglichen Stöhnen lehnte sie sich zurück, hielt ihr Gesicht in die Sonne und murmelte mit geschlossenen Augen: »Das ist pures Glück! Halt mal die Zeit an, damit wir es länger genießen können. Wir sind schon eine Woche hier, aber ich glaube, erst jetzt bin ich wirklich angekommen.«

Sie drückte genau das aus, was auch ich empfand. Die ersten Tage im Kurheim waren zu aufregend gewesen, um schon einen Erholungswert zu haben. Alles war neu. Die Umgebung, die straffe Hausordnung, der Therapieplan, den die Ärztin für jede der über vierzig Frauen individuell erstellte. Und natürlich die vielfältigen Biografien, die diese Frauen zur Erholung hierhergeführt hatten: Trennungen unter Rosenkrieg-Bedingungen, Gewalt in der Ehe, pflegebedürftige Eltern, Arbeitslosigkeit und die damit verbundenen finanziellen Probleme, teils sehr schwer behinderte Kinder. Ich musste mir zähneknirschend eingestehen, dass nicht nur ich unfreiwillig ein Leben führte, das ich mir früher einmal einfacher vorgestellt hatte.

Als habe sie meine Gedanken gelesen, setzte Eva sich auf und meinte: »Wenn ich all das höre, was die anderen berichten, dann merke ich erst, wie gut ich es habe. Auch wenn ich jeden Tag in der Praxis verbringe, abends Hausbesuche mache und am Wochenende oft Notdienst habe, Hartmut und ich haben gesunde Kinder, führen eine recht harmonische Ehe und teilen uns die Verantwortung. Wir sind ein eingespieltes Team, was mir erst hier wieder bewusst wird. Ich möchte mit keiner der anderen Frauen tauschen.«

»Ja«, sagte ich nachdenklich, »schlimmer geht es anscheinend immer. Ich fange auch an, all das Positive, das ich habe, wieder mehr zu schätzen. Mit dem Abstand relativieren sich die Probleme ein wenig.«

»Vermisst du Peter noch immer?«

»Klar. Vermutlich werde ich das auch noch in dreißig Jahren tun. Trotzdem ist es anders als nach seinem Tod vor fünf Jahren. Ich habe mich einigermaßen daran gewöhnt, dass er nicht mehr da ist. Inzwischen fällt es mir leichter, Entscheidungen allein zu treffen. Und ich hadere nicht mehr so mit allem. Aber wenn etwas Besonderes rund um eines der Kinder geschieht, spüre ich seinen Verlust noch immer ganz intensiv. Als Sophie im vergangenen Jahr zur Kommunion gegangen ist, kamen die Erinnerungen an Davids und Kristins Feste so geballt wieder hoch, als läge kein einziger Tag dazwischen. Das sind dann Rückfälle, die in dem Augenblick schwer zu ertragen sind.«

Eva drückte meine Hand. »Wie hilfst du dir in solchen Momenten?«

»Mit dem Wissen, dass diese Rückfälle vorübergehen. Ich muss und ich kann sie aushalten. Daneben helfen mir die Rituale, die sich entwickelt haben und auf die ich nicht mehr verzichten möchte. Wenn eines der Kinder Geburtstag hat, kaufe ich beispielsweise zwei identische Blumensträußchen. Eins kommt auf den Geburtstagstisch, das andere bringen wir zum Friedhof. Und wenn ich selbst Geburtstag habe, dann muss ich unbedingt für ein paar Minuten zu Peters Grab. Ansonsten kann ich den Tag nicht genießen. Bei Sophies Kommunionsfeier durfte ich eine Kerze auf den Altar stellen, die noch von Peter ist und die auch immer an Heiligabend brennt. An Weihnachten muss auch unbedingt ein kleines geschmücktes Bäumchen auf seinem Grab stehen. Das sind zwar alles nur Symbole, aber die tun mir und den Kindern gut.«

Schon fünf Jahre …

Plötzlich fiel mir Frank ein, der verwitwete Vater aus der Kindertrauergruppe, an der David längst nicht mehr teilnahm. Ich hatte ihn verächtlich belächelt, weil er nach fünf Jahren noch immer so unter dem Tod seiner Frau gelitten hatte. Jetzt leistete ich im Stillen Abbitte. Wie großspurig ich Frau Reinke gegenüber mit meiner Überzeugung geprahlt hatte, die Kinder und ich stünden nach fünf Jahren gewiss anders da als dieser Frank und hätten Peters Tod längst verarbeitet. Heute wusste ich nicht einmal, was ich mir unter dieser »Verarbeitung« vorstellen sollte.

Hatte ich »verarbeitet«, weil ich nicht mehr stündlich, sondern nur noch mehrfach täglich an ihn dachte? Weil ich ihn nicht mehr ständig vermisste, sondern meist nur dann ganz besonders, wenn ich vor schwierigen Entscheidungen oder eben vor einem Meilenstein im Leben eines der Kinder stand? Weil ich mein eigenes Leben wieder weitgehend genießen konnte?

»Wir sollten allmählich aufbrechen«, unterbrach Eva meine Gedanken. Ich warf einen Blick auf die Uhr und grinste: »Ich verstehe. Du hast Angst, dass wir nur noch Reste vom Abendessen kriegen.«

»Genau, und die futterst du mir dann weg«, konterte sie vergnügt und begann, die Melodie von »Aber bitte mit Sahne!« zu summen. Auf der Rückfahrt schmetterten wir gemeinsam den Ohrwurm in den allmählich blasser werdenden Himmel und fielen vor Lachen fast von den Fahrrädern. Nur die Möwen kreischten Protest.

***

Wie immer, wenn ich sie gern festhalten würde, rannte die Zeit davon. Täglich telefonierte ich ein paar Minuten lang mit mindestens einem meiner Kinder. Dabei nahm ich zur Kenntnis, dass alle noch lebten, dass, von kleineren Problemen abgesehen, alles halbwegs glattlief und dass meine Mutter besser kochte als ich. Beruhigt schob ich die Gedanken an meine Familie gleich wieder weit weg. Das hier war meine Zeit, die ich intensiv nutzte und ohne schlechtes Gewissen genoss. Kopfschmerzen und Rückenbeschwerden waren wie weggeblasen, obwohl Eva und ich uns über die verordneten Therapien hinaus viel bewegten.

»Nicht obwohl, sondern weil Sie sich so viel bewegen«, erklärte mir die Ärztin des Kurheimes drei Tage vor der geplanten Abreise.

»Aber zu Hause bin ich doch auch andauernd in Aktion.«

»Das ist etwas anderes. So, wie Sie mir Ihren Tagesablauf geschildert haben, arbeiten Sie unter Druck. Und vielfach unter selbst auferlegtem Druck. Symptome wie Kopf- und Rückenschmerzen haben nicht immer nur organische Ursachen. Sehr oft sind sie die Folgen totaler Verspannung, die wiederum eine Konsequenz seelischer Belastungen ist. Als Sie ankamen, war Ihre Rückenmuskulatur extrem verhärtet. Inzwischen ist sie viel weicher. Das liegt sicher teilweise an den ganzen Massagen und gezielten Übungen, die ich Ihnen verordnet habe. Aber zum Teil eben auch daran, dass Sie hier loslassen konnten. Ihre Sorgen, Ihre Kinder, denen es auch ohne Sie gut geht – aber auch Ihren Mann.«

Ich starrte sie böse an. Das klang ja alles irgendwie logisch, aber …

»Ich will meinen Mann doch gar nicht loslassen. Was heißt das überhaupt? Ihn zu vergessen?«

»Nein, ganz sicher nicht. Nur, zu akzeptieren, dass Ihr weiteres Leben ohne ihn stattfindet. Sie mögen nicht mehr andauernd traurig sein, aber ich habe den Eindruck, dass er noch immer eine, wenn nicht gar die zentrale Rolle in Ihrem Denken spielt.«

So, wie sie es sagte, klang es wie eine schwere Verfehlung. Ich wollte schon zornig aufbrausen, da legte sie begütigend ihre Hand auf meine.

»Bitte, ich will Ihnen nichts Böses. Ich möchte nur, dass Sie sich bewusst machen, dass Ihr Mann eine Strecke Ihres Lebens mit Ihnen gegangen ist, dann aber stehen bleiben musste und Sie nicht weiter begleiten durfte. Hier auf Juist gibt es keine verbindenden Erinnerungen an ihn, sodass Sie hier frei und unbeschwert sein konnten. Doch zu Hause leben Sie beständig zwischen dem Jetzt und der Vergangenheit. Erst wenn es Ihnen gelingt, die gemeinsamen Jahre wirklich als beendet anzusehen, werden Sie im Jetzt ankommen und frei für die Zukunft sein. Das heißt nicht, dass Sie vergessen sollen. Nehmen Sie all die Impulse, die schönen Momente, das Glück, das Sie in der Vergangenheit erleben durften, als Basis für Ihr weiteres Leben. Aber leben Sie vorwärts, lösen Sie das Band, das Sie immer wieder zurückzieht. Freuen Sie sich darauf, in drei Tagen nach Hause zu fahren, Ihre Kinder in die Arme zu schließen und von diesem Zeitpunkt an vertrauensvoll nach vorn zu blicken. Nehmen Sie den Tod Ihres Mannes an. Vor allem aber, nehmen Sie sich selbst an!«

»Aber das habe ich längst getan.« Mein Protest klang lahm. Sie lächelte sehr herzlich.

»Sie sind noch immer auf dem Weg. Doch ich bin sicher, dass Sie Ihr Ziel erreichen werden.«

***

In der Nacht vor der Abreise wälzte ich mich hellwach im Bett von einer Seite auf die andere. Dabei ließ ich mir das Gespräch, das ich beim Abendessen mit Eva geführt hatte, noch einmal durch den Kopf gehen.

»Warum stocherst du so auf deinem Teller herum? Schmeckt es dir nicht?«, hatte sie gefragt.

»Keine Ahnung. Ich bin so kribbelig, dass ich nichts essen kann. Seit ein paar Tagen habe ich eine solche Sehnsucht nach meinen Kindern, dass ich es kaum erwarten kann, endlich wieder bei ihnen zu sein. Die drei Wochen waren super, aber jetzt bin ich nur noch froh, wenn ich morgen die Haustür aufschließe und endlich alle wiedersehe.«

»Geht mir genauso! Inzwischen freue ich mich sogar auf die ganzen Allüren meiner pubertären Teenager. Es ist kaum zu glauben.«

Ich hatte gegrinst und an all die kleinen und größeren Streitereien mit David und Kristin gedacht. Bald würde ich mich wieder darüber aufregen oder genervt die Augen verdrehen, wenn David zum zehnten Mal meine Bitte, den Müll rauszubringen, ignorierte oder Kristin ihr schmutziges Geschirr in die noch nicht ausgeräumte, aber saubere Spülmaschine stellte. Momentan musste ich darüber allerdings nur lachen. Im Ernstfall konnte ich mich auf alle drei Kinder verlassen. Nichts anderes zählte.

»Es ist gar nicht so schlecht, ein bisschen Heimweh zu haben«, hatte Eva festgestellt. »Manchmal braucht man den Abstand, um wieder zu wissen, wo man zu Hause ist. Und nun lass uns packen gehen. Morgen um diese Zeit sind wir längst wieder bei unseren Familien.«

Ich setzte mich im Bett auf und knipste die Lampe auf dem Nachtschränkchen an. Evas Worte ließen mich nicht los. »Heimweh« hatte sie das genannt, was ich fühlte. Aber Heimweh hatte man doch nur, wenn man eine Heimat hatte. War ich nicht noch bis vor Kurzem der festen Überzeugung gewesen, mit Peter auch mein Zuhause verloren zu haben?

Und doch konnte ich es nicht leugnen, ich hatte Sehnsucht! Oder meinetwegen auch Heimweh. Nach meinen Kindern, meinen Freunden, nach meinem Haus, meinem Garten, meiner vertrauten Umgebung. Und nach meiner Mutter, mit der ich kürzlich ein langes, klärendes Gespräch geführt hatte. Immer wieder waren wir aneinandergeraten, weil sie sich meiner Meinung nach zu sehr in mein Leben einmischte. Und umgekehrt, weil ich sie ihrer Meinung nach zu sehr aus ebendiesem herausdrängte. Kurz vor meiner Abreise hatte ich nach einer Gelegenheit gesucht, die Wogen zu glätten.

»Peter hat mir vor seinem Tod das Versprechen abgenommen, mich um euch zu kümmern«, hatte sie unglücklich gesagt.

»Aber das tust du doch, und ich bin dir unendlich dankbar dafür. Das bedeutet jedoch nicht, dass du in Peters Rolle schlüpfen sollst. Du kannst uns unterstützen, aber ihn nicht ersetzen.«

Sie hatte den Kopf gesenkt und leise geantwortet:

»Das habe ich inzwischen auch eingesehen. Aber es ist mir schwergefallen. Ich fühlte mich an mein Versprechen gebunden und habe es immer nur gut gemeint.«

»Du hast dein Versprechen gehalten. Und du wirst es weiterhin halten. Aber gut gemeint ist nicht zwangsläufig immer gut. Wir sollten ehrlicher miteinander umgehen und Probleme schneller ansprechen, damit sie sich nicht mehr so aufstauen.«

»Das machen wir«, hatte sie erleichtert zugestimmt und mich zaghaft umarmt. Ich hatte die Umarmung nur zu gern erwidert und war mit einem guten Gefühl gen Norden aufgebrochen. Morgen würde ich mit einem fantastischen Gefühl nach Hause fahren. Dorthin, wo ich Wurzeln hatte, die sich ganz unbemerkt neu gebildet und offenbar fest verankert hatten. Von all den Erkenntnissen, die ich in der hinter mir liegenden Auszeit getroffen hatte, war das mit Abstand die schönste: Endlich hatte ich wieder ein Zuhause!

Rote Karten

»Ich habe keinen Bock mehr auf Schule! Das letzte Jahr war schon total überflüssig. Wer braucht denn das Scheiß-Abitur? Nee, ich gehe ab. Und du wirst mich nicht daran hindern können.«

David erwischte mich in dem wohl denkbar ungünstigsten Moment. Wieder einmal musste ich einen finanziellen Nackenschlag verdauen. Die angeblich so krisensicheren Fonds, die ich nach Peters Tod auf Anraten des Versicherungsvertreters abgeschlossen hatte, hatten sich als Fehlinvestition entpuppt. Mit etlichen Tausend Euro Verlust hatte ich sie mir auszahlen lassen, um zu retten, was gerade noch zu retten war, und um mit diesem Rest in meinem Haushalt Schadensbegrenzung zu betreiben. Denn fast zeitgleich hatten sowohl die Spülmaschine als auch der Herd den Geist aufgegeben. Beide Geräte waren nach Auskunft des Monteurs irreparabel. Nebenbei war das Dach der Garage undicht, mein Auto machte Mucken und zeigte mir auf dem digitalen Display bei jedem Start das Wort »Service« an. Seit Tagen waren meine Nerven extrem angespannt, sodass ich sofort explodierte.

»Du spinnst doch! Was willst du denn machen? Chillen? Als Dank dafür, dass ich hier seit Jahren schufte, um euch eine schöne Jugend und den optimalen Start ins Leben zu bieten? Du solltest dich schämen. Vor mir, vor allem aber vor Papa. Der wäre schwer enttäuscht von dir.«

David drehte sich auf dem Absatz um und verschwand. Und ich tat das, was ich noch immer jedes Mal tat, wenn ich keinen Schritt mehr weiter wusste: Ich setzte mich ins Auto und fuhr zum Friedhof. Blind vor Enttäuschung und Zorn missachtete ich die Geschwindigkeitsbegrenzung, bis das rote Aufleuchten eines Blitzers mich zusammenzucken ließ. Und wenn schon, auf die Knolle kam es jetzt auch nicht mehr an.

»Ich unfähige Kuh habe es schon wieder gemacht! Und dabei hatte ich mir so fest vorgenommen, dich nicht mehr als Druckmittel zu missbrauchen«, gestand ich dem toten Peter aufgelöst, während ich ein paar Schnecken von den Pflanzen zerrte und in hohem Bogen durch die Luft pfefferte. Anschließend harkte ich voller Zorn einige Blätter zusammen, riss das Unkraut aus, das es gewagt hatte, seit meinem letzten Besuch an den Rändern des Grabs zu wachsen, tauschte die Kerze aus und setzte mich schließlich resigniert auf die Steinplatte, die das untere Ende säumte.

»Verstehst du? Es rutscht mir immer wieder raus: ›Papa wäre enttäuscht.‹ – ›Papa hätte das aber gern gesehen.‹ Immer dann, wenn ich so hilflos bin. Jedes Mal fühle ich mich anschließend mies. Es ist so gemein den Kindern gegenüber. Aber was soll ich denn machen? Ich hatte mir doch vorgenommen, sie in deinem Sinne zu erziehen. Und wenn David jetzt von der Schule abgehen will …« Tränen kullerten mir übers Gesicht.

»Och, du Arme! Eine Runde Mitleid bitte«, höhnte meine innere Stimme. *»Du baust Mist und meinst, dir hier deine Absolution zu holen? Vergiss es. Um dich mal zu kopieren: Peter wäre sehr enttäuscht von* dir, *weil du die Kinder in seinem Namen manipulieren willst.«*

»Ich weiß«, heulte ich. »Aber ich hatte mir nun mal seit Peters Tod als Ziel gesetzt, drei Kinder durchs Abi zu bringen. Was sie danach machen, müssen sie selbst entscheiden. Doch so haben sie wenigstens die Basis, sich entscheiden zu können!«

»Ach! Was hast du gerade gesagt? Du *hast dir dieses Ziel gesetzt …«*

»Natürlich! Wenn Peter noch lebte …«

»Wenn, wenn, wenn«, fiel mir mein zweites Ich ungeduldig

ins Wort. *»Peter lebt aber nicht mehr. Du bewegst dich im Reich der Spekulationen und Wunschträume. Woher willst du wissen, dass alles anders wäre, wenn es Peter noch gäbe? Als er starb, waren die Kinder klein und haben sich in erster Linie an dir orientiert. Mittlerweile denken sie selbstständig, was im Übrigen eines deiner, nein,* eurer *Erziehungsziele war.«*

»Aber es war bestimmt kein Ziel, dass David die Schule schmeißt.«

»Das mag ja sein. Doch es ist immer wieder das Gleiche: Statt den Jungen zu fragen, warum er so etwas plant, rastest du aus, erpresst ihn emotional und haust anschließend ab.«

Mit einem Ruck stand ich auf. Es war nicht immer, tatsächlich aber leider viel zu oft der Fall: Ich hatte häufig nicht die Zeit, manchmal auch einfach nicht die Kraft, ausreichend auf die Sorgen und Nöte jedes einzelnen Kindes einzugehen. Viele Kleinigkeiten regelten sie inzwischen ohne mein Zutun. Ich wurde erst informiert, wenn längst alles geklärt war. Oder wenn sie wirklich nicht mehr weiter wussten. Lediglich Sophie suchte noch regelmäßig meinen Rat. Doch auch sie begann, sich mit ihren Fragen an ihre Geschwister, hauptsächlich an Kristin zu wenden. Und diese Fragen häuften sich, seit sie in die neue Klasse ging, in der sie erst einmal Freundinnen finden musste.

Am Ende des vergangenen Schuljahres hatte ich die Notbremse gezogen. Auch wenn ihre schulischen Leistungen durchaus akzeptabel waren, konnte ich nicht länger die Augen davor verschließen, dass mein jüngstes Kind nicht glücklich war. Mein Bauchgefühl, das sich damals so eindeutig gegen das Überspringen einer Klasse positioniert hatte, hatte mich nicht getrogen. Das fehlende Jahr in der Grundschule machte sich an vielen Stellen negativ bemerkbar.

Sophie mangelte es einfach an Übung. Sie schrieb und rechnete langsamer als ihre Mitschüler, wurde aus diesem Grund in den Klassenarbeiten oft nicht fertig, kassierte Dreien und Vieren und begann, sich selbst als unfähig anzusehen. Schweren Herzens gestand ich mir meine damalige Fehlentscheidung ein und trat gemeinsam mit Sophie den Gang zum Direktor an, der meiner Bitte um Rückversetzung stattgab.

Seitdem ging es aufwärts. Mit den schulischen Leistungen, aber auch, weitaus wichtiger, mit Sophies Selbstvertrauen, das einen erheblichen Dämpfer erlitten hatte. Die Nöte meiner jüngsten Tochter hatte ich gerade noch rechtzeitig erkannt. Nun stand offenbar auch mein Sohn vor einer zukunftsweisenden Entscheidung. Hier, an Peters Grab, wurde mir klar: Ich musste sofort nach Hause. Um mir Davids Beweggründe anzuhören, ihn ernst zu nehmen, vor allem aber, um ihm zu verdeutlichen, dass ich ihn nicht weniger liebte, wenn er kein Abitur machte. Und dass Peter das genauso sähe.

Erneut achtete ich nicht auf den Tacho. Ich wollte nur noch zu David. Ein zweites Mal blitzte es rot. Ich brach in hysterisches Gelächter aus. Heute zeigte mir wohl jeder die rote Karte.

»David, komm bitte mal runter.«

Mein Siebzehnjähriger ließ sich Zeit, bevor er meinem Ruf folgte. Mit verschränkten Armen und trotzigem Gesicht baute er sich vor mir auf.

»Was ist?«

»Ich möchte mich bei dir entschuldigen. Dafür, dass ich dich nicht gefragt habe, warum du kein Abi machen willst. Aber auch dafür, dass ich dir Druck mache, indem ich behaupte, Papa wäre enttäuscht. Das ist unfair, und es tut mir aufrichtig leid. Ich mache mir einfach Sorgen um dich, verstehst du?« Bittend sah ich ihn an. Der Trotz wich aus seinen Gesichtszügen. Dann ließ er die Arme hängen. Auf einmal wirkte er nur noch jung und sehr verletzlich.

»Aber du hast ja recht, Papa wäre tatsächlich enttäuscht. Und du auch. Aber ich … ich habe alles schleifen lassen, und jetzt habe ich in einigen Fächern Schwierigkeiten, den Anschluss zu finden. Ich weiß nicht mehr, wie ich die Schule schaffen soll«, brach es schließlich aus ihm heraus. »Was meinst du, warum ich dir einen Teil meiner letzten Klausuren nicht mehr gezeigt habe? Ich will dich nicht enttäuschen und dir nicht noch mehr Sorgen machen, als du sowieso schon hast.«

Mein Herz zog sich vor Entsetzen zusammen. Ich hatte immer auf alles geachtet: auf ein geputztes Haus, gesunde Mahlzeiten, saubere Wäsche. Doch über all den Äußerlichkeiten hatte ich in letzter Zeit offenbar das Seelenleben meines Erstgeborenen übersehen. Ich schämte mich so, wie ich mich wohl noch nie zuvor geschämt hatte.

»Und wie soll es jetzt weitergehen?«, fragte ich hilflos. »Hast du eine Idee?«

»Ja. Als du weg warst, habe ich noch mal nachgedacht. Ich gehe weiter zur Schule. Ein oder zwei Fächer kann ich noch abwählen, und in den anderen muss ich mich eben mal etwas mehr anstrengen. Da ich noch überhaupt keine Ahnung habe, was ich mal werden will, will ich mir sicherheitshalber alle Möglichkeiten offenhalten. Noch habe ich die Chance, so dramatisch sind meine Noten ja auch wieder nicht. Aber ob ich nach dem Abi studieren werde, weiß ich noch nicht.«

»Hör mir jetzt bitte mal zu, David.« Auch wenn ich über seinen Entschluss erleichtert war, musste ich noch etwas loswerden, das mir schwer auf der Seele lastete.

»Du bist ein wunderbarer junger Mensch. Und ich liebe dich, egal, ob du Abi machst oder nicht, egal, ob du studieren willst oder nicht. Du bist empathisch, sozial und hast ein ausgeprägtes Gerechtigkeitsempfinden. Das alles zählt mehr als Schulnoten. Ich bin in jedem Fall sehr stolz auf dich. Und Papa hätte das genauso gesehen.«

»Ich erinnere dich an das, was du gerade gesagt hast, wenn du dich mal wieder über meine Faulheit aufregst«, grinste er.

Doch die Röte seiner Wangen bewies mir, wie sehr er sich über mein Lob freute. Auch wenn es uncool war, das zuzugeben.

***

Der junge Mann drehte sich unter den kritischen Blicken des Verkäufers vor dem Spiegel hin und her.

»Ich finde, du siehst super aus! Was meinst du selbst?«, fragte ich ihn, während ich innerlich vor Stolz fast platzte.

»Fremd, aber ganz okay«, antwortete er und lachte mich zufrieden an. Unwillkürlich hob ich den Arm und strich ihm über die Wange, die vor neunzehn Jahren babyweich gewesen war und sich nun so kratzig anfühlte. Er runzelte die Stirn und warf einen verlegenen Blick auf den Verkäufer, der ihm zuzwinkerte.

»So sind Mütter eben«, lächelte er. »Aber Ihre Mutter hat recht, der Anzug sitzt perfekt. Brauchen Sie noch eine Krawatte dazu?«

»Nein.« David schüttelte energisch den Kopf. »Die habe ich. Nicht wahr, Mama?«

»Ja. Die hast du.« Einen winzigen Augenblick lang fühlte sich mein Mund trocken an. Mein Sohn würde auf seiner bevorstehenden Abiturfeier eine von Peters Krawatten tragen. Es war sein eigener Wunsch gewesen. Vor einigen Tagen war mein erwachsenes Kind in der Küche so lange um mich herumgeschlichen, bis ich irgendwann lachend fragte: »So hast du früher immer ausgesehen, wenn du etwas ausgefressen hattest. Also schieß los, was hast du auf dem Herzen?«

»Äh … wir … also wir haben doch irgendwann mal zusammen Papas Sachen sortiert. Und du hast doch alles behalten, was ich mir ausgesucht hatte, oder?«

»Klar!« Zu viert hatten wir vor rund zwei Jahren im Keller gestanden, um endlich einen Teil der dort gelagerten Kleidung wegzugeben, die zu meiner Verwunderung keinerlei Spuren der langen Lagerung aufwies. Jedes Kind hatte sich einen Pullover ausgesucht. Auch wenn die Mädchen darin fast ertranken, sah ich doch besonders Kristin anschließend häufig in Peters Fleece-Shirt herumlaufen, wenn sie krank war oder Sorgen hatte. Ihr Verhalten glich meinem aufs Haar. Auch ich fand noch immer Geborgenheit in den drei Sweatshirts, die ich damals vor dem Verschwinden im Keller bewahrt hatte.

David hatte sehr zielstrebig etwa ein Drittel der Klamotten ausgesucht und zurück in den Schrank geräumt. »Den Rest kannst du weggeben. Aber diese Sachen werde ich irgendwann anziehen«, hatte er entschieden. Gemeinsam hatten wir den Rest in Plastiksäcke gefüllt und zum Altkleidercontainer gebracht. Ich war extrem dankbar gewesen, dass die Kinder mitgeholfen hatten. Ohne sie wäre mir dieser Gang trotz der langen Zeit noch immer schwergefallen. Auch wenn ich inzwischen wirklich in der Gegenwart lebte und nur noch selten zurückblickte, versetzte mir alles, was mich an die Endgültigkeit von Peters Tod erinnerte, nach wie vor einen kleinen Stich.

»Und Papa hatte doch auch Krawatten, oder?«, hatte mein Sohn sich verlegen seinem Anliegen genähert.

»Nicht viele.« Die Erinnerung ließ mich lächeln. »Dein Vater hat sich mit dem Kulturstrick nie besonders wohlgefühlt. Aber eine gute Handvoll besaß er dennoch.«

»Kann ich mal gucken gehen und mir eine für die Abifeier aussuchen?«

»Natürlich! Geh einfach runter, du weißt ja, wo die Sachen sind. Und – David?«

»Ja?«

»Papa würde sich freuen, er wäre sehr stolz auf dich.«

Errötend wandte er sich ab und nahm Kurs auf die Kellertreppe. Mit einer Mischung aus Wehmut und Stolz blickte ich ihm nach. Aus dem Kind, das so unter dem Verlust seines Vaters gelitten hatte, war ein junger Erwachsener geworden. Wenn ich ihn umarmte, musste ich mich auf die Zehenspitzen stellen. Doch er war nicht nur äußerlich gewachsen, sondern begann allmählich, Verantwortung für sich und sein Leben zu übernehmen.

Es war keine Schmeichelei, sondern die Wahrheit gewesen: Peter wäre tatsächlich sehr glücklich über die Entwicklung gewesen, die sein Sohn genommen hatte.

***

»Mach mal schneller, wir müssen rein.« Kristin hatte sich noch nie gern fotografieren lassen. Jetzt drängte sie zur Eile, da sie noch ihren Platz im Oberstufenchor finden musste.

»Es sind doch noch andere draußen, die knipsen. Komm, stell dich ein bisschen näher an David. Sophie, zieh nicht so einen Flunsch! Mami, kannst du ein Bild von uns vieren machen?«

Mir war ein wenig flau im Magen, was ich nach Möglichkeit vor den Kindern verbergen wollte. Vor uns lagen der Abschlussgottesdienst und die feierliche Zeugnisvergabe, die Davids Schulzeit offiziell beendeten. Er hatte es nun doch geschafft: In rund zwei Stunden würde er ein durchaus zufriedenstellendes Abiturzeugnis in Empfang nehmen, für das er phasenweise hart gearbeitet hatte.

Mein Sohn! Wie glücklich ich war! Und wie gut er aussah: im neuen Anzug, mit Peters Lieblingskrawatte – und in Peters Schuhen, in die unser Kind nun tatsächlich hineingewachsen war. Schon zu Hause hatte ich gegen die Tränen der Rührung gekämpft, war allerdings als Siegerin aus diesem Kampf hervorgegangen. Es gab keinen Grund zum Heulen. Nur Anlass zur Freude und zum Stolz.

Kristin trippelte ungeduldig von einem Fuß auf den anderen.

Nachdem meine Mutter mehrfach auf den Auslöser gedrückt hatte, sauste sie in die Kirche. Wir anderen folgten ihr und suchten uns eine freie Bankreihe.

»Haltet ihr mir den Platz frei, Omi und Sophie? Ich muss noch eben zu Marko und Jonas«, bat David und war gleich wieder verschwunden.

»Mir auch?«, schloss ich mich an, denn ich hatte einige Bekannte erspäht, die ich noch schnell begrüßen wollte. Kristins Drängeln war unnötig gewesen. Wir hatten noch Zeit, bis der Gottesdienst begann. Da aber mit jeder Minute meine Anspannung wuchs, musste ich mich ablenken.

Es war nicht zu leugnen, seit Peters Tod empfand ich beim Betreten einer Kirche ein Gefühl der Beklommenheit, das im Verlauf der Messe jedoch wieder abflaute. Da sowohl Kristin als auch Sophie Messdienerinnen waren, hatte ich diese Erfahrung schon häufig gemacht. Der heutige Gottesdienst unterschied sich jedoch von all den »normalen«, die ich in den vergangenen Jahren besucht hatte. Der Frosch in meinem Hals war größer als sonst, viel größer. Beharrlich quakte er mir ins Ohr, dass er zu bleiben gedachte.

Allmählich formierte sich der Chor, suchten sich die Familien ihre Plätze rund um die stolzen Abiturienten. Auch David und ich kehrten zu unserer Bank zurück.

»Endlich!«, motzte Sophie. »Jetzt bleibt gefälligst hier. Ich habe keinen Bock mehr, ständig zu erklären, dass hier besetzt ist.«

Sie lümmelte sich in der Bank. Ihr demonstrativ gelangweilter Ausdruck erinnerte mich schwer an die Gesichter, die meine Großen jahrelang aufgesetzt hatten. Es war keine Frage, auch mein Küken stand an der Schwelle zur Pubertät. Innerlich seufzte ich belustigt auf. Das Ganze noch einmal von vorn. Mir blieb anscheinend nicht die kleinste Verschnaufpause. Kaum waren David und Kristin wieder rundum erträglich, begann das Spiel von Neuem.

Ich war fast neugierig, welchem ihrer Geschwister Sophie zukünftig ähnelte: David, der so offensiv rebelliert hatte, dass unsere Konfrontationen oft in Wuttränen geendet hatten? Oder Kristin, deren Auflehnung subtiler gewesen war, raffinierter? Von manchen ihrer Alleingänge hatte ich erst erfahren, als es zu spät gewesen war, mich darüber aufzuregen. Egal! Es gehörte dazu. Die beiden waren in keiner Weise besser, aber eben auch keinen Deut schlimmer gewesen als der Nachwuchs anderer Eltern. Am Ende zählte das Ergebnis. Und wenn ich meine fast erwachsene Kristin dort vorn inmitten der Gruppe junger Menschen sah, die diesen Abschlussgottesdienst musikalisch abrunden wollten, wurde mir vor Freude warm.

Noch gerührter war ich momentan allerdings wegen David, der angespannt neben mir saß. Im Zeitraffer schossen die markanten Stationen seines Lebens durch meinen Kopf. Das winzige Baby, das ich vom Moment seiner Geburt an wie eine Löwin beschützen wollte. Der »große« Bruder, der seiner neugeborenen Schwester all seine Stofftiere zum Spielen brachte. Das Schulkind, das die riesige Schultüte kaum tragen konnte. Das Kommunionkind. Der Zehnjährige, der voller Selbstvertrauen zum Gymnasium wechselte.

Dann der Einbruch. Nicht nur ich hatte das emotionale Auf und Ab durchlebt. Ohne die väterliche Orientierung hatte David es nicht leicht gehabt, seinen Weg zu finden. Vor einem guten Jahr war er volljährig geworden. Hatte die lange, liebevolle Karte gelesen, die ich ihm geschrieben hatte, die vielen Geschenke ausgepackt. Die Gutscheine für Fahrstunden. Das Kissen mit der »18« auf der Vorderseite, das fortan zusammen mit einem halben roten Herzen am Kopfende seines Bettes lag.

Bis zum Schluss hatte er sich das größte Paket aufgespart: Es enthielt eine hölzerne Schatzkiste, in die ich seine ersten Schuhe, seinen Taufanzug, seinen Kindergartenrucksack und etliche andere, genau zu diesem Zweck aufbewahrte Relikte seiner Kindheit gefüllt hatte. Freudestrahlend hatte er einen Gegenstand nach dem anderen herausgeholt. Als die Kiste leer war, war die Freude erloschen. Traurig und ratlos hatte er mich angesehen und leise gesagt:

»Ich hatte gehofft, dass Papa mir einen Brief geschrieben hätte. Irgendwas, das du mir heute geben solltest.«

In mir war ein Funken Wut aufgekeimt. Wie oft hatte ich Peter in der Zeit seiner Erkrankung darum gebeten, jedem Kind ein paar geschriebene Worte zu hinterlassen. Er hatte es nicht getan, weil es ihm seiner Aussage nach zu schwergefallen war. Ich selbst besaß unzählige Briefe, Karten und Zettel, auf denen er seine Liebe ausgedrückt hatte. Unsere Kinder hingegen standen mit leeren Händen da. Es war ein Wermutstropfen, der für meine Töchter an ihren achtzehnten Geburtstagen leichter zu ertragen wäre. Sie wussten ja jetzt, dass auch sie nicht darauf hoffen durften.

»Leider nicht. Es tut mir aufrichtig leid. Papa hatte es sich vorgenommen, aber nicht die Kraft gefunden, euch einen solchen Brief zu schreiben.«

David hatte seine Enttäuschung hinuntergekämpft, mich umarmt und sich für all die Überraschungen bedankt. Doch ich hatte ihm den ganzen Tag über angemerkt, dass es ihn beschäftigte. Ich konnte die Zeit nicht zurückdrehen. Aber ich bedauere bis heute, Peter damals nicht stärker gedrängt zu haben.

***

Der Chor setzte ein. Schlagartig blähte der Frosch in meinem Hals sich auf. Krampfhaft ließ ich meine Blicke durch den Raum schweifen, suchte nach einem Punkt, an dem ich mich festhalten konnte. Überall sah ich nur stolze Eltern; selbst die, die längst geschieden waren, hatten sich heute zusammengefunden, um gemeinsam den Erfolg ihrer Töchter und Söhne zu feiern.

Wieder einmal sah ich mich einer Situation ausgesetzt, gegen die ich mich nicht hatte wappnen können: Peter fehlte plötzlich mit einer Intensität, die ich lange nicht mehr in diesem Ausmaß verspürt hatte. Der einzige Mensch, der dieselbe Bindung an David hatte wie ich, konnte meine Freude nicht mehr teilen. Noch vor dem Refrain des ersten Liedes war es um meine Fassung geschehen.

»Mama, du bist peinlich. Hör auf zu heulen!« David stieß mir den Ellenbogen in die Seite. Entschuldigend lächelte ich ihn an und zuckte mit den Schultern. Diese Tränen mussten raus, ich konnte und wollte sie nicht stoppen. Sie waren eine Mischung aus Traurigkeit, Rührung, Freude und Stolz. Unaufhaltsam rannen sie über meine Wangen, hinderten mich jedoch nicht daran, den Worten der Lehrer und Schüler zu folgen. Hin und wieder griff ich zum Taschentuch und tupfte sie weg. Ich hatte jeden Versuch aufgegeben, mich gegen sie zu wehren.

Dann war es eben so. Die Tränen würden auch wieder versiegen. Ich konnte sie aushalten, konnte vor allem mich selbst aushalten. Es war kein Schluchzen, kein störendes Schniefen, sondern lediglich ein stilles Weinen, das kaum jemand bemerkte. Und so, wie es mit dem ersten Lied des Chores begonnen hatte, endete es mit dem letzten, ohne dass ich irgendeinen Einfluss darauf hätte nehmen können.

Bevor wir die Kirche verließen, warf ich ein paar Münzen in den Opferstock und zündete eine Kerze an. Auch das war seit vielen Jahren zum Ritual geworden: In jeder Kirche, die ich betrat, hinterließ ich einen brennenden Gruß an Peter. Und schickte tausend liebevolle Gedanken hinterher, die niemand außer ihm kennen musste.

Draußen warf ich einen kurzen Blick in meinen Taschenspiegel: Von der Schminke war erwartungsgemäß keine Spur mehr zu sehen, doch meine Augen waren nicht verquollen, sondern allenfalls leicht gerötet. Nicht mehr als die der anderen Mütter, die ebenfalls vor Rührung das ein oder andere Mal zum Taschentuch gegriffen hatten.

David musterte mich skeptisch. »Geht«, stellte er schließlich fest.

Ich schmunzelte über seine offensichtliche Erleichterung.

»Ging halt nicht anders. Manchmal ist Heulen erlaubt. Jetzt aber los, sonst finden wir in der Aula keinen vernünftigen Platz mehr. Ich muss mich vorher schnell noch ein bisschen nachstylen, damit ich dir nicht mehr peinlich bin«, sagte ich vergnügt.

»Du bist nicht nur David peinlich«, murmelte Sophie, bevor sie mich unschuldig anlächelte. »Kann ich mir mal deine Wimperntusche ausleihen, Mama? Und hast du vielleicht auch einen Kajalstift dabei?«

Vorwärts

Fast auf den Tag genau ein Jahr später befand ich mich in derselben Kirche. Nun hatte auch mein zweites Kind sein Abitur geschafft. Erneut saß ich zwischen David und Sophie. Kristin sang weiterhin im Chor. Daneben hatte sie aber auch einen Teil der Gestaltung des Gottesdienstes übernommen, sodass ich meine aufgeregte, inzwischen ebenfalls volljährige Tochter nur aus der Ferne bewundern konnte.

»Ich habe dir etwas mitgebracht.« Mein Sohn lachte spitzbübisch und kramte in der Tasche seines Jacketts herum. Dann zog er eine Packung Papiertaschentücher hervor und überreichte sie mir mit einer angedeuteten Verbeugung. »Bitte schön.«

»Du Frechdachs!« Ich knuffte ihn in die Seite. Er sah fremd aus. Seit einigen Wochen trug er einen kurzen Bart, der ihn reifer wirken ließ.

»Damit meine Mädels mich endlich mal ernst nehmen«, hatte er sein verändertes Äußeres begründet. Ich hatte lauthals aufgelacht, denn bei Davids »Mädels« handelte es sich um die Bewohnerinnen des Seniorenheims, in dem er mit großem Vergnügen und viel Engagement ein freiwilliges soziales Jahr ableistete. Täglich erzählte er kleine Anekdoten über meist lustige, hin und wieder aber auch traurige Ereignisse. Die Damen seiner Station, von denen die jüngste vierundachtzig Jahre alt war, hatten ihn offenbar ins Herz geschlossen, behandelten ihn wie einen Enkel und konkurrierten untereinander um seine Sympathie. Ich wunderte mich bei seinen Schilderungen oftmals über die Geduld, die er aufbrachte – und die ich ihm niemals zugetraut hätte.

»Falls Davids Packung nicht reicht, hab ich hier noch eine.« Auch Sophie hatte sich im Verlauf des letzten Jahres verändert. Vor Kurzem noch ein Kind, war sie nun ein knapp vierzehnjähriger Teenager, wechselte mindestens einmal pro Monat die Dekoration ihres Zimmers, mehrfach täglich ihre Kleidung und alle paar Minuten ihre Laune. Momentan war sie gnädig gestimmt.

»Du darfst ruhig heulen. Ich tue einfach so, als würde ich dich nicht kennen.«

»Zu gütig«, antwortete ich amüsiert. »Aber wenn ich ehrlich sein soll, frage ich dich erst gar nicht um Erlaubnis. Ich bin nämlich schon groß, weißt du?«

Ganz so unbeschwert, wie ich mich gab, war mir allerdings nicht zumute. Wieder einmal wartete eine Situation auf mich, die ich so gerne gemeinsam mit Peter erlebt hätte. Dennoch empfand ich die vor mir liegende Stunde als deutlich weniger angsteinflößend als noch vor einem Jahr. Die Kirche, das Ambiente, die Nervosität der Schüler und ihrer Familien waren mir vom Vorjahr her vertraut, der Frosch im Hals deutlich kleiner. Vielleicht, weil ich heute ohne selbst auferlegte Vorsätze losgegangen war.

Sollte ich weinen müssen, war es vollkommen in Ordnung. Und wenn nicht, war es ebenfalls gut. Bisher war doch sowieso immer alles anders gekommen, als ich es geplant hatte. Dann konnte ich mir auch gleich den Druck nehmen und gelassen abwarten, was ich empfände. Bisher spürte ich jedenfalls, neben dem latenten Kummer, nichts als Glück und Stolz. Mutterglück und Mutterstolz.

Auf meine bezaubernde große Tochter, die sich in diesem Augenblick zwischen den anderen Altistinnen einreihte, kurz in ihren Noten blätterte und anschließend den Kopf hob, als spüre sie meinen Blick. Ganz kurz lächelten wir uns an, bevor sie ihre volle Konzentration auf den Chorleiter richtete. Das Geplauder um mich herum verstummte abrupt, als dieser das Zeichen zum Einsatz gab.

***

»Wieso flennst du eigentlich immer nur, wenn bei mir etwas Besonderes los ist?«, fragte David, als wir nach der Messe gemeinsam die Kerzen für Peter anzündeten.

»Wahrscheinlich, weil du immer bei allem der Erste bist. Bei Kristin habe ich mich dann schon an alles gewöhnt und bin nicht mehr ganz so emotional.«

»Na toll! Und bei mir wird es dir dann langweilig«, stänkerte Sophie. »Manchmal ist es schrecklich, die Kleinste zu sein.«

»Genau. So langweilig, dass ich vermutlich einschlafen werde, wenn du in vier Jahren dein Abizeugnis bekommst«, neckte ich sie und wandte mich zum Ausgang, um vor der Kirche auf Kristin zu warten. Ich hatte das Gefühl, auf Wolken zu schweben. Nicht nur, weil der hinter uns liegende Gottesdienst abwechslungsreich und voll schöner Momente gewesen war. Sondern auch, weil ich ihn aus vollen Zügen hatte genießen können. Ohne Tränen, lediglich mit einer kleinen Wehmut, die mich jedoch nicht beeinträchtigte. Sie war einfach da, begleitete mich durch die Gebete, die Gesänge, die Ansprachen und das Lachen. Welch ein Unterschied zum vergangenen Jahr!

Wieder hatte ich Peter ein weiteres Stück losgelassen, ohne dass ich deswegen ein schlechtes Gewissen hatte oder haben musste. Die winzigen Schritte der Veränderung verliefen so schleichend, dass ich sie im Alltag nicht bemerkte. Doch in solchen Ausnahmesituationen wie heute wurden sie mir in aller Deutlichkeit bewusst. Nach fast zehn Jahren war ich nun ganz und gar in meinem Leben ohne ihn angekommen. Die Handbremse war vollständig gelöst. Es ging mir rundum gut. Als Kristin aus der Kirche trat, sich aus der Gruppe ihrer Mitschüler löste und auf mich zukam, atmete ich ein paarmal tief ein und aus, um die Wucht der überwältigenden Erkenntnis zu dämpfen. Ein jähes Glücksgefühl hatte mich ergriffen. Aus dem »Wir«, in dem ich mich noch immer empfunden hatte, war ein »Ich« geworden. Endlich war ich frei!

***

In der nächsten Nacht wälzte ich mich unruhig im Bett hin und her. Alle paar Minuten warf ich einen Blick auf die Uhr. Die Zeit verstrich in quälender Langsamkeit, jeder Versuch, wieder einzuschlafen, war vergeblich. Schließlich hielt ich es nicht mehr aus, knipste das Licht an, zog mir meinen Bademantel über und schlich leise nach unten. Mit einem Glas Wasser setzte ich mich an den Küchentisch und begann zu grübeln.

Was war es, das mich vom Schlafen abhielt, obwohl der gestrige Tag so aufwühlend gewesen war, dass ich eigentlich müde sein müsste? Das Gefühl der neu gewonnenen Freiheit, das mich bei der Zeugnisvergabe und dem anschließenden Restaurantbesuch vor Freude nur so hatte strahlen lassen? Jetzt, mitten in der Nacht, wirkte es plötzlich bedrohlich. Als ob etwas fehlte. Ich hatte nicht nur gewonnen, sondern auch etwas verloren – den Halt, den das »Wir« mir nahezu ein Jahrzehnt lang gegeben hatte. Ich musste wohl erst lernen, damit umzugehen.

Ich hob das Glas an, um einen Schluck zu trinken. Dabei fiel mein Blick auf meine rechte Hand, die mitten in der Luft erstarrte. In Zeitlupe ließ ich sie sinken, setzte das Glas ab und besah mir meine Finger. Offenbar war es an der Zeit für eine weitere Trennung.

Mit der linken Hand drehte ich an den beiden Eheringen, die ich an Peters Todestag an- und nie wieder abgelegt hatte. Meine Chefin hatte mich des Öfteren deswegen getadelt, hatte auf die Hygienevorschriften hingewiesen, auf all die Bakterien, die sich trotz ausführlicher Desinfektion dort ansiedelten. »Ich nehme die Ringe zukünftig bei der Arbeit ab«, hatte ich immer wieder gesagt, doch dieses Versprechen niemals ernsthaft in Erwägung gezogen. Nun zog ich sie nacheinander von meinem Ringfinger. Legte sie vor mich auf den Tisch. Betrachtete erneut meine Hand, die helle Einschnürung am Ende des Fingers. Wie nackt diese Hand auf einmal wirkte! Ebenso nackt, wie ich mich momentan fühlte.

Aus einem plötzlichen Impuls heraus stand ich auf, ging in den Flur, verharrte einen Augenblick vor den beiden Bilderrahmen, in denen Peters Foto und mein Trostspruch hingen. Wenn schon, denn schon. Resolut entfernte ich sie von der Wand, die nun ebenfalls kahl und verloren wirkte. Morgen würde ich neue Bilder kaufen. Irgendetwas Buntes, Fröhliches. Etwas Lebendiges, das den Tod ablöste. Bevor ich die Rahmen öffnete, um den Inhalt herauszunehmen, las ich den Spruch, der mir immer wieder neuen Mut geschenkt hatte, ein letztes Mal. Ja, er war heute noch genauso wahr wie vor einem knappen Jahrzehnt: Es war tatsächlich alles in Ordnung.

***

»Kann ich mal in Ruhe mit dir reden?«, fragte Kristin am darauffolgenden Tag.

»Klar«, antwortete ich leichthin, obwohl der ungewohnte Ernst in ihrer Stimme eine kleine Alarmglocke in mir zum Klingen brachte. »Wir können uns auf die Terrasse setzen. Machst du uns einen Kaffee? Dann hole ich mir in der Zeit einen Pulli.«

Sie nickte. Wenige Minuten später saßen wir uns am Gartentisch gegenüber. Mit gesenktem Kopf spielte Kristin an den Knöpfen ihrer Strickjacke herum, ein befremdliches Verhalten für meine sonst so selbstsichere Tochter.

»Schieß los!«, ermutigte ich sie. Mit einem Ruck hob sie den Kopf.

»Ich möchte mir dir über meine Zukunft sprechen.«

Verwundert zuckte ich mit den Schultern.

»Nun, ich dachte, das hätten wir längst geklärt? Du willst doch Wirtschafts…«

»Ich möchte Medizin studieren!«

Ich starrte sie verwirrt an.

»Medizin? Wieso denn auf einmal Medizin? Du redest doch seit zwei Jahren von Wirtschafts…«

»Ich denke, das hätte Papa gerne gesehen«, fiel sie mir erneut in den Satz.

Für einen Augenblick fehlten mir die Worte. Ich musste mich erst sortieren und die neuen Informationen verdauen. Kristins entschlossener Gesichtsausdruck ließ keinen Zweifel daran aufkommen, dass sie es ernst meinte. Aber ihre Begründung bereitete mir Bauchschmerzen.

»Schatz, Papa hätte nie verlangt, dass eines seiner Kinder in seine Fußstapfen tritt. Ihm wäre wichtig, dass ihr euch einen Beruf sucht, der euch Freude macht.«

»Woher willst du denn wissen, dass mir Medizin keine Freude macht? Ich wollte schon als Kind Ärztin werden.«

»Da hast du recht. Erst Zahnärztin, dann Pathologin, später Kinderärztin«, erinnerte ich mich schmunzelnd. »Aber davon hast du lange nicht mehr gesprochen. Deswegen dachte ich, das sei kein Thema mehr. Natürlich kannst du Medizin studieren. Aber nur, wenn du es wirklich möchtest, und nicht, weil du glaubst, es Papas wegen tun zu müssen.«

»Ich will es selbst. Und nebenbei wäre Papa bestimmt glücklich darüber. Können wir uns darauf einigen?«

»Das können wir. Ich freue mich sehr, wenn du Medizin studierst. Aber ich hätte mich genauso über Wirtschafts…«

»Ich bin noch nicht fertig.«

»Aha«, sagte ich perplex und sank auf meinen Stuhl zurück, von dem ich gerade aufgestanden war. »Und was kommt noch?«

»Ich werde in Leipzig studieren.«

Kein »Ich möchte«, sondern ein entschiedenes »Ich werde«. Dank ihrer hervorragenden Abiturnote standen Kristin alle Möglichkeiten offen. Aber musste es ausgerechnet Leipzig sein?

»Wieso … wieso Leipzig? Weißt du, wie weit das weg ist?«, stammelte ich.

»Fünfhundert Kilometer. Und ich habe schon vor Jahren gesagt, dass ich dort hinwill.«

Das stimmte. Ich erinnerte mich dunkel. Sie musste so um die vierzehn herum gewesen sein, als sie diese Stadt ein einziges Mal erwähnt hatte. *Die Schnapsidee eines Teenagers*, hatte ich damals gedacht. Doch ich hätte Kristin besser kennen müssen. In diesem Punkt war sie wie ihr Vater. Auch Peter hatte ein Ziel, das er sich einmal gesetzt hatte, beharrlich verfolgt, ohne es an die große Glocke zu hängen. Jetzt könnte ich in die Tischkante beißen, mit den Zähnen knirschen oder auf ein Wunder hoffen – Kristin wollte in Leipzig studieren, also würde sie es tun. Mir war auf einmal nur noch jämmerlich zumute.

»Wann?«, fragte ich kläglich.

»Im September ziehe ich aus. Am ersten Oktober beginnt das erste Semester.«

Während sie in aller Ruhe die Kaffeetassen ins Haus brachte, blieb ich wie erschlagen auf meinem Stuhl sitzen und starrte ins Leere. Es war ein bisschen viel auf einmal. Bis gestern noch eine Schülerin, wollte mein Kind in vier Monaten ausziehen. Ich hatte nicht den leisesten Zweifel, dass sie ohne mich ganz hervorragend zurechtkäme. Gerade Kristin, die schon lange davon träumte, auf eigenen Füßen zu stehen. Inzwischen kochte sie besser als ich, beherrschte alles, was zur Haushaltsführung gehörte, managte sich und ihr Leben absolut selbstständig.

In den vergangenen Jahren war sie mir die wohl größte Unterstützung gewesen, die ich mir wünschen konnte. Immer wieder hatte sie ein Stück Verantwortung mit übernommen, war manchmal gar in Peters Rolle geschlüpft, indem sie wie selbstverständlich all die Besonderheiten fortführte, die unsere Ehe von vielen anderen unterschied: *Sie* hatte mir alljährlich an seiner Stelle den Adventskalender gebastelt, *sie* hatte den Weihnachtsbaum geschmückt, meine Geburtstagskuchen gebacken, mir immer mal wieder kleine Aufmerksamkeiten mitgebracht, um mich aufzuheitern, wenn ich traurig gewesen war. Daneben hatte sie einen nicht unerheblichen Anteil an Sophies Erziehung gehabt und war mit den Jahren zu einer ernst zu nehmenden Gesprächspartnerin herangewachsen, die oft genug die rettende Idee einbrachte, wenn ich in einer gedanklichen Sackgasse steckte.

Und nun wollte sie fort. Mit gerade mal achtzehn Jahren. Auch wenn ich jeden Schritt meiner Kinder in die Selbstständigkeit begrüßt und gefördert hatte – das ging mir jetzt viel zu schnell. Und doch würde ich nichts daran ändern, sie nicht halten können. Vor knapp zehn Jahren hatte sich meine fünfköpfige Familie unfreiwillig auf vier Personen reduziert. Nun wären es bald nur noch drei. Mein Herz konnte sich einfach nicht entscheiden, ob es vor Abschiedsschmerz brennen oder vor Stolz auf diese zielstrebige junge Frau zerplatzen sollte.

***

Es sollte nicht die letzte Überraschung dieses Sommers bleiben. Auch David, der sich so lange um konkrete Zukunftspläne gedrückt hatte, fand ganz plötzlich seinen Weg.

»Ich muss etwas mit euch besprechen. Bleibt nach dem Essen bitte noch hier«, musste ich meine Kinder wenige Wochen nach dem Gespräch mit Kristin notgedrungen bitten. Nachdem wir die Teller abgeräumt hatten, setzten wir uns alle wieder an den Tisch.

»Ihr wisst, dass euer Opa im Krankenhaus liegt. Gestern habe ich erfahren, dass es ihm sehr schlecht geht. Er liegt auf der Intensivstation. Und so, wie es aussieht, wird er diese nicht mehr lebend verlassen.«

Peters Vater war zwei Tage zuvor vom Notarzt in die Klinik eingeliefert worden. Inzwischen hatte er ein hohes Alter erreicht. Seit Längerem kränkelte er, erholte sich nur schlecht, wurde dünner und blasser. Nun hatten seine inneren Organe begonnen, ihre Funktion einzustellen. Gestern hatte ich kurz mit dem leitenden Oberarzt gesprochen, dessen Prognose eindeutig war:

»Wir versuchen alles, was möglich ist. Aber die Nieren, die Leber und auch das Herz geben einfach auf. In diesem Alter geschehen keine Wunder mehr.«

Meine Kinder schwiegen. »Und jetzt?«, fragte David schließlich.

»Ich wollte euch vorschlagen, dass ihr euch verabschiedet. Wenn ihr möchtet, fahren wir morgen zusammen in die Klinik. Allerdings wäre es mir sehr lieb, wenn Sophie zu Hause bleibt.«

»Warum?«, fragte meine Jüngste.

»Ich halte dich noch für zu jung. Eine Intensivstation mit all den Apparaturen, an die die Patienten angeschlossen sind, ist meiner Ansicht nach nichts für eine Dreizehnjährige. Aber wenn du gern mitkommen möchtest …«

»Nein!« Sie schüttelte energisch den Kopf. Dann stand sie auf und verzog sich in ihr Zimmer.

»Sieht es wirklich so schlecht aus?«, hakte David mit zittriger Stimme nach. Er hing sehr an seinem Großvater, und der wiederum hatte ihn immer als seinen Lieblingsenkel bezeichnet.

»Ja«, antwortete ich schlicht. »Wir sollten morgen auf jeden Fall hinfahren.«

Unter Tränen streichelte David minutenlang das Gesicht seines künstlich beatmeten Großvaters, während Kristin einfach nur still am Fußende des Bettes stehen blieb. Ich hatte mich in eine Ecke zurückgezogen und behielt meine Kinder im Auge. Sie mochten erwachsen sein, doch ich konnte mich noch gut daran erinnern, wie sehr mich all die Schläuche und Kabel, die piepsenden Monitore und das brummende Dialysegerät erschreckt hatten, als ich eine solche Station zum ersten Mal betreten hatte. David schien nichts davon wahrzunehmen, während Kristin nach einigen Minuten begann, sich interessiert umzusehen. Die Enkelin hatte Abschied genommen und der angehenden Medizinstudentin Platz gemacht. Sollte meine Tochter irgendwann Anästhesistin werden wollen, wären all diese Apparate ihr zukünftiges Arbeitsumfeld.

»Wir können fahren.« David küsste seinen Opa ein letztes Mal und stürmte dann so schnell aus dem Raum, dass Kristin und ich ihm kaum folgen konnten. Erst am Auto holten wir ihn ein. Er sah bekümmert aus. Doch gleichzeitig leuchteten seine Augen, was mich ziemlich irritierte.

Er gab mir die Erklärung auf dem Heimweg: »Das ist es, das will ich machen. Ich möchte Intensivpfleger werden! Endlich weiß ich, was ich will.«

Ich warf ihm einen erstaunten Seitenblick zu. »Bist du sicher?«

»Ganz sicher«, bekräftigte er. »Ich werde noch heute meine Bewerbungen schreiben und an verschiedene Kliniken schicken.«

Zwei Tage darauf starb Peters Vater. Nach sechs Wochen hatte David drei Bewerbungsgespräche geführt. Weitere zwei Wochen später konnte er zwischen drei Fachschulen wählen. Am Ende entschied er sich für dasselbe Haus, in dem ich arbeitete und in dem auch Peter tätig gewesen war.

»Es ist nur schade, dass Opa das nicht mehr erlebt hat«, stellte mein Sohn fest, als er den Vertrag unterschrieb. Seit er ein Ziel verfolgte, war er wie ausgewechselt. Aber nicht nur ihm war eine Last von der Seele gefallen. Auch ich merkte erst jetzt, wie sehr mich die Unsicherheit bedrückt hatte, nicht zu wissen, wie es nach dem sozialen Jahr weitergehen sollte. Nun war meine Freude riesig und wurde nur dadurch getrübt, dass der September und damit Kristins Auszug mit Siebenmeilenstiefeln näher zu rücken schien.

Sie suchte bereits per Internet in ihrer zukünftigen Wahlheimat nach einem Zimmer in einer Wohngemeinschaft. Täglich stöberte sie in den Küchenschränken herum, um zu sichten, was ich ihrer Meinung nach demnächst entbehren könnte. Auch wenn es noch etliche Wochen dauerte, stand in ihrem Zimmer schon der erste Umzugskarton, der sich allmählich füllte. Mit einem lachenden und einem weinenden Auge rettete ich so manches Teil vor ihrem Zugriff.

»Ach übrigens, Mama?« David hatte den Ausbildungsvertrag in einen Briefumschlag gesteckt, diesen adressiert und frankiert. Jetzt kaute er nachdenklich auf dem Stift herum.

»Ja?«

»Da ich ab Oktober Geld verdiene, könnte ich ja eigentlich auch ausziehen. Nicht sofort, aber in ein paar Monaten, wenn ich etwas gespart habe. Ich fände es schon ziemlich cool, auf eigenen Füßen zu stehen. Muss ja nichts Großes sein, ein kleines Apartment würde schon reichen.«

»Echt ziemlich cool«, meinte Sophie, die in der Tür aufgetaucht war. »Dann werde ich endlich ein Einzelkind, und du kannst mich so richtig verwöhnen.«

Ich sagte nichts. Drehte mich um und ging in den Flur. Schlüpfte mechanisch in meine Schuhe. Verließ das Haus. Setzte mich ins Auto. Und fuhr schnurstracks zum Friedhof.

Was wäre, wenn?

»Was wäre, wenn Peter jetzt noch lebte?«, fragte ich mich, während ich meine unzähligen Handtücher sortierte, die zum Teil meine beiden erwachsenen Kinder in ihre zukünftige Heimat begleiten sollten.

»Spar dir diese Gedanken. Du weißt doch, sie sind müßig«, schimpfte meine innere Stimme.

»Nein!« Ich schüttelte den Kopf und setzte mich auf den Boden. »Irgendwann muss man den Mut aufbringen, solche Gedanken auch mal zu Ende zu denken.«

»Was soll das bewirken?«

»Das weiß ich noch nicht. Aber ich bin jetzt zehn Jahre lang immer wieder vor ihnen davongelaufen. In einigen Tagen wird Kristin ausziehen, ab Januar ist auch David weg. Dann beginnt eine neue Ära mit nur noch einem Kind. Das ist die erste, wirklich gravierende Veränderung seit Peters Tod. Ist das nicht Grund genug, mich dem Konjunktiv ein einziges Mal konsequent zu stellen?«

»Dann versuche es. Aber bitte richte dich darauf ein, dass es nicht einfach wird.«

Was wäre, wenn! Ich stellte mir Peter vor, zehn Jahre gealtert. Das Haar schütterer, im Gesicht die ersten tieferen Falten, dazu mit Gewissheit Unmengen an Lachfältchen. Hand in Hand sortierten wir unseren Hausstand, um unseren Kindern den Start in die Eigenständigkeit zu erleichtern. Zwischendurch nahmen wir uns in den Arm, lachten uns an und küssten uns. Ein glückliches Elternpaar, das sehr bald zwei von drei Kindern voller Stolz und Zuversicht ins Leben entließ. Es zog ein wenig in meinem Bauch.

Stopp! Wer gab mir die Gewissheit, dass es so wäre? Es waren lediglich Spekulationen, Träume, auch nach zehn Jahren noch vorhandene Sehnsüchte. Möglicherweise sähe mein Leben ganz anders aus, hätte auch uns das ereilt, was so viele Paare vor dem Richter enden ließ. Ein allmählich schwindendes, am Ende verlorenes »Wir«, das zum Opfer der Selbstverständlichkeit, der Trägheit, der Unaufmerksamkeit geworden war.

»Beziehung ist Arbeit. Ist ständige Aufmerksamkeit, Toleranz, Auseinandersetzung. Nicht an jedem, aber an fast jedem Tag«, hatte Kathrin kürzlich noch gesagt, die nach wie vor mit Bernd genau die Einheit bildete, die ich mir vorstellte, wenn ich an Peter dachte. Aber wären wir ebenso weitsichtig und klug wie unsere Freunde gewesen? Mein Bauch sagte laut und deutlich Ja. Beweisen würde ich es nicht können.

»Siehst du? Ich sagte doch, solche Gedanken sind überflüssig. Genauso müßig wie die Frage nach dem Warum, gegen die Peter sich immer gewehrt hat, weil es einfach keine Antwort darauf gab«, trumpfte es in mir auf.

»Die sich aber nach wie vor aufdrängt. Warum musste Peter so früh sterben? Warum stehe ich heute hier allein? Warum mussten die Kinder ohne Vater aufwachsen?«

»Und? Hast du in knapp zehn Jahren eine Antwort darauf gefunden?«

»Nein. Inzwischen weiß ich, dass ich auch in weiteren zehn keine finden und mich vermutlich niemals damit aussöhnen werde. Die Zeit heilt nicht alle Wunden. Es wird eine Narbe auf meiner Seele bleiben, die immer wieder zwickt, hin und wieder sogar schmerzt. Mit dem Unterschied zu früher, dass ich das Zwicken und Schmerzen akzeptieren und aushalten kann. Es gehört zu mir. Ich will und werde es ebenso wenig negieren wie die Tatsache, dass die Jahre mit Peter mich geprägt und für die Jahre ohne ihn gerüstet haben.«

»Hast du schon mal darüber nachgedacht, welche positiven Ereig-

nisse du nicht erlebt hättest, wenn du noch heute glücklich mit einem gesunden Peter verheiratet wärst?«

Ich stutzte. Nein, hatte ich nicht. Es zu tun käme einem Verrat gleich. Zorn stieg in mir auf.

»Spinnst du? Soll ich diese positiven Ereignisse jetzt quasi als Rechtfertigung für seinen Tod ansehen? Nach dem Motto ›Peter musste sterben, damit ich dieses und jenes erleben durfte‹?«, brauste ich auf.

»Nein. Ich möchte nur, dass du dir mal bewusst machst, was dir das Leben trotz allem geschenkt hat. Peter hat sich gewünscht, dass du wieder glücklich wirst. Also darfst du auch ohne schlechtes Gewissen über glückliche Momente oder Begegnungen nachdenken, die du nur erleben konntest, weil er nicht mehr da ist.«

Es widerstrebte mir. Dennoch konnte ich mich nicht mehr wehren. Eine wahre Bilderflut stürmte auf mich ein.

Björn. Drei Jahre lang hatte er mich Stück für Stück auf die Beine gestellt. Hatte mich durch die schlimmste Trauer begleitet, immer wieder aufgefangen, am Ende zum Schreiben gebracht. Ein Hobby, das mir inzwischen mit einigen nach Literaturwettbewerben veröffentlichten Kurzgeschichten sowie zwei Büchern die ersten Erfolge eingebracht hatte und mir nach wie vor viel Freude bereitete.

Cornelia. Bis heute teilte sie meine Lebenssituation. Spiegelte meine Gefühle, war meine Vertraute bei jeder noch so queren Idee. Gab und suchte Rat. Eine wertvolle Freundin für immer.

Eva. Endlose Spaziergänge an einsamen Stränden. Wie schnell war aus der spontanen Sympathie echte Freundschaft geworden. Seit der Kur trafen wir uns zweimal jährlich, mehr gab die Entfernung nicht her. Irgendwann würden wir einen neuen Rekord im Dauerquatschen aufstellen. Oder im Langzeitkichern. Der Eintrag im Guinness-Buch war uns jedenfalls so gut wie sicher.

Die Bilder liefen immer schneller. Der Augenblick, an dem

ich wieder ein Zuhause-Gefühl erlebt hatte. Frau Reinke und die zahlreichen guten Gespräche mit ihr. Die vielen Momente, in denen ich stolz auf mich selbst gewesen war, weil ich Probleme gemeistert hatte, die mich fast in die Knie gezwungen hätten. David, Kristin und Sophie, von denen ich so viel lernen durfte. Diavolo, der mir wieder Flügel verliehen hatte. Die Schreibgruppe, der ich seit Neuestem angehörte.

Schließlich all die Menschen, die nach Peters Tod an meiner Seite geblieben waren und mir die Hand hingehalten hatten, wenn ich ganz unten gewesen war. Meine Mutter. Kathrin. Bernd. Nicole. Marion. Stephan. Rita. Tatjana. Und, und, und.

Die Bilder purzelten und purzelten. So viele Ereignisse. So viele Menschen, die mich während des langen Prozesses begleitet hatten, den ich nach Peters Tod durchlaufen hatte. Nichts davon machte sein Sterben besser. Das Schicksal hatte mir den Menschen genommen, an dessen Seite ich gern alt geworden wäre. Doch wie zum Ausgleich hatte es mir immer wieder andere Menschen an die Seite gestellt, von denen ich nehmen und denen ich geben konnte.

Wie reich ich doch war! Wie viel Gutes mir doch widerfahren war! Wie oft ich aus vollem Herzen gelacht, intensiv empfunden, mich eins mit mir selbst gefühlt hatte! Anfangs mit fest angezogener Handbremse, die ich Jahr für Jahr ein Stück gelockert hatte. Bis sie irgendwann verschwunden war.

Ein dicker, schwerer Wermutstropfen blieb: das Wissen, dass Peter nicht hatte sterben wollen. Ihm war so viel verwehrt geblieben. Doch er wäre stolz auf seine Kinder und – hoffentlich – auch auf mich. Wir hatten es ohne ihn geschafft. Unser Leben war weitergegangen. Wir hatten Höhen und Tiefen erlebt, waren gefallen, aufgestanden und immer wieder daran gewachsen. Eigentlich konnte ich überaus zufrieden sein.

»Das klingt so nach Ende, dabei ist es erst der Anfang«, meldete sich mein zweites Ich wieder zu Wort.

»Was meinst du damit?«

»Ihr steht vor dem nächsten Aufbruch in eine neue und ganz sicher sehr spannende Zeit. Jeder Abschied eröffnet neue Wege. Du kannst neugierig sein, was dich erwartet. Es geht immer nur vorwärts, auch wenn du oft gedacht hast, dass du auf der Stelle trittst oder sogar rückwärtsläufst. Nun hast du keinen Schritt, sondern eher einen großen Sprung vor dir. Also nimm deinen Mut zusammen – und spring.«

»Darf ich erst noch die Handtücher sortieren?«, fragte ich vergnügt.

»Du wärst echt nicht du, wenn du nicht immer das letzte Wort hättest«, lachte es in mir. *»O ja, du darfst, damit du weiter vorwärtskommst!«*

Exequien
(für Peter Lieser)

Welche Trauer dich zu sehen,
wie du thronst in deinem Sarg,
welche Würde so zu gehen,
wie gekrönt und doch so karg.

Traurig schöne Messe, Lieder,
diese Rede deiner Frau –
nahm dem Tod das Zepter wieder,
Worte, Wandlung, Wesensschau.

Tausend Tränen, Seelenbeben,
als die Schwächste Stärkste war,
alles weg und noch gegeben,
das ist Liebe wunderbar.

Wüsste ich mein Gehen wäre
deines gleich, ich könnte noch
heute sterben, solche Ehre
triumphiert am Ende doch.
Christoph Stenzel

Danke!

»Wie ist es danach weitergegangen?«, wurde ich immer wieder von den Leserinnen und Lesern meines ersten Buches *»Bis auf den letzten Schritt«* gefragt. Eine Frage, die mich zunächst zurück an den Computer führte, bis schließlich dieses Buch entstand, für das ich mich bei vielen Menschen bedanken möchte.

Mein erster und wichtigster Dank gilt meinen wunderbaren Kindern. Eure Liebe und Loyalität sind mein größter Reichtum. Ich bin stolz darauf, drei empathische, weltoffene und zielstrebige junge Menschen ins Leben entlassen zu haben. Danke, dass ich so viel von euch lernen durfte und darf.

Vielen Dank auch an all die Menschen, insbesondere meine Mutter, die mich in den beschriebenen zehn Jahren begleiteten und mir ihre Hand hinhielten, wenn ich ins Straucheln geriet.

Weiterhin danke ich meinen Probelesern, konstruktiven Kritikern und moralischen Unterstützern: Corinna Reinke, Dorothée Koch, Walter Fassin, Kerstin Völker-Stenzel, Oliver Overbeck, Petra Wolf und Olaf Otto von Chamier – ich hoffe, ich darf auch weiterhin auf euer wohlwollendes, hin und wieder schmerzhaftes, aber immer ehrliches Feedback hoffen!

Tausend Dank an Dr. Christoph Stenzel für das Gedicht, das er Peter gewidmet und mir geschenkt hat. Nun schließt es den Kreis.

Auch bei Elmar Klupsch von der Literarischen Agentur *Bookabook* möchte ich mich herzlich bedanken, der auf jede Frage eine Antwort weiß, der sich Zeit nimmt, wenn Zeit nötig ist, und der auch dann noch eine Idee hat, wenn ich endgültig in einer Sackgasse zu stecken drohe.

Ein ganz besonders großes Dankeschön geht an meine Lektorin Angela Kuepper, die sich so liebevoll und einfühlsam mit meinem Text auseinandergesetzt und jede noch so winzige Nachlässigkeit aufgespürt hat. Danke für jeden Smiley, für jedes Lachen, aber auch für die nötige Geduld und Hartnäckigkeit, die man mit mir manchmal benötigt ☺.

Ebenso bedanke ich mich bei den Mitarbeitern von Bastei Lübbe, allen voran Susanne Haffner, die daran mitgearbeitet haben, aus einer schlichten Textdatei ein liebevoll gestaltetes Buch zu machen.

Zum Schluss möchte ich mich natürlich von ganzem Herzen bei den Leserinnen und Lesern bedanken, die sich die Zeit genommen haben, in die Welt dieses Buches einzutauchen.

Wie schon im ersten Buch habe ich in *»Lebe vorwärts«* mit Ausnahme von *Peter* sämtliche Namen geändert. Auch den Vorort *Mürsen* wird man auf einer Karte vergeblich suchen. Die Geschichte jedoch ist authentisch, und ich wäre sehr glücklich, wenn sie einen kleinen Beitrag dazu leistet, Menschen in vergleichbaren Situationen ein wenig Mut, Kraft und Hoffnung zu schenken. Manche Lücken kann man nicht schließen. Aber man kann lernen, mit ihnen vorwärtszuleben und wieder glücklich zu sein.

Ihre Iris Lieser

Quellen

Gedicht Seite 56 aus: Hermann Hesse, Das Glasperlenspiel. Suhrkamp, Berlin 2012 (6. Auflage)

Der Tod ist ganz bedeutungslos, Seite 109 f., aus: Henry Scott Holland

Exequien für Peter Lieser, Seite 365 Mit freundlicher Genehmigung von Christoph Stenzel